"十四五"国家重点出版物出版规划项目

国家出版基金项目
NATIONAL PUBLICATION FOUNDATION

中国区域协调发展研究丛书

范恒山　主编

区域发展重大战略功能平台建设

孙久文　王邹　张皓

辽宁人民出版社

© 孙久文　王邹　张皓　2023

图书在版编目（CIP）数据

区域发展重大战略功能平台建设 / 孙久文，王邹，
张皓著. —沈阳：辽宁人民出版社，2023.11
　　（中国区域协调发展研究丛书 / 范恒山主编）
　　ISBN 978-7-205-10978-3

　　Ⅰ. ①区⋯ Ⅱ. ①孙⋯ ②王⋯ ③张⋯ Ⅲ. ①区域发展
战略—研究—中国 Ⅳ. ①F127

中国国家版本馆 CIP 数据核字（2023）第 223259 号

出版发行：辽宁人民出版社
　　　　　地址：沈阳市和平区十一纬路 25 号　邮编：110003
　　　　　电话：024-23284321（邮　购）　024-23284324（发行部）
　　　　　传真：024-23284191（发行部）　024-23284304（办公室）
　　　　　http://www.lnpph.com.cn
印　　刷：辽宁新华印务有限公司
幅面尺寸：170mm×240mm
印　　张：20.75
字　　数：286 千字
出版时间：2023 年 11 月第 1 版
印刷时间：2023 年 11 月第 1 次印刷
策划编辑：郭　健
责任编辑：郭　健　何雪晴
封面设计：胡小蝶
版式设计：留白文化
责任校对：吴艳杰
书　　号：ISBN 978-7-205-10978-3
定　　价：92.00 元

总　序

　　区域发展不平衡是世界许多国家尤其是大国共同面对的棘手难题，事关国家发展质量、民族繁荣富强、社会和谐安定。鉴此，各国都把促进区域协调发展作为治理国家的一项重大任务，从实际出发采取措施缩小地区发展差距、化解突出矛盾。

　　我国幅员辽阔、人口众多，各地区自然资源禀赋与经济社会发展条件差别之大世界上少有，区域发展不平衡是基本国情。新中国成立以来，党和国家始终把缩小地区发展差距、实现区域协调发展摆在重要位置，因应不同时期的发展环境，采取适宜而有力的战略与政策加以推动，取得了积极的成效。新中国成立初期，将统筹沿海和内地工业平衡发展作为指导方针，为内地经济加快发展从而促进区域协调发展奠定了坚实基础；中共十一届三中全会以后，实施东部沿海率先发展战略，为快速提升我国综合实力和国际竞争力提供了强劲驱动力。"九五"时期开始，全面实施区域协调发展战略，以分类指导为方针解决各大区域板块面临的突出问题，遏制了地区差距在一个时期不断拉大的势头。党的十八大以来，协调发展成为治国理政的核心理念，以区域重大战略为引领、以重大区域问题为抓手，多管齐下促进区域协调发展，区域经济布局和国土空间体系呈现崭新面貌。在新中国七十多年发展的辉煌史册中，促进区域协调发展成为最亮丽、最动人的篇章之一。围绕发挥地区比较优势、缩小城乡区域发展和收入分配差距，促进人的全面发展并最终实现全体人民共同富裕这个核心任务，中国从自身实际出发开拓进取，推出了一系列创新性举措，形成了一大批独特的成果，也积累了众多的富有价值的宝贵经验，成为大国解决区域发展不平衡问题的一个典范，为推动全人类更加公平、更可持续的发展做出了重要贡献。中国的探索，不仅造就了波澜壮阔、撼人肺腑的伟大实践，也形成了具有自身特色的区域协调发展的理论体系。

我国已经开启全面建设社会主义现代化国家的新征程。促进区域协调发展既是推进中国式现代化的重要内容，也是实现中国式现代化的重要支撑。缩小不合理的两极差距，实现区域间发展的动态平衡，有利于推动经济高质量发展，有利于增进全体人民幸福美好生活，有利于实现国家的长治久安。我国促进区域协调发展取得了长足的进步，但面临的任务依然繁重，一些积存的症疾需要进一步化解，一些新生的难题需要积极应对。我们需要认真总结以往的成功做法，适应新的形势要求，坚持目标导向和问题导向的有机统一，继续开拓创新，把促进区域协调发展推向一个新高度，努力构建优势互补、高质量发展的区域经济布局和国土空间体系。

顺应新时代推进现代化建设、促进区域协调发展的要求，中国区域协调发展研究丛书出版面世。本套丛书共 10 册，分别是《中国促进区域协调发展的理论与实践》《四大区域板块高质量发展》《区域发展重大战略功能平台建设》《京津冀协同发展》《长江经济带发展》《粤港澳大湾区高质量发展》《长江三角洲区域一体化发展》《黄河流域生态保护和高质量发展》《成渝地区双城经济圈建设》《高水平开放的海南自由贸易港》，既有关于区域协调发展的整体分析，又有对于重大战略实施、重点领域推进的具体研究，各具特色，又浑然一体，共同形成了一幅全景式展示中国促进区域协调发展理论、政策与操作的图画。从目前看，可以说是我国第一套较为系统全面论述促进区域协调发展的丛书。担纲撰写的均是经济、区域领域的著名或资深专家，这一定程度地保障了本丛书的权威性。

本丛书付梓面世凝聚了各方面的心血。中央财办副主任、国家发展改革委原副主任杨荫凯同志首倡丛书的撰写，并全程给予了积极有力的推动和指导；国家发展改革委地区振兴司、地区经济司、国土地区所等提供了重要的支撑保障条件，各位作者凝心聚力进行了高水平的创作，在此谨致谢忱。

期待本丛书能为加快中国式现代化建设，特别是为促进新时代区域协调发展提供有益的帮助，同时也能为从事区域经济工作的理论研究者、政策制定者和实践探索者提供良好的借鉴。让我们共同努力，各尽所能，一道开创现代化进程中区域经济发展的新辉煌。

2023 年 10 月

自　序

　　《区域发展重大战略功能平台建设》是一本研究区域发展重大战略功能平台的理论依据、发展历程和改革实践的研究专著，由孙久文、王邹、张皓合作完成。

　　区域发展重大战略功能平台是一种特殊的经济功能区，包括经济特区、保税区、出口加工区、保税港、经济技术开发区等具有特殊经济功能的园区，广义上涵盖了从中央到地方设立的各级平台，本书主要聚焦国家级平台单元。其中，包含多种区域特征的为复合型经济功能区。

　　回顾历史，区域发展重大战略功能平台的提出和建设，是与国民经济发展紧密相关的。在改革开放初期，经济特区的设立除了具有吸引外资和扩大开放的作用外，在体制机制上也进行了许多探索，为确立社会主义市场经济体制提供了试验田。区域发展重大战略功能平台是在经济特区的基础上，由中央设立的承载改革开放特殊经济功能的各类园区，是服务于国民经济发展和区域经济战略的空间载体。

　　从改革开放走过的40多年的进程来看，区域发展重大战略功能平台是沿海地区先行先试探索新的经济体制机制的具体运行园区，也是促进欠发达地区经济发展的先行示范区。其作用主要有：

　　一是区域高质量发展的引领区。是区域经济增长、产业升级、创新研发、对外开放、绿色转型全方位发展的综合体现。二是改革开放先行先试的示范区。作为探索先进政策与体制机制的重点区域，通过国家投资和吸引外资、承接国外产业转移和学习先进管理与技术手段，将其内化于国内产业生产，打造地区经济增长极。三是城市建设标杆区。通过政策体制探索促使城市发展，从城市管理、市场机制、服务体系等多方面提升城市发展质量和吸引力。四是绿色转型高地区。在绿色产业转型过程中，区域发展重大战略功能平台起到了重大作用，功能平台本身是以中高端产业为主，提升了能源利用率，缓解了环境污染，促进了产业的绿色转型，促使功能平台向低碳产业园区、循环经济园区和智慧园区迈进。五是高新技术承载区。功能平台基于互联网、物联网、大数据、人工智能、5G 等创新技术的发展，成为国家参与国际产业竞争的主要桥头堡。

根据《中华人民共和国国民经济和社会发展第十四个五年规划和 2035 年远景目标纲要》描述的发展目标，"形成对外开放新格局，参与国际经济合作和竞争新优势明显增强。人均国内生产总值达到中等发达国家水平，中等收入群体显著扩大，基本公共服务实现均等化，城乡区域发展差距和居民生活水平差距显著缩小"。区域发展重大战略功能平台在实现中国式现代化的进程中，将会发挥越来越重要的作用。

作为区域经济领域的研究者，我们将持续跟踪区域发展重大战略功能平台的演进与变化，为区域发展重大战略功能平台的不断完善建言献策。

是为序。

中国人民大学杰出学者 特聘教授

全国经济地理研究会名誉会长

2023 年 10 月

目　录

第一章

区域发展重大战略功能平台的
概念界定与作用

改革开放初期，为扭转过去计划经济时期积弊的市场僵化、高成本、低效率等长期矛盾，在以邓小平同志为核心的第二代中央领导集体领导下，我国开始探索以区域发展重大战略功能平台为主要抓手，进行深化改革和扩大开放。时至今日，我国已陆续形成了以经济特区、国家级新区、国家级开发区、海关特殊监管区域和自由贸易试验区、跨境电子商务综合试验区以及重大改革试验平台等为代表的一系列功能平台，对我国经济腾飞起到了重要作用。

第一节　区域发展重大战略功能平台的概念界定

顾名思义，区域发展重大战略功能平台是关乎国民经济发展，探索经济发展新模式的先行者，是由国家层面颁布确立的具有重大战略意义的平台。不同类型的平台会承载不同的功能使命。例如，经济特区成立之初主要是为了吸引外资，拉动外贸，"特"字代表它具有特殊的经济政策、灵活的经济措施和便利的经济管理体制。跨境电子商务综合试验区则是在跨境电子商务市场兴起的背景下，探索便利的海关和检验检疫等管理模式以实现政务便利化改革、物流体系优化、金融服务体系优化等，提高跨境电商进出口贸易额。

从现有相关研究看，有两类与区域发展重大战略功能平台名称相类似的提法。其一是特殊经济功能区。有学者认为特殊经济功能区是承担一定特殊经济功能的区域，包括经济特区、保税区、出口加工区、保税港、经济技术开发区等在内的具有特殊经济功能的园区，涵盖了国家和省级层面，范围较广。此外，世界银行发布的《特殊经济功能区发展报告》中将特殊经济功能区分为6类，分别为：自由贸易区、出口加工区、企业区、自由港、单一工厂出口加工区、特殊功能区（以上各类区域的复合体）。其二是经济功能区。有学者认为经济功能区是指由中央和地方各级政府相继设立的经济技术开发区、高新技术产业开发区等特别经济区域。也有研究认为经济功能区包括经济技术开发区、高新区、保税区、出口加工区、行政区、港区等多种区域，其中包含多种区域特征的为复合型经济功能区。无论是从特殊经济功能区还是经济功能区看，二者都是对重大专项特殊战略的一种统称，但二者又与区域发展重大战略功能平台存在着一定不同（表1-1-1），即特殊经济功能区这类提法包括了省级出台的功能平台，而区域发展重大战略功能平台是由中共中央、国务院和国家发展改革委等部委提出的具有更高经济地位和战略属性的发展平台。此外，有关特殊经济功能区的提法更多是围绕党的十八大以前提出，并未考虑当前新形势下所提出的如雄安新区、共同富裕示范区等，与时俱进的属性较弱。

表1-1-1 区域发展重大战略功能平台和特殊经济功能区的差异比较

名称	区域发展重大战略功能平台	特殊经济功能区
发布单位	中央	中央和省级
包括范围	1. 经济特区 2. 国家级新区 3. 国家级开发区 4. 海关特殊监管区域和自由贸易试验区 5. 跨境电子商务综合试验区 6. 新时代其他代表性重大改革试验平台	1. 经济特区 2. 保税区 3. 经济技术开发区 4. 自由贸易区 5. 出口加工区 6. 企业区 7. 自由港 8. 单一工厂出口加工区 9. 特殊功能区

续表

名称	区域发展重大战略功能平台	特殊经济功能区
战略意义	针对现有国民经济发展水平和未来发展趋势，在某一领域先行先试，为形成可推广至全国的可行经验而进行的具有重大战略意义的实践探索。	服务中央和地方发展，先行先试，既探索可推广至全国的先进经验，也为促进本地经济发展而搭建的服务平台。

资料来源：作者整理。

据此，本书将区域发展重大战略功能平台定位为：由国家层面颁布确立，针对发展需要形成独特的平台体系并联动发展，服务国民经济发展的具有重大战略意义的功能平台。主要包括6类，分别是经济特区、国家级新区、国家级开发区、海关特殊监管区域和自由贸易试验区、跨境电子商务综合试验区、重大改革试验平台。其中，国家级开发区包括经济技术开发区、高新技术产业开发区、边境/跨境经济合作区、其他类型开发区；海关特殊监管区域包括经国务院批准设立的保税区、出口加工区、保税物流园区、跨境工业区、保税港区和综合保税区；重大改革试验平台指党的十八大以来提出的具有代表性的战略功能平台，包括河北雄安新区、浙江共同富裕示范区、广东横琴粤澳深度合作区、深圳前海深港现代服务业合作区，等等。

第二节　区域发展重大战略功能平台的提出背景

区域发展重大战略功能平台的提出与国民经济发展紧密相关。在改革开放初期，经济特区的设立除了具有吸引外资和扩大开放的作用外，实际上还在体制机制上进行了许多超前探索，为未来确立社会主义市场经济体制和持续深化改革提供了试验田。此后，随着外资对经济增长的正外部效应持续增强，部分经济发展水平高的城市具备了相对独立发展的能力，利用低廉的劳动力成本开始成立工业园区、开发区、保税区等多种提供优惠政策的功能平台。随后，区域发展重大战略功能平台凭借着经济活力与政策优势，在空间上不断演进优化，并根据经济社会需求和战略需要，分类形成多种新的模式，最终形成了如今的局面。从区域发展重大战略功能平台的演变历程来看，功能平台是服务于国民经济发展、区域重大战略和区域协调发展所提出的。

一、服务于国民经济社会发展

受计划经济和政治运动等客观现实因素的影响，在确定实施改革开放对外政策时，我国人均国内生产总值仅为 384.74 元，远低于世界平均水平。当时，我国国内生产总值仅为 3678.70 亿元，不仅在经济发展上较为滞后，而且在产业结构、要素流动、区域差异、创新实力、经济体制等各方面也均存在较大欠缺。如何恢复社会经济正常运转，如何赶追"亚洲四小龙"的经济发展速度，成为当时中共中央竭力思考的问题。同期，中国港澳和中国台湾地区的华侨依托思乡之情，集中到广东和福建等地开办工厂，为所在地方领导思考如何发展对外贸易提供了鲜活案例。1979 年，中央给予二省一定的特殊政策，放宽对外贸易的限制。这种政策放宽的行为标志着我国开始迈出了对外开放的第一步，也是酝酿区域发展重大战略功能平台的重要一步。随后，经济特区、国家级新区等一系列特殊功能区的确立成为先行先试探索对外开放和对内改革的标志性举措，持续服务国民经济社会发展，促进了国民经济在改革开放之后的腾飞和超越。

区域发展重大战略功能平台与国民经济发展有着紧密联系，功能平台的确立就是为了探索新的经济体制、接轨国际贸易规则、吸引国外投资的有益尝试，从根本上就是为了服务于国民经济社会发展。从 1978—2020 年国内生产总值及其三次产业占比变化来看（图 1-2-1），在经济特区逐步探索出对外开放路子并促进社会主义市场经济体制确立以后，我国经济增速不断提高。特别是在 2001 年加入世界贸易组织（WTO）之后，我国继续走在经济增速快车道，并在与国际市场接轨后，促使国家级开发区、海关特殊监管区域等的发展更为成熟，极大有益于国民经济增长。之后，随着网络信息技术的普及和新时代经济发展环境的变化，跨境电子商务综合试验区进一步承载融合国内外电子商务发展的需求，助力国民经济高质量发展。时至今日，虽然受经济增速换挡期、结构调整阵痛期和前期刺激政策消化期"三期叠加"的影响导致经济发展失速，但是从区域发展重大战略功能平台的运行情况来看，未来功能平台将会根据经济社会发展客观情况做到灵活调整，继续服务于国民经济发展。

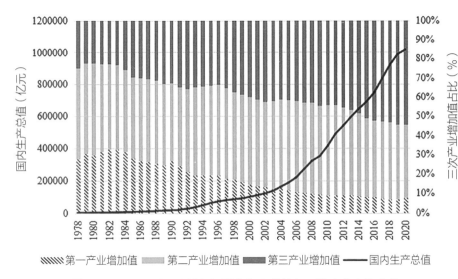

图 1-2-1　1978—2020 年国内生产总值与三次产业占比变化

资料来源：EPS 数据库，中国国家统计局。

区域发展重大战略功能平台的发展与国际形势和国际市场接轨，并结合国民经济发展调整产业路线、更新招商模式，是与时俱进式发展。在这一过程中，全社会固定资产投资是反映功能平台发展活力的主要手段。图1-2-2 展示了自 1980 年以来的我国全社会固定资产投资总额变化，从中可以看到，在确立社会主义市场经济体制之后，全社会固定资产投资总额增长迅速，一方面是市场经济盘活要素流动导致社会建设需求庞大，另一方面也与保税区、开发区等区域发展重大战略功能平台的设立实施有着紧密联系。在

2000—2015 年之间，全社会固定资产投资总额增速基本保持在 13% 以上，近几年则有所下滑，到 2020 年增速仅为 2.7%，反映出投资拉动国民经济增长的情况有所缓解，经济增长方式开始转变。为此，区域发展重大战略功能平台也要加快强化与提升自身功能，在提高全社会固定资产投资促进功能平台发展能力的基础上，保持稳定经济增长的平稳态势。

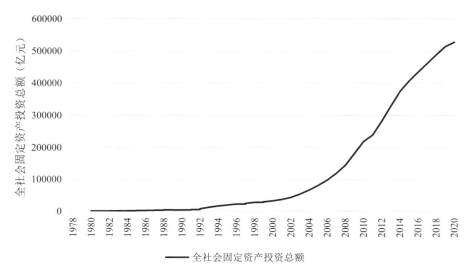

图 1-2-2　1978—2020 年全社会固定资产投资总额

资料来源：EPS 数据库，中国国家统计局。

在区域发展重大战略功能平台中，海关特殊监管区域和自由贸易试验区除了承担国际仓储物流保税等功能以外，实际上还具有企业对消费者（B2C）等的免税功能。随着中国特色社会主义进入新时代，我国社会主要矛盾已经转化为人民日益增长的美好生活需要和不平衡不充分的发展之间的矛盾。当前，人民收入提高，对消费的需求和层次也随之增长。海关特殊监管区域和自由贸易试验区等功能平台的存在，建立了人民群众联系世界与丰富生活的窗口，在提升全体居民消费能力的基础上也能够倒逼国内产业升级以提供更优质的产品。从图 1-2-3 统计的 1978—2020 年全体居民消费水平看，我国居民消费水平持续走高，特别是在进入新时代之后，消费水平趋势更为陡峭。

结合具体数据看，2018 年，我国居民境外购买免税商品总体规模超过 1800 亿元，约占全球免税市场销售额的 34.8%。这鲜明反映出功能平台在满足人民生活需求和服务于国民经济社会发展中具有重大作用。

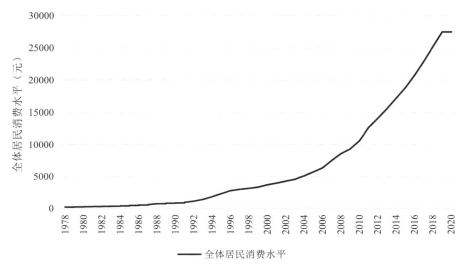

图 1-2-3　1978—2020 年全体居民消费水平

资料来源：中国国家统计局。

此外，区域发展重大战略功能平台最重要的功能就是探索对外开放的新制度、新模式和新方向，这一过程实际上就是推进经贸交流，依托进出口与外商投资不断提高综合国力。图 1-2-4 和图 1-2-5 展示了货物进出口与外商直接投资的基本情况。首先，从图 1-2-4 可知，我国进出口总额自改革开放以来基本维持着增长态势，除了在改革开放初期处于贸易逆差以外，长期保持着贸易顺差。产生这一现象不仅与我国劳动力成本较低、出口品物美价廉等有关，而且也与我国区域发展重大战略功能平台提供良好的政策环境，在关税等方面提供政策优惠等息息相关。同时，从趋势变化上看，进出口总额分别在 2009 年和 2015 年左右有所回落，前者是因为次贷危机导致全国经济萧条，后者则因为国际经济总体复苏乏力和国内经济下行趋势，综合导致国内外市场需求下降。区域发展重大战略功能平台要积极探索更加有效且可持

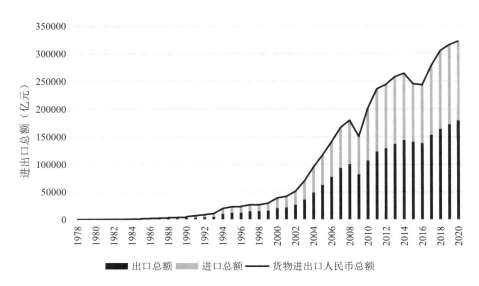

图 1-2-4　1978—2020 年货物进出口人民币总额及分项总额

资料来源：EPS 数据库，中国国家统计局。

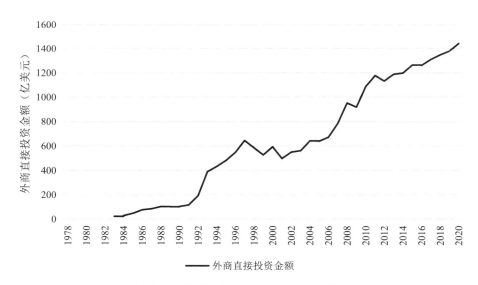

图 1-2-5　1978—2020 年外商直接投资金额

资料来源：EPS 数据库，中国国家统计局。

续的对外贸易政策，不断提高进出口效率和质量。其次，从图 1-2-5 可知，我国外商直接投资总额在 1992 年社会主义市场经济体制确立后增长迅速，强力扭转改革开放初期增速乏力的态势，对我国学习和引进国外先进管理模式、知识和技术起到了重要作用。截至目前，外商直接投资总额已突破 1400 亿美元，反映出国外市场对我国经济社会的信心。其中，区域发展重大战略功能平台是承接外商直接投资的重点，依托先行先试所确立的特殊政策，不断吸引国际资本流入国内市场，依托中外合资、中外合作、外商独资和合作开发等形式促进国民经济发展，服务于国民经济社会发展。

二、服务于区域重大战略

党的十八大以来，党中央在明确区域发展总体战略的基础上[①]，确立了京津冀协同发展、长江经济带发展、粤港澳大湾区建设、长三角一体化发展、黄河流域生态保护和高质量发展、成渝地区双城经济圈建设等区域重大战略。上述区域重大战略的确立并非偶然，而是在过去经济合作区或经济贸易联盟等的基础上演变而来，具有一脉相承的发展逻辑，更是符合当前经济社会发展现实需要而形成的最优模式。区域重大战略基本涵盖了我国东部、中部、西部和东北等板块，与区域发展重大战略功能平台的分布也较为契合。可以说，区域发展重大战略功能平台与区域重大战略息息相关，不仅服务于国民经济发展，也服务于区域重大战略，促进区域经济发展。

以粤港澳大湾区为例，作为我国开放程度最高和经济活力最强的区域之一，粤港澳大湾区对丰富"一国两制"发展内涵，成为世界级城市群典范具有重要意义。目前，粤港澳大湾区经济活力强劲、科技创新能力高、产业结构不断优化、生态环境逐渐恢复，区域经济发展质量高、效益好，有力保障了地区居民生活水平和福利待遇。结合区域发展重大战略功能平台在粤港澳大湾区的分布来看，粤港澳大湾区集中了经济特区、国家级新区、国家级开

---

① 区域发展总体战略包括：西部大开发、东北全面振兴、中部地区崛起、东部率先发展。

发区、海关特殊监管区域、自由贸易试验区、广东横琴粤澳深度合作区、深圳前海深港现代服务业合作区等全部类别的功能平台。这些功能平台在深化经济体制改革、提升对外开放水平、提高湾区竞争力中起到了重要作用。一方面，区域发展重大战略功能平台能够依靠区域重大战略明确并调整其发展方向，使其发展与重大战略相匹配，并在提高自身发展的基础上促进重大战略的深入推进；另一方面，区域发展重大战略功能平台也能够将先行先试的成功经验转化推广至区域重大战略辐射区，让区域经济环境更为理想，市场活力更强。

区域发展重大战略功能平台在服务区域重大战略中起着重要作用。一是通过功能平台的先行先试，向区域重大战略提供了有利于区域发展的体制机制，特别是在国际经贸方面能够更有效地促进区域开发开放，增强外向型经济建设。二是功能平台与国际市场更为接轨，能够有效且迅速地了解国际市场动态和需求变化，也能够借助国际产业转移这一背景以优化国内产业结构，对促进国内市场和现代产业体系发展具有重要作用，有助于区域根据功能平台的动态进展确定新的发展路径。三是功能平台作为承接外商投资的重要阵地，能够有效促进区域学习国际企业生产和运行的基本逻辑，有利于区域的相应领域实现改革与制度优化等，也有助于功能平台转型升级以进一步实现高质量发展。四是功能平台多处在区位环境理想和经济发展水平较高的地区，这些地区的市场经济体系建设可能更为成熟，能够更进一步凭借功能平台的对外联系优势促进本地市场经济发展，以此在地区经济蓬勃发展的基础上更有效地协调好政府与市场的关系。

三、服务于区域协调发展

区域协调发展战略是以"先协调，后发展"的思路，秉持填缺补漏与创新完善的基本原则，根据前一阶段实施效果与时代发展需求所制定的渐进式战略，具有一脉相承的发展逻辑，这一战略也是在过去平衡发展以及非平衡发展下进一步总结与反思而来的具有持续生命力的重大国家战略。实现区域协调发展，最重要的问题就是要缓解区域发展差距。虽然区域发展差距是客观存在的现象，但当差距较大时便会阻碍国民经济发展、激化社会矛盾。根据区域发展差距变化情况的相关研究来看，1978—1990 年差距缓慢缩小，1991—2003 年差距缓慢扩大，2004—2015 年差距大幅缩小，2016 年至今差距变动趋缓，这一变化与我国国家战略和区域发展导向有着紧密联系。进入新时代，我国区域发展差距虽然有小幅波动，但缩小的基本趋势未发生改变，实现区域协调发展仍任重道远。

区域发展重大战略功能平台作为具有增长极特色的区域，实际上能够起到带动周边地区发展，促进区域内生产要素加快流动的作用。在这一过程中，功能平台可以发挥好集聚效应和溢出效应，在政策扶持下最大程度缓解区域发展差距，提高欠发达地区的经济实力。同时，依托区域协调发展战略，功能平台也能够通过经济联动，实现技术、人才、交通、产业等方面的合作，并在提高自身实力的基础上实现产业梯度转移以增强跨区域的经济联系。具体而言，区域发展重大战略功能平台一方面有助于相对发达的沿海地区进一步发挥区位优势，先行先试探索新的经济体制机制，并运用优惠政策吸引外资与增加出口，巩固发达地区的经济地位；另一方面则是成为促进欠发达地区经济发展的先进示范区，依托经济政策成为带动所在地区发展的原动力，以此促进产业、公共服务、要素等质量的提升，从而提高经济发展质量并努力缩小同发达地区的差距。

区域协调发展与新发展格局建设有着紧密联系：促进区域协调发展的方向之一就是支持形成跨省份和跨区域联动的区域经济合作体系，打破过去板块划分下的区域间隐性独立关系，弱化行政区划界限，强化对覆盖地区的对内政策支持力度和对外贸易交流平台建设。在二者存在关系的前提下，区域发展重大战略功能平台能够充分运用对外交流和政策试点的优势，在服务区域协调发展的过程中对推动建设全国统一大市场、构建新发展格局起着一定作用。功能平台能够充分利用产业链和经贸联系，通过提高流通环节促使空间上不同尺度的行政单元加强联系，满足人民日益增长的物质需求。在此基础上，随着不同区域经济联系加深，区域间协作也能够优化生产和分配问题，从而结合功能平台在流通和消费过程中的作用，共同搭建"生产—分配—流通—消费"的经济循环，搭建标准、门槛、规则相统一的国内大市场，并结合功能平台的对外贸易角色实现国内国外双循环的新发展格局。

结合区域经济发展现实，值得强调的是，区域发展差距的不断变化是经济发展过程中相伴而生的合理现象。将差距控制在一定范围内，甚至是有侧重、有选择地利用经济势差以实现经济快速发展，是现行经济发展环境下的一种可能。从现行区域协调发展水平测度研究中可知，区域协调发展水平仍继续上升，而区域发展差距是推动区域协调发展水平上升的主要力量之一。那么，根据差距的基本情况、特色与难点，结合区域发展重大战略功能平台在促进经济发展中的重大作用，有针对性地提出若干有助于缩小区域发展差距和促进区域协调发展的举措，不失为一种可能。例如，发挥功能平台的政策优势，积极吸纳欠发达地区的产业根据比较优势参与贸易出口，使其获得更多的业务收入，地方政府也能获得更多的税收，从而通过正反馈实现区域经济发展和人民生活水平的综合提高。

第三节　区域发展重大战略功能平台的重大作用

区域发展重大战略功能平台是新时代中国特色社会主义市场经济体制建设中的枢纽，在促进国民经济高质量发展、深入推进改革开放、加快城市建设、推进绿色产业转型等方面具有重要作用。

一、高质量发展新引领

当前，区域发展重大战略功能平台的战略属性和功能属性更强，在国民经济高质量发展中愈发起到引领作用。

高质量发展并非空谈，其背后有着深刻的现实逻辑，是新时代中国特色社会主义建设的使命所在。一方面，社会主要矛盾转变是高质量发展的逻辑原点。40多年来，中国经济经历了高速增长，在市场经济工具理性的支配下，利润、收入成为经济活动参与者的追求，社会价值观存在明显的物质主义倾向。在中国摘下生产力落后的帽子后，高速增长过程中蓄积的不平衡、不充分问题愈发明显，社会主要矛盾已转化为"人民日益增长的美好生活需要和不平衡不充分的发展之间的矛盾"，表明单纯的"物质文化需要"已经无法满足人民诉求，人民对美好生活的向往已延伸至产业兴旺、科技创新、对外开放、生态环境等多个领域，成为中国高质量发展的根本发力点。另一方面，国民经济步入"三期叠加"的新常态是高质量发展的逻辑主线。当前，中国正处在增速下行、结构调整、政策消化的转型阵痛期，传统增长模式下产业实力不足、科技成果转化困难、对外开放不确定性加剧、资源环境约束趋紧等现实病症突出，这就要求通过优化资源配置方式、重组产业体系、维系可持续增长等途径，完成中国经济的本真复兴。

高质量发展与区域发展重大战略功能平台有着紧密联系。一方面，功能平台自身就是经济增长、产业升级、创新研发、对外开放、绿色转型全方位发展的综合体现。作为先行先试探索先进政策与体制机制的重点区域，功能平台通过国家投资和吸引外资、承接国外产业转移和学习先进管理与技术手段，将其内化于国内产业生产，逐渐成为地区增长极并促进经济增长，对提高产业水平和创新实力也有着重要作用。依托海关特殊监管区域和自由贸易试验区的外向型经济发展模式，功能平台也能够在加大自身对外开放力度的基础上提升全国整体开放力度，实际上是为深度融入国际经济贸易体系创造了窗口，对扩大对外贸易规模、提升管理水平和增大开放领域具有重要作用。同时，功能平台在改革开放初期承接了一定的国外低端产业，导致国内生态环境逐步恶化，在高质量发展背景下，要坚持绿色发展的基本底线，建造智慧功能平台，实现绿色贸易、绿色物流、绿色创新、绿色环境、绿色体制机制等可持续发展体系。另一方面，功能平台在确立经济特区以及之后的若干平台中，多数都是以沿海地区为先。从现有高质量水平测度结果看，越经济高质量发展的省份，其功能平台的种类越多、成熟度越高、辐射范围越广。产生这一现象，主要是因为沿海地区独特的地理环境决定其成为改革开放初期对外开放交流的主要窗口，外商投资和产业转移也主要集中在沿海地区，在正反馈行为的加持下，沿海地区的功能平台愈加丰富，也促使地区经济发展活力持续增高。

二、改革开放新高地

改革开放 40 多年来，我国各领域发展取得巨大成就，经济实力、科技实力、综合国力和人民生活水平跃上新的大台阶，创造了世所罕见的经济快速发展奇迹和社会长期稳定奇迹，人民群众的获得感、幸福感、安全感显著增强。从经济基础层面看，改革开放有力推动了我国经济社会发展，明显提高了我国社会生产力，极大提高了人民生活水平。在改革开放进程中，中华民族实现了从站起来、富起来到强起来的伟大飞跃。从 20 世纪 70 年代末开始，我国经济高速增长，到 2010 年，国内生产总值超过日本，成为世界第二大经济体。随着经济实力、人民生活水平、综合国力迈上一个大台阶，中华民族富起来逐渐成为现实。特别是党的十八大以来，党和国家事业取得了全方位的、开创性的历史性成就，发生了深层次的、根本性的历史性变革。我国稳居世界第二大经济体、第一制造业大国和货物贸易大国、第一外汇储备大国地位。

区域发展重大战略功能平台是改革开放过程中的重要参与者。第一个功能平台——经济特区，就是伴随着改革开放而设立的，在经济体制、市场体系、产业结构等方面进行了诸多有益的探索，直接影响着我国改革开放的步伐，也对后续社会主义市场经济体制的确立提供了现实经验。发展至今，功能平台始终与改革开放紧密相连：为加大对外开放力度、先行先试探索国际经贸规则，设立了海关特殊监管区域，对加快国民经济发展和对外经济联系起到了重大作用；为遵循电子商务发展的客观规律，我国近几年分批次设立了跨境电子商务综合试验区，是为探索和优化国际经贸环节而进行的积极尝试，为提升改革开放质量奠定了新的基础。

当前，建设国内统一大市场，构建新发展格局，无一不是为了通过打通国内市场、体制、流通壁垒而提高对外开放质量，推出新的制度创新成果。区域发展重大战略功能平台就是在深入推进国家发展战略过程中，将自身已探索且可推广的制度模式和先进经验应用于国内市场，缓解国内经济运转中的可能资源浪费，提升流通效率，加强产业体系建设，增强国内市场与国际市场的联通和互动，从而持续推进改革开放。以深圳前海深港现代服务业合作区为例，前海全面落实总体规划和开发开放政策，快速集聚一批港资合资金融、现代物流、信息服务、科技服务及专业服务企业，持牌金融机构累计达 261 家，基本形成了高端引领、集约发展、辐射示范的现代服务业体系。到 2021 年，原前海合作区实现税收增长 16.7%；实际使用外资 54.02 亿美元，增长 16.8%，约占全市一半；进出口总额（按关区口径）1.47 万亿元，增长 19.2%。如今，前海坚持以制度创新为核心打造"前海模式"，成为新时代改革开放新高地。创新实行法定机构管理模式，在贸易自由化、投资便利化、金融开放等方面累计推出制度创新成果 685 项，其中在全国复制推广 65 项、全省复制推广 82 项、全市复制推广 203 项，率先实施企业注册登记"证照分离"、注册资本认缴制、进口商品全球溯源核放、多国集拼等一批原创性、引领性、系统性改革举措，打造跨境人民币贷款、跨境双向发债、跨境双向股权投资、跨境双向资金池、跨境资产转让、跨境金融基础设施"六个跨境"金融特色品牌[①]。

诚然，改革开放在促使我国经济社会焕然一新的基础上，也产生一些诸如区域差距、公共服务水平滞后、劳动力失业等问题。区域发展重大战略功能平台也要服务于社会现实，通过产业链等途径提升跨区域间的产业关联度，要基于市场经济和比较优势让欠发达地区参与进来。同时，要进一步围绕降低关税、进口配额限制、行业管制、国企改革、民营经济发展等进行合

---

① 《前海：新时代改革开放新高地》，《羊城晚报》，2022 年 5 月 27 日。

理探索和论证，逐步缓解当前社会发展存在的潜在问题。

三、城市建设新标杆

城市作为满足人类生存和生活的空间单元，随着经济社会发展水平的提高，城市需要在已提供生态、社会、经济、服务和创新功能的基础上，更进一步满足人民群众的新的美好生活需要。首先，需要明确人民美好生活需要从何而来，除了与人民收入提高和生活条件改善有关以外，更多是因为对外开放增强国内外联系后，人民更多了解到了国内外发展差异，对新生事物和更高品质的产品需求随之增长。这种合理的需求变化已逐步在区域发展重大战略功能平台的运转下逐渐实现，目前已有以跨境电子商务综合试验区、海关特殊监管区域为代表的功能平台通过进出口等手段提供了具有价格优势的国外产品，满足人民群众需求。同时，这一需求趋势依然在增长，2014 年，中国跨境网络零售交易额为 4492 亿元，从事跨境电子商务的平台和企业约 5000 家，而到 2020 年，跨境电商进出口额达 1.98 万亿元，从事跨境电商的相关企业 3 万多家，且注册量仍在逐年增长，这一变化反映出未来国内市场需求依然庞大。城市作为承载功能平台发展的空间单元，可以借此时机在促进功能平台发展并提供更多优惠政策基础上进一步提质增效，将城市建设成为不断提升居民幸福感和安全感的宜居且有吸引力的发展新标杆。

首先，功能平台先行先试的政策体制探索能够促使城市学习其成功经验，并将其内化至城市发展，从城市管理、市场机制、服务体系等多方面提升城市发展质量和吸引力。其次，功能平台通过利用外资和本地政策优惠经营发展，形成了更为健全和先进的发展模式，逐渐成为所在城市和区域中的增长极，对经济发展贡献显著。同时，功能平台服务经济体系的发展能够提升城市运转效率，减少不必要的时间和交通成本，有助于提升城市公共服务质量。再次，功能平台的产业发展水平较高，并作为承接和引导产业转移的枢纽，能够有效根据城市发展需要引导城市调整产业结构，加快现代产业体系建设以服务本地经济和国际市场。最后，功能平台的快速发展也有助于提高城市财政收入，使地方政府有更多资金投入基础设施建设、医疗、卫生、教育等多个领域。当城市基础条件进一步提升且改善人民生活水平后，也有助于吸引更多资本、人才、技术流入城市，并促进功能平台发展，形成一种正向循环累积，实现共赢。

当城市通过经贸合作和规划设计联结成为城市群后，将实现城市间要素自由流动、资源高效配置、基础设施对接、产业关联配套、公共服务均等的新变化，通过空间邻近且经济联系密切成为一体化网络。在此基础上，城市间的行政区划分隔不再显著，市场封锁、准入壁垒等逐渐消弭，有利于形成优势互补的网络化空间格局。同时，也有助于各城市在科学评估自身资本、人才、技术、信息等要素禀赋后，各自选准并优先发展主导产业、配套发展关联性产业、积极发展需要就地平衡的基础性产业、努力扶持潜导产业，营造合理分工、错位发展的网络化空间格局。区域发展重大战略功能平台要抓住城市群发展的战略性机遇，进一步利用好城市群资源并辐射带动城市群发展，提升城市和城市群的发展质量，在提高发展竞争力的基础上实现新的突破。

四、绿色产业转型重地

改革开放以来，中国经济取得举世瞩目的成就，同时也带来了资源、能源消耗和环境排放的迅速增加。这种以资源、能源和环境质量损耗为代价的经济增长，透支发展质量和效益，形成巨大的环境压力。绿色发展是一项复杂的系统工程和长期任务，涉及经济、产业、科技进步和体制机制等各方面，需要长期付出艰苦不懈的努力。调整优化产业结构和提高产业链水平是绿色转型的重要途径。根据测算，产业结构调整对碳减排贡献度超过50%。2021年，我国三次产业占比为7.3∶39.4∶53.3，服务业比重不断提高，逐渐成为经济增长引擎。在绿色产业转型过程中，区域发展重大战略功能平台能够起到重大作用，一方面是功能平台本身是以服务型产业和中高端产业为主，在对外交流引进先进技术和生产模式的过程中，能够有效提升产业生产效率，提升每单位能源利用率，从而相对缓解环境污染，对产业绿色转型具有一定作用。同时，功能平台内发展的产业也能够先行先试探索绿色发展模式，这种超前探索并未脱节于区域生态文明建设，而是利用已有政策环境提前厘清了产业绿色发展的路径和潜在问题，对未来全域绿色产业转型能够提供可行经验，并对规避部分风险具有重要作用。另一方面是在对外开放和吸引外资交流的过程中，功能平台能够学习到国外绿色产业转型经验，将其改进应用于国内绿色产业转型，这种较为直接有效的方式也能够起到作用。

与此同时，功能平台的经济发展、产业水平等均较高，高新技术产业园区、开发区、综合保税区等也有相应的低碳产业园区、循环经济园区和智慧园区建设，这些园区对绿色产业转型也有重要作用。当前，生态文明建设的客观需求促使功能平台自身要进一步实现绿色转型，也就需要园区加强绿色化建设：从"入园"到"出园"的生产数据，借鉴投入—产出模型编制园区的投入—产出表，进行工业代谢分析、混合生命周期分析，以对园区的能源资源消耗以及废气、废水、工业固体废弃物等污染物进行全景式掌握。同时，也要基于互联网、物联网、大数据等现代信息技术以及低碳技术的创新发展，根据具体功能平台的发展特征，有针对性地提出综合性的绿色发展实施方案，并基于产业链驱动关联地区随之进行绿色产业调整，从而实现绿色可持续发展。

第二章

区域发展重大战略功能平台的发展概况

区域发展重大战略功能平台主要包括六类，分别是经济特区、国家级新区、国家级开发区、海关特殊监管区域和自由贸易示范区、跨境电子商务综合试验区、重大改革试验平台。本章根据上述内容，从主要类型、政策演变和发展比较等介绍功能平台的基本情况。

第一节 区域发展重大战略功能平台的主要类型

一、经济特区

1980 年 8 月，深圳经济特区设立，标志着我国正式开始学习国外先进经济经验，并探索符合国情且有益发展的中国特色社会主义市场经济管理体制和运行经验。经济特区的设立也是由点及面打开我国对外开放格局的开始，以"经济特区—沿海开放城市—开发区—内地"为开放传导路径，有效辐射带动全国外向型经济体系的确立。经济特区在我国经济总体建设中具有重要地位，是社会主义改革的"试验田"和"先行区"，为后续我国重大战略功能平台的确立奠定了坚实的基础，具有不可磨灭的重要贡献。经济特区重点是围绕生产资料、生产要素、房地产、劳动力、科学技术、信息等方面不断摸索，最终建立和完善了市场体系，为社会主义市场经济体制打下了坚实的基础，为生产要素的跨国流动提供了前期基础。随着市场体系的初步确立，经济特区继续从建立市场规则、完善中介组织、确立现代市场经济主体、完善分配和保障制度、改变宏观调控手段等多个方面进行改革。我国于 2001 年加入世贸组织（WTO）后，经济特区发展也受到了一定挑战，主要是与部分企业撤离搬至其他地区有关，同时经济全球化步伐的加快也导致金融风险和生态污染更为严峻，带来了一定负面影响。

表 2-1-1 整理了我国经济特区的基本情况。经济特区可以分为两类，传统意义上的经济特区主要是指深圳、珠海、汕头、厦门和海南经济特区，集中成立在 20 世纪 80 年代，主要是与探索经济体制改革和扭转经济发展颓势有关。而后，从 2010 年陆续成立了喀什经济开发区、霍尔果斯经济开发区和上海自贸区临港新片区，三地均享有部分类似经济特区的开发政策。在喀什经济开发区和霍尔果斯经济开发区的政策文件中，主要是《国务院关于支持喀什霍尔果斯经济开发区建设的若干意见》，该文件提到"特区"措辞为，"充分借鉴国内各经济特区和各类产业集聚区建设发展的成功经验，根据新疆地域特点和比较优势，有针对性地实行特殊优惠政策，先行试验一些重大改革开放措施，创新和完善管理体制、发展模式，推动经济开发区又好又快发展"。同理，针对上海自贸区临港新片区，则是来源于国务院《中国（上海）自由贸易试验区临港新片区总体方案》，该文件提及特区的措辞为，"新片区参照经济特区管理"。因此，本书也将其归为经济特区范围内。

表 2-1-1　经济特区统计

分类	省份	名称
传统经济特区	广东	深圳经济特区、珠海经济特区、汕头经济特区
	海南	海南经济特区
	福建	厦门经济特区
享有部分类似经济特区的开放政策	新疆	喀什经济开发区、霍尔果斯经济开发区
	上海	上海自贸区临港新片区

资料来源：根据政策文件与政府官网资源整理。

二、国家级新区

1992 年，邓小平南方谈话，标志着我国第二轮改革开放正式拉开帷幕。国家级新区实际上是由经济特区模式所转变，相较于经济特区而言，国家级新区主要是行政区划调整的一种手段，并确立相应的配套措施。从空间上看，通常是在城市内的某一个区域，还需要起到以新区带动区域发展的增长极作用。

在 1992 年设立上海浦东新区后，我国于 2006 年再次设立天津滨海新区，之后便从 2010 年开始陆续设立了多个国家级新区，起到了探索开放发展新模式和辐射带动周边地区发展的重大作用。2017 年 4 月，雄安新区成为又一确立的新区，其定位为"千年大计、国家大事"，"是继深圳经济特区和上海浦东新区之后又一具有全国意义的新区"，主要任务是成为"北京非首都功能疏解集中承载地"[①]。从目前已确立的 18 个从国家级新区及其所颁布的政策文件可知，成立国家级新区主要有三大原因：第一是承载探索和试验改革开放新模式的重大责任；第二是辐射带动区域经济发展；第三是起到提高区域竞争力和区域发展门面担当的作用。

表 2-1-2 整理了 18 个新区的基础信息。18 个新区分布在全国 18 个省份，多处在"一带一路"倡议以及京津冀协同发展、长江经济带发展等区域战略的关键节点，反映出国家级新区在国民经济发展中的重要意义。

表 2-1-2　国家级新区统计

序号	新区名称	主体城市	获批时间
1	浦东新区	上海	1992 年 10 月
2	滨海新区	天津	2006 年 5 月
3	两江新区	重庆	2010 年 6 月

[①] 雄安新区不同于一般意义上的新区新城，在建设理念和规划过程中始终具有前瞻性、引领性、全局性。因此，关于雄安新区的详细解读将在重大改革试验平台展开。

序号	新区名称	主体城市	获批时间
4	舟山群岛新区	舟山	2011 年 6 月
5	兰州新区	兰州	2012 年 8 月
6	南沙新区	广州	2012 年 9 月
7	西咸新区	西安、咸阳	2014 年 1 月
8	贵安新区	贵阳、安顺	2014 年 1 月
9	西海岸新区	青岛	2014 年 6 月
10	金普新区	大连	2014 年 6 月
11	天府新区	成都、眉山	2014 年 10 月
12	湘江新区	长沙	2015 年 4 月
13	江北新区	南京	2015 年 6 月
14	福州新区	福州	2015 年 9 月
15	滇中新区	昆明	2015 年 9 月
16	哈尔滨新区	哈尔滨	2015 年 12 月
17	长春新区	长春	2016 年 2 月
18	赣江新区	南昌、九江	2016 年 6 月

资料来源：根据政策文件与政府官网资源整理。

三、国家级开发区

国家级开发区这一概念最初是在 20 世纪 80 年代开始引入，并集中在沿海地区等经济开放度较高的城市设立，起初称之为经济技术开发区。开发区设立的目的主要是为了研究如何实现不同产业之间的互补、突出产业集聚优势、发展高新技术和高新技术产业，并结合优惠政策探索区域发展新模式以推广至全国。随着国务院将设立开发区的权力下放至部委和省级政府后，我国于 1992 年之后出现了"开发区热"，有些地方不顾实际条件，盲目设立和扩建名目繁多的各类开发区，造成大量圈占耕地和违法出让、转让国有土地的现象，严重损害了农民利益和国家利益。2003 年，国务院办公厅发布《关于暂停审批各类开发区的紧急通知》，强调要"一律暂停审批新设立和扩建各类开发区"。而后，2018 年，国家发展改革委、科技部、国土资源部、住房城乡建设部、商务部、海关总署会同各地区开展《中国开发区审核公告目录》修订工作，形成了《中国开发区审核公告目录》（2018 年版）。按照《中国开发区审核公告目录》（2018 年版）的分类，国家级开发区包括 6 种，即经济技术开发区（219 家）、高新技术产业开发区（156 家）、海关特殊监管区域（135 家）、边境/跨境经济合作区（23 家）和其他类型开发区（19 家）。[①] 考虑到国家级开发区种类繁多，本文将具有海关监管属性的海关特殊监管区域单独作为一章进行研究，仅在国家级开发区的探讨中分析其余 5 类。

（一）经济技术开发区

经济技术开发区是在改革开放后设立的国家级现代化工业园区，主要具有集聚工业资源和提供优惠政策吸引外资的特点。同时，经济技术开发区通过集中力量加快基础设施建设，努力创建符合国际水准的投资环境，逐步成为城市对外贸易的重点区域，不断提高区域经济总量。自 1984 年确立第一批国家级经济技术开发区以来，截至 2021 年 6 月，已成立 230 家，在促进区域经济发展中持续起着重要作用。从具体分布看（表 2-1-3），经济技术开发区主要集中在东部沿海地区，特别是江苏和浙江两省份的开发区数量突破 20 家，远高于其他地区。西部欠发达地区设立的经济技术开发区数量较少，批次也较晚，但在国家政策扶持下也逐步起到带动区域发展的作用。

经济技术开发区在中国经济发展中区别于其他地区的主要优势体现在 3 个方面：一是经济技术开发区内实行特殊的优惠经济政策，增强开发区的自

---

① 事实上，开发区数量在近几年持续增长，本文在后续内容中已根据最新年份进行更新，这里只是为了便于在同一统计时段进行直观比较与说明。

我发展能力，同时创造对国内外投资者的特殊吸引力；二是经济技术开发区的管理体制具有"超高授权、超强自治"等特点，办事效率高，对外开放度高，容易与国际惯例接轨；三是经济技术开发区通过划定明确的地域界限将这些相对优越的政策、体制、观念、方法和服务限定在城市特定区段内，加上完善和先进的水、电、气、热、通信、交通等基础设施硬件环境，令经济技术开发区内部"小环境"相当鲜明地异于且优于周围"大环境"，使其他区域陷入相对落差境地，实现经济技术开发区的先导型发展。

表 2-1-3 经济技术开发区统计

省份	数量	名称
北京	1	北京经济技术开发区
天津	6	天津经济技术开发区、西青经济技术开发区、武清经济技术开发区、天津子牙经济技术开发区、北辰经济技术开发区、东丽经济技术开发区
河北	7	秦皇岛经济技术开发区、廊坊经济技术开发区、沧州临港经济技术开发区、石家庄经济技术开发区、唐山曹妃甸经济技术开发区、邯郸经济技术开发区、张家口经济技术开发区
山西	4	太原经济技术开发区、大同经济技术开发区、晋中经济技术开发区、晋城经济技术开发区
内蒙古	3	呼和浩特经济技术开发区、巴彦淖尔经济技术开发区、呼伦贝尔经济技术开发区
辽宁	9	大连经济技术开发区、营口经济技术开发区、沈阳经济技术开发区、大连长兴岛经济技术开发区、锦州经济技术开发区、盘锦辽滨沿海经济技术开发区、沈阳辉山经济技术开发区、铁岭经济技术开发区、旅顺经济技术开发区
吉林	5	长春经济技术开发区、吉林经济技术开发区、四平红嘴经济技术开发区、长春汽车经济技术开发区、松原经济技术开发区
黑龙江	8	哈尔滨经济技术开发区、宾西经济技术开发区、海林经济技术开发区、哈尔滨利民经济技术开发区、大庆经济技术开发区、绥化经济技术开发区、牡丹江经济技术开发区、双鸭山经济技术开发区
上海	6	闵行经济技术开发区、虹桥经济技术开发区、上海漕河泾新兴技术开发区、上海金桥出口加工区、上海化学工业经济技术开发区、上海松江经济技术开发区

续表

省份	数量	名称
江苏	27	苏州工业园区、南通经济技术开发区、连云港经济技术开发区、昆山经济技术开发区、南京经济技术开发区、扬州经济技术开发区、徐州经济技术开发区、镇江经济技术开发区、吴江经济技术开发区、江宁经济技术开发区、常熟经济技术开发区、淮安经济技术开发区、盐城经济技术开发区、锡山经济技术开发区、太仓港经济技术开发区、张家港经济技术开发区、海安经济技术开发区、靖江经济技术开发区、吴中经济开发区、宿迁经济技术开发区、海门经济技术开发区、如皋经济技术开发区、宜兴经济技术开发区、浒墅关经济技术开发区、沭阳经济技术开发区、相城经济技术开发区、无锡惠山经济技术开发区
浙江	22	宁波经济技术开发区、温州经济技术开发区、宁波大榭开发区、杭州经济技术开发区、萧山经济技术开发区、嘉兴经济技术开发区、湖州经济技术开发区、袍江经济开发区、金华经济技术开发区、长兴经济技术开发区、宁波石化经济技术开发区、嘉善经济技术开发区、衢州经济技术开发区、义乌经济技术开发区、杭州余杭经济技术开发区、绍兴柯桥经济开发区、富阳经济技术开发区、平湖经济技术开发区、杭州湾上虞工业园区、宁波杭州湾经济技术开发区、丽水经济技术开发区、台州湾经济技术开发区
安徽	13	芜湖经济技术开发区、合肥经济技术开发区、马鞍山经济技术开发区、安庆经济技术开发区、铜陵经济技术开发区、滁州经济技术开发区、池州经济技术开发区、六安经济技术开发区、淮南经济技术开发区、宁国经济技术开发区、桐城经济技术开发区、宣城经济技术开发区、合肥蜀山经济技术开发区
福建	10	福州经济技术开发区、厦门海沧台商投资区、福清融侨经济技术开发区、东山经济技术开发区、漳州招商局经济技术开发区、泉州经济技术开发区、漳州台商投资区、泉州台商投资区、龙岩经济技术开发区、东侨经济技术开发区
江西	10	南昌经济技术开发区、九江经济技术开发区、赣州经济技术开发区、井冈山经济技术开发区、上饶经济技术开发区、萍乡经济技术开发区、南昌小蓝经济技术开发区、宜春经济技术开发区、龙南经济技术开发区、瑞金经济技术开发区
山东	16	青岛经济技术开发区、烟台经济技术开发区、威海经济技术开发区、东营经济技术开发区、日照经济技术开发区、潍坊滨海经济技术开发区、邹平经济技术开发区、临沂经济技术开发区、招远经济技术开发区、德州经济技术开发区、明水经济技术开发区、胶州经济技术开发区、聊城经济技术开发区、滨州经济开发区、威海临港经济技术开发区、滕州经济技术开发区

省份	数量	名称
河南	9	郑州经济技术开发区、漯河经济技术开发区、鹤壁经济技术开发区、开封经济技术开发区、许昌经济技术开发区、洛阳经济技术开发区、新乡经济技术开发区、红旗渠经济技术开发区、濮阳经济技术开发区
湖北	9	武汉经济技术开发区、黄石经济技术开发区、襄阳经济技术开发区、武汉临空港经济技术开发区、荆州经济技术开发区、葛店经济技术开发区、十堰经济技术开发区、枣阳经济技术开发区、汉川经济技术开发区
湖南	10	长沙经济技术开发区、岳阳经济技术开发区、常德经济技术开发区、宁乡经济技术开发区、湘潭经济技术开发区、浏阳经济技术开发区、娄底经济技术开发区、望城经济技术开发区、永州经济技术开发区、邵阳经济技术开发区
广东	7	湛江经济技术开发区、广州经济技术开发区、广州南沙经济技术开发区、惠州大亚湾经济技术开发区、增城经济技术开发区、珠海经济技术开发区、揭东经济技术开发区
广西	5	南宁经济技术开发区、钦州港经济技术开发区、中国—马来西亚钦州产业园区、广西—东盟经济开发区、北海经济技术开发区
海南	1	洋浦经济开发区
重庆	3	重庆经济技术开发区、万州经济技术开发区、长寿经济技术开发区
四川	10	成都经济技术开发区、广安经济技术开发区、德阳经济技术开发区、遂宁经济技术开发区、绵阳经济技术开发区、广元经济技术开发区、宜宾临港经济技术开发区、内江经济技术开发区、成都国际铁路港经济技术开发区、雅安经济技术开发区
贵州	2	贵阳经济技术开发区、遵义经济技术开发区
云南	5	昆明经济技术开发区、曲靖经济技术开发区、蒙自经济技术开发区、嵩明杨林经济技术开发区、大理经济技术开发区
西藏	1	拉萨经济技术开发区
陕西	5	西安经济技术开发区、陕西航空经济技术开发区、陕西航天经济技术开发区、汉中经济技术开发区、神府经济技术开发区
甘肃	4	兰州经济技术开发区、金昌经济技术开发区、天水经济技术开发区、张掖经济技术开发区
青海	2	西宁经济技术开发区、格尔木昆仑经济开发区

省份	数量	名称
宁夏	1	银川经济技术开发区
新疆	9	乌鲁木齐经济技术开发区、石河子经济技术开发区、库尔勒经济技术开发区、奎屯—独山子经济技术开发区、阿拉尔经济技术开发区、五家渠经济技术开发区、准东经济技术开发区、甘泉堡经济技术开发区、库车经济技术开发区

资料来源：根据政策文件与政府官网资源整理。

（二）高新技术产业开发区

高新技术产业开发区（简称"高新区"）是以发展高新技术为主要目的的园区，其源自 1988 年国务院启动的"火炬"计划，主要目的是打破依靠资源、资金和廉价劳动力发展的粗放式增长模式，希望通过科技进步转变经济增长方式，并将科技创新作为促进区域发展的动力源。1988 年，第一家国家级高新技术产业开发区落户北京，后被称为"北京中关村"，这是目前发展最为成功和最有竞争力的开发区。根据国家科委 1996 年发布的《国家高新技术产业开发区管理暂行办法》，高新区的主要任务是促进高新技术与其他生产要素的优化组合，创办高新技术企业，运用高新技术改造传统产业，加速引进技术的消化、吸收和创新，推进高新技术成果的商品化、产业化、国际化。高新区应当成为高新技术产业化的基地，高新技术向传统产业扩散的辐射源，深化改革、对外开放的试验区，科技与经济密切结合的示范区，培育科技实业家、孵化高新技术企业的功能区，体现社会主义物质文明和精神文明的新型社区。

经过 30 多年发展，高新区已经成为我国实施创新驱动发展战略的重要载体，在转变发展方式、优化产业结构、增强国际竞争力等方面发挥了重要作用，走出了一条具有中国特色的高新技术产业化道路。截至 2021 年，我国已有 168 家高新技术产业开发区，相较 2018 年又有所增加，具体最新统计情况参见表 2-1-4。根据 2021 年 1—9 月的数据显示，高新区园区生产总值 10.2

万亿元，占同期国内生产总值的 12.3%。同时，高新区实现营业收入 33.9 万亿元，同比增长 20.3%；高新区内企业营业收入利润率 7.9%，较上年同期提高 0.9 个百分点。

表 2-1-4　高新技术产业开发区统计

省份	数量	名称
北京	1	中关村国家自主创新示范区
天津	1	天津滨海高新技术产业开发区
河北	5	石家庄高新技术产业开发区、保定高新技术产业开发区、唐山高新技术产业开发区、燕郊高新技术产业开发区、承德高新技术产业开发区
山西	2	太原国家高新技术产业开发区、长治高新技术产业开发区
内蒙古	3	包头稀土高新技术产业开发区、呼和浩特金山高新技术产业开发区、鄂尔多斯高新区
辽宁	8	沈阳高新技术产业开发区、大连高新技术产业开发区、鞍山高新技术产业开发区、营口高新技术产业开发区、辽阳高新技术产业开发区、本溪高新技术产业开发区、阜新高新技术产业开发区、锦州高新技术产业开发区
吉林	5	长春高新技术产业开发区、吉林高新技术产业开发区、延吉高新技术产业开发区、长春净月高新技术产业开发区、通化医药高新技术产业开发区
黑龙江	3	哈尔滨高新技术产业开发区、齐齐哈尔高新技术产业开发区、大庆高新技术产业开发区
上海	2	上海张江高新技术产业开发区、上海紫竹高新技术产业开发区
江苏	17	南京国家高新技术产业开发区、徐州国家高新技术产业开发区、苏州国家高新技术产业开发区、常州国家高新技术产业开发区、泰州医药高新技术产业开发区、昆山高新技术产业开发区、无锡高新技术产业开发区、武进高新技术产业开发区、江阴高新技术产业开发区、南通高新技术产业开发区、镇江高新技术产业开发区、盐城高新技术产业开发区、连云港高新技术产业开发区、扬州高新技术产业开发区、常熟高新技术产业开发区、淮安高新技术产业开发区、宿迁高新技术产业开发区
浙江	8	杭州高新技术产业开发区、宁波高新技术产业开发区、绍兴高新技术产业开发区、温州高新技术产业开发区、衢州高新技术产业开发区、萧山临江高新技术产业开发区、湖州莫干山高新技术产业园区、嘉兴秀洲高新技术产业开发区

续表

省份	数量	名称
安徽	6	合肥高新技术产业开发区、蚌埠高新技术产业开发区、芜湖高新技术产业开发区、马鞍山慈湖高新技术产业开发区、铜陵狮子山高新技术产业开发区、淮南高新技术产业开发区
福建	7	福州高新技术产业开发区、厦门火炬高技术产业开发区、泉州高新技术产业开发区、漳州高新技术产业开发区、莆田国家高新技术产业开发区、龙岩高新技术产业开发区、三明高新技术产业开发区
江西	9	南昌高新技术产业开发区、新余高新技术产业开发区、景德镇高新技术产业开发区、鹰潭国家高新技术产业开发区、抚州高新技术产业开发区、吉安高新技术产业园区、赣州高新技术产业园区、九江共青城高新技术产业开发区、宜春丰城高新技术产业开发区
山东	13	威海火炬高技术产业开发区、济南高新技术产业开发区、青岛高新技术产业开发区、淄博高新技术产业开发区、潍坊高新技术产业开发区、济宁高新技术产业开发区、烟台高新技术产业开发区、临沂高新技术产业开发区、泰安高新技术产业开发区、枣庄高新技术产业开发区、莱芜高新技术产业开发区、德州高新技术产业开发区、黄河三角洲农业高新技术产业示范区
河南	7	郑州高新技术产业开发区、洛阳高新技术产业开发区、安阳高新技术产业开发区、南阳高新技术产业开发区、新乡高新技术产业开发区、平顶山高新技术产业开发区、焦作高新技术产业开发区
湖北	12	武汉东湖高新技术产业开发区、襄阳高新技术产业开发区、孝感高新技术产业开发区、宜昌高新技术产业开发区、荆门高新技术产业开发区、仙桃高新技术产业开发区、随州高新技术产业开发区、咸宁高新技术产业开发区、黄冈高新技术产业开发区、荆州高新技术产业开发区、黄石大冶湖高新技术产业开发区、潜江高新技术产业开发区
湖南	8	长沙高新技术产业开发区、株洲高新技术产业开发区、衡阳高新技术产业开发区、益阳高新技术产业开发区、湘潭高新技术产业开发区、郴州高新技术产业开发区、常德高新技术产业开发区、怀化高新技术产业开发区
广东	14	中山火炬高技术产业开发区、广州高新技术产业开发区、深圳高新技术产业开发区、佛山高新技术产业开发区、惠州仲恺高新技术产业开发区、珠海高新技术产业开发区、东莞松山湖高新技术产业开发区、肇庆高新技术产业开发区、江门国家高新技术产业开发区、湛江高新技术产业开发区、清远高新技术产业开发区、汕头高新技术产业开发区、源城高新技术产业开发区、茂名高新技术产业开发区

省份	数量	名称
广西	4	桂林高新技术产业开发区、南宁高新技术产业开发区、柳州高新技术产业开发区、北海高新技术产业开发区
海南	1	海口高新技术产业开发区
重庆	4	重庆高新技术产业开发区、璧山高新技术产业开发区、荣昌高新技术产业开发区、永川高新技术产业开发区
四川	8	成都高新技术产业开发区、自贡国家高新技术产业开发区、绵阳高新技术产业开发区、乐山高新技术产业开发区、泸州高新技术产业园区、攀枝花钒钛高新技术产业园区、德阳高新技术产业园区、内江高新技术产业开发区
贵州	2	贵阳高新技术产业开发区、安顺高新技术产业开发区
云南	3	昆明高新技术产业开发区、玉溪高新技术产业开发区、楚雄高新技术产业开发区
陕西	7	西安高新技术产业开发区、杨凌农业高新技术产业示范区、宝鸡高新技术产业开发区、渭南高新技术产业开发区、榆林高新技术产业开发区、咸阳高新技术产业园区、安康高新技术产业开发区
甘肃	2	兰州高新技术产业开发区、白银高新技术产业开发区
青海	1	青海国家高新技术产业开发区
宁夏	2	银川高新技术产业开发区、石嘴山高新技术产业开发区
新疆	3	乌鲁木齐高新技术产业开发区、昌吉高新技术产业开发区、石河子高新技术产业开发区

资料来源：中华人民共和国科学技术部。

（三）边境 / 跨境经济合作区

边境 / 跨境经济合作区是根据我国同其他国家的边境而划定的特定区域，通过提供财税、投资、经贸和产业等的配套政策，吸引生产要素集聚，在结合海关特殊监管区域共同发展的基础上，辐射带动周边地区发展。合作区的确立最早可以追溯至 1992 年 3 月，随着经济社会发展与转型，合作区在推动沿边地区对外开放和经济发展、加强经济贸易、缓解区域发展不平衡问题起到了重要作用。截至 2021 年 6 月，全国共有 17 个合作区，其中云南和新疆两地的合作区数量最多，具体情况参见表 2-1-5。

表 2-1-5　边境/跨境经济合作区统计

省份	数量	名称
广西	2	凭祥边境经济合作区、东兴边境经济合作区
黑龙江	2	黑河边境经济合作区、绥芬河边境经济合作区
吉林	2	珲春边境经济合作区、和龙边境经济合作区
辽宁	1	丹东边境经济合作区
内蒙古	2	满洲里边境经济合作区、二连浩特边境经济合作区
新疆	5	伊宁边境经济合作区、博乐边境经济合作区、中哈霍尔果斯国际边境合作中心、塔城边境经济合作区、吉木乃边境经济合作区
云南	4	畹町边境经济合作区、河口边境经济合作区、瑞丽边境经济合作区、临沧边境经济合作区

资料来源：根据政策文件与政府官网资源整理。

边境/跨境经济合作区的功能主要体现在两个方面：从宏观看，合作区能够起到增长极作用，在辐射带动区域发展的同时，还能够维护边境地区社会治安，对推动区域一体化发展具有重要作用。从微观看，合作区提供了跨境交流以促进经贸合作、产业发展、服务经济发展的稳定合作平台，有利于更好地促进生产要素集聚并满足区域发展需求。在当前"一带一路"倡议带领下，合作区具有更加重要的意义，在维护国家利益、外交稳定、经贸繁荣等方面扮演着更加重要的角色。

（四）其他类型开发区

除上述类型的开发区外，国家级开发区中还包括中俄互市贸易区、国家旅游度假区、台商投资开发区以及上海陆家嘴金融贸易区和新疆喀什、霍尔果斯经济开发区。上述开发区集中设立在 20 世纪 90 年代，具体名单参见表 2-1-6。

表 2-1-6　其他类型开发区统计

序号	名称	省份	成立时间
1	满洲里中俄互市贸易区	内蒙古	1992 年 4 月
2	中德（沈阳）高端装备制造产业园	沈阳	2015 年 12 月
3	沈阳海峡两岸科技工业园	沈阳	1995 年 9 月
4	大连金石滩国家旅游度假区	辽宁	1992 年 1 月
5	中俄东宁—波尔塔夫卡互市贸易区	黑龙江	1992 年 9 月
6	上海陆家嘴金融贸易区	上海	1990 年 6 月
7	上海佘山国家旅游度假区	上海	1995 年 6 月
8	南京海峡两岸科技工业园	江苏	1995 年 9 月
9	无锡太湖国家旅游度假区	江苏	1992 年 1 月
10	苏州太湖国家旅游度假区	江苏	1992 年 1 月
11	杭州之江国家旅游度假区	浙江	1992 年 1 月
12	福州台商投资区	福建	1989 年 5 月
13	福州元洪投资区	福建	1992 年 5 月
14	厦门杏林台商投资开发区	福建	1989 年 5 月
15	厦门集美台商投资开发区	福建	1992 年 12 月
16	湄洲岛国家旅游度假区	福建	1992 年 1 月
17	武夷山国家旅游度假区	福建	1992 年 1 月
18	青岛石老人国家旅游度假区	山东	1992 年 1 月
19	北海银滩国家旅游度假区	广西	1992 年 1 月
20	三亚亚龙湾国家旅游度假区	海南	1992 年 1 月
21	昆明滇池国家旅游度假区	云南	1992 年 1 月
22	喀什经济开发区（含新疆生产建设兵团片区）	新疆	2011 年 9 月
23	霍尔果斯经济开发区（含新疆生产建设兵团片区）	新疆	2011 年 9 月

资料来源：根据政策文件与政府官网资源整理。

四、海关特殊监管区域和自由贸易试验区

海关特殊监管区域是经国务院批准，设立在中华人民共和国关境内，赋予承接国际产业转移、连接国内国际两个市场的特殊功能和政策，由海关为主实施封闭监管的特定经济功能区域。自由贸易试验区并非是简单的对外开放试验区，而是集中投资、金融、贸易、创新等领域于一体的综合改革区，战略性更强。虽然海关特殊监管区域与自由贸易试验区有类似之处，但却存在着本质不同。此外，海关特殊监管区域属于国家级开发区，而自由贸易试验区则是相对独立的另一种区域发展重大战略功能平台。但是，由于二者都是国际经贸的重要窗口，所以将二者合在一起进行论述。

（一）海关特殊监管区域

根据 2015 年国务院办公厅发布的《关于印发加快海关特殊监管区域整合优化方案的通知》，海关特殊监管区域共有 6 类，分别是保税区、出口加工区、保税物流园区、跨境工业区、保税港区和综合保税区。上述 6 类区域可以直接设置在经济技术开发区或高新技术产业开发区内部，而且往往空间重复利用以具备多种功能，能够更好地实现发展目标。其中，综合保税区是覆盖范围更广的区域，集保税、出口加工、保税物流、跨境工业和保税港的功能于一身。截至 2022 年 3 月，全国共有 168 个海关特殊监管区域，其中综合保税区 156 个，保税区 8 个，出口加工区 1 个，保税港区 2 个，珠澳跨境工业区珠海园区 1 个，具体名单参见表 2-1-7。

表 2-1-7 海关特殊监管区域统计

类别	省份	名称
综合保税区	北京	北京天竺综合保税区、北京大兴国际机场综合保税区
	天津	天津东疆综合保税区、天津滨海新区综合保税区、天津港综合保税区、天津泰达综合保税区
	河北	曹妃甸综合保税区、秦皇岛综合保税区、廊坊综合保税区、石家庄综合保税区

续表

类别	省份	名称
综合保税区	山西	太原武宿综合保税区
	内蒙古	呼和浩特综合保税区、鄂尔多斯综合保税区、满洲里综合保税区
	辽宁	大连大窑湾综合保税区、大连湾里综合保税区、营口综合保税区、沈阳综合保税区
	吉林	长春兴隆综合保税区、珲春综合保税区
	黑龙江	绥芬河综合保税区、哈尔滨综合保税区
	上海	洋山特殊综合保税区、上海浦东机场综合保税区、上海外高桥港综合保税区、松江综合保税区、金桥综合保税区、青浦综合保税区、漕河泾综合保税区、奉贤综合保税区、嘉定综合保税区
	江苏	苏州工业园综合保税区、昆山综合保税区、苏州高新技术产业开发区综合保税区、无锡高新区综合保税区、盐城综合保税区、淮安综合保税区、南京综合保税区、连云港综合保税区、镇江综合保税区、常州综合保税区、吴中综合保税区、吴江综合保税区、扬州综合保税区、常熟综合保税区、武进综合保税区、泰州综合保税区、南通综合保税区、太仓港综合保税区、江阴综合保税区、徐州综合保税区
	浙江	宁波梅山综合保税区、宁波北仑港综合保税区、宁波前湾综合保税区、舟山港综合保税区、杭州综合保税区、嘉兴综合保税区、金义综合保税区、温州综合保税区、义乌综合保税区、绍兴综合保税区、台州综合保税区
	安徽	芜湖综合保税区、合肥经济技术开发区综合保税区、合肥综合保税区、马鞍山综合保税区、安庆综合保税区
	福建	厦门海沧港综合保税区、泉州综合保税区、厦门象屿综合保税区、福州综合保税区、福州江阴港综合保税区
	江西	九江综合保税区、南昌综合保税区、赣州综合保税区、井冈山综合保税区
	山东	潍坊综合保税区、济南综合保税区、东营综合保税区、章锦综合保税区、淄博综合保税区、青岛前湾综合保税区、烟台综合保税区、威海综合保税区、青岛胶州湾综合保税区、青岛西海岸综合保税区、临沂综合保税区、日照综合保税区、青岛即墨综合保税区、青岛空港综合保税区
	河南	郑州新郑综合保税区、郑州经开综合保税区、南阳卧龙综合保税区、洛阳综合保税区、开封综合保税区

续表

类别	省份	名称
综合保税区	湖北	武汉东湖综合保税区、武汉经开综合保税区、武汉新港空港综合保税区、宜昌综合保税区、襄阳综合保税区、黄石棋盘洲综合保税区
	湖南	衡阳综合保税区、郴州综合保税区、湘潭综合保税区、岳阳城陵矶综合保税区、长沙黄花综合保税区
	广东	广州南沙综合保税区、广州白云机场综合保税区、深圳前海综合保税区、深圳盐田综合保税区、深圳坪山综合保税区、广州黄埔综合保税区、东莞虎门港综合保税区、珠海高栏港综合保税区、汕头综合保税区、梅州综合保税区、湛江综合保税区
	广西	钦州综合保税区、广西凭祥综合保税区、北海综合保税区、南宁综合保税区、梧州综合保税区
	海南	海口综合保税区、海口空港综合保税区
	重庆	重庆西永综合保税区、重庆两路寸滩综合保税区、重庆江津综合保税区、重庆涪陵综合保税区、重庆万州综合保税区、重庆永川综合保税区
	四川	成都高新综合保税区、成都高新西园综合保税区、绵阳综合保税区、成都国际铁路港综合保税区、泸州综合保税区、宜宾综合保税区
	贵州	贵阳综合保税区、贵安综合保税区、遵义综合保税区
	云南	昆明综合保税区、红河综合保税区
	陕西	西安综合保税区、西安关中综合保税区、西安高新综合保税区、西安航空基地综合保税区、宝鸡综合保税区、陕西西咸空港综合保税区、陕西杨凌综合保税区
	甘肃	兰州新区综合保税区
	宁夏	银川综合保税区
	新疆	阿拉山口综合保税区、乌鲁木齐综合保税区、霍尔果斯综合保税区、喀什综合保税区
	青海	西宁综合保税区
	西藏	拉萨综合保税区

续表

类别	省份	名称
保税区	辽宁	大连保税区
	上海	上海外高桥保税区
	浙江	宁波保税区
	福建	厦门象屿保税区、福州保税区
	广东	福田保税区、广州保税区、珠海保税区
跨境工业区	广东	珠澳跨境工业区珠海园区
保税港区	海南	海南洋浦保税港区
	江苏	张家港保税港区
出口加工区	广东	广东广州出口加工区

资料来源：根据政策文件与政府官网资源整理。

2012 年，国务院出台了《关于促进海关特殊监管区域科学发展的指导意见》，其中指出要进行资源整合，实行统一化的综合保税区建设，并强调未来新成立的特殊监管区域原则上须称为综合保税区。但事实上，综合保税区成立时间远早于这一文件：2006 年 12 月，在整合园区陆路口岸通关点、出口加工区和保税物流中心（B 型）的基础上，苏州工业园综合保税区成立，成为先行先试探索复合功能的特殊监管区域。回顾过去，第一家保税区为上海外高桥保税区，成立于 1990 年 6 月，主要是具有进出口加工、国际贸易、保税仓储等功能。第一家出口加工区为昆山出口加工区，成立于 2000 年 4 月，主要是专门制造、加工、装配出口商品的特殊工业区。第一家保税物流园区为上海外高桥保税物流园区，成立于 2004 年 4 月，主要是针对特定港区设立和发展的现代国际物流园区。第一家跨境工业区为珠澳跨境工业区，成立于 2003 年 12 月，主要是为了实现成本与贸易机会的优势互补。第一家保税港区为上海洋山保税港区，成立于 2005 年 12 月，主要是在享受保税区、出口加工区和保税物流园区税收和外汇管理政策的基础上，设定在口岸港区的区域。

海关特殊监管区域的设立是随着我国对外开放的发展而逐渐形成的，是为了满足保税加工过程中的企业发展需求，以此确保保税加工贸易的顺利进行。从 1990 年开始，我国先后推出 6 种形态的海关特殊监管区域，这 6 种特殊监管区域在设立之初有不同的政策功能特点：保税区主要是为了服务和保障保税加工企业对一些设备和料件进行保税监管的需要而设立；出口加工区是为了推动外贸发展，服务企业扩大出口；保税物流园区是为推动区港一体化，更好地发挥保税区的物流枢纽的作用功能而建立；保税港区是为配合我国航运中心建设而建立；综合保税区则是为了满足不同特殊区域综合性要求，整合优化特殊区域的政策和功能。

（二）自由贸易试验区

自由贸易试验区是目前我国海关特殊监管区域中最高级的形态，为准许外国商品豁免关税自由进出，在园区范围和政策上几乎涵盖了海关特殊监管区域，并在空间范围上远大于国家级开发区。例如，中国（上海）自由贸易区的范围涵盖上海外高桥保税区、外高桥保税物流园区、洋山保税港区、上海浦东机场综合保税区、金桥出口加工区、张江高科技园区和陆家嘴金融贸易区 7 个区域。2013 年 9 月，上海自由贸易试验区率先挂牌成立。而后，先后还有 6 批自由贸易试验区得到批复，主要分布在我国沿海地区。目前，我国已有 21 个自由贸易试验区，成为探索高标准规则体系，先行先试，推广可复制的制度创新成果的主要阵地（表 2-1-8）。

表 2-1-8 自由贸易试验区统计

序号	自贸区名称	所在地	时间
1	中国（上海）自由贸易试验区	上海	2013 年 9 月 2019 年 7 月扩围
2	中国（广东）自由贸易试验区	广东	2015 年 4 月
3	中国（天津）自由贸易试验区	天津	2015 年 4 月
4	中国（福建）自由贸易试验区	福建	2015 年 4 月

序号	自贸区名称	所在地	时间
5	中国（河南）自由贸易试验区	河南	2017 年 4 月
6	中国（湖北）自由贸易试验区	湖北	2017 年 4 月
7	中国（辽宁）自由贸易试验区	辽宁	2017 年 4 月
8	中国（四川）自由贸易试验区	四川	2017 年 4 月
9	中国（重庆）自由贸易试验区	重庆	2017 年 4 月
10	中国（浙江）自由贸易试验区	浙江	2017 年 4 月 2020 年 9 月扩围
11	中国（陕西）自由贸易试验区	陕西	2017 年 4 月
12	中国（海南）自由贸易试验区	海南	2018 年 10 月
13	中国（山东）自由贸易试验区	山东	2019 年 7 月
14	中国（江苏）自由贸易试验区	江苏	2019 年 7 月
15	中国（广西）自由贸易试验区	广西	2019 年 7 月
16	中国（河北）自由贸易试验区	河北	2019 年 7 月
17	中国（云南）自由贸易试验区	云南	2019 年 7 月
18	中国（黑龙江）自由贸易试验区	黑龙江	2019 年 7 月
19	中国（北京）自由贸易试验区	北京	2020 年 9 月
20	中国（湖南）自由贸易试验区	湖南	2020 年 9 月
21	中国（安徽）自由贸易试验区	安徽	2020 年 9 月

资料来源：根据政策文件与政府官网资源整理。

自由贸易试验区虽然包括了海关特殊监管区域，但两者仍存在着较大差别。自贸区是以制度创新为核心，通过实现投资、金融、贸易、管理等制度创新，建立与国际通行规则相衔接的转变政府职能、投资领域改革、贸易转型升级、金融开放创新的贸易制度体系和开放经济体制。与此同时，自贸区在设计之初便有着自贸港的思想，也是为了同国际规则接轨而在时代发展下所做的必要尝试。目前，自贸区兼具自由贸易区（FTA）和自由贸易园区

（FTZ）两者含义，是中国特色的混合物。

五、跨境电子商务综合试验区

跨境电子商务综合试验区是我国跨境电子商务先行先试的试验田。从概念上看，跨境电子商务是指分属不同关境的个人或企业，通过互联网及其相关信息平台实现交易，在支付平台实行支付计算，使用跨境物流运送货物、完成交易的一种国际贸易活动。跨境电子商务综合试验区的确立与我国网络购物和平台经济的兴起紧密相关：随着我国对外开放的步伐加快，我国在贸易和消费等领域的体量不断增加，需要从交易、支付、物流、通关、退税、结汇等多方面探索具有中国特色的发展模式，建立试验区就是为了满足服务经济循环发展、集聚服务资源、提高人民生活质量的需要。

从 2015 年到 2020 年，国务院先后发布了 6 批跨境电子商务综合试验区名单。2015 年 3 月，浙江杭州成立了全国第一个跨境电子商务综合试验区，之后历经 5 次扩容，目前已有 132 个城市和地区归于这一行列（表 2-1-9）。从每次扩容来看，扩容往往伴随着对跨境电子商务提出新的要求，是在总结原有批次发展水平的基础上设定新的试验方向。跨境电子商务综合试验区的范围扩大能够汇聚更多中小企业参与电子商务领域的发展，同时也有助于增加就业，缓解社会发展压力。

表 2-1-9　跨境电子商务综合试验区统计

批次	时间	所在地
第一批	2015 年 3 月	杭州市
第二批	2016 年 1 月	天津市、上海市、重庆市、合肥市、郑州市、广州市、成都市、大连市、宁波市、青岛市、深圳市、苏州市
第三批	2018 年 7 月	北京市、呼和浩特市、沈阳市、长春市、哈尔滨市、南京市、南昌市、武汉市、长沙市、南宁市、海口市、贵阳市、昆明市、西安市、兰州市、厦门市、唐山市、无锡市、威海市、珠海市、东莞市、义乌市

批次	时间	所在地
第四批	2019 年 12 月	石家庄市、太原市、赤峰市、抚顺市、珲春市、绥芬河市、徐州市、南通市、温州市、绍兴市、芜湖市、福州市、泉州市、赣州市、济南市、烟台市、洛阳市、黄石市、岳阳市、汕头市、佛山市、泸州市、海东市、银川市
第五批	2020 年 4 月	雄安新区、大同市、满洲里市、营口市、盘锦市、吉林市、黑河市、常州市、连云港市、淮安市、盐城市、宿迁市、湖州市、嘉兴市、衢州市、台州市、丽水市、安庆市、漳州市、莆田市、龙岩市、九江市、东营市、潍坊市、临沂市、南阳市、宜昌市、湘潭市、郴州市、梅州市、惠州市、中山市、江门市、湛江市、茂名市、肇庆市、崇左市、三亚市、德阳市、绵阳市、遵义市、德宏傣族景颇族自治州、延安市、天水市、西宁市、乌鲁木齐市
第六批	2022 年 2 月	鄂尔多斯市、扬州市、镇江市、泰州市、金华市、舟山市、马鞍山市、宣城市、景德镇市、上饶市、淄博市、日照市、襄阳市、韶关市、汕尾市、河源市、阳江市、清远市、潮州市、揭阳市、云浮市、南充市、眉山市、红河哈尼族彝族自治州、宝鸡市、喀什地区、阿拉山口市

资料来源：根据政策文件与政府官网资源整理。

六、新时代其他代表性重大改革试验平台

党的十八大以来，中共中央以民族复兴为己任相继出台了新的区域重大战略功能试点。2017 年，为集中疏解北京非首都功能，国家将河北省雄县、容城、安新等三县及周边部分区域统一合并为雄安新区进行综合开发。2021年，为探索共同富裕发展模式，以解决地区差距、城乡差距、收入差距问题，浙江成为高质量发展建设共同富裕示范区。2021 年，为丰富"一国两制"现实内涵，探索港澳同内陆协同开放新模式，促进港澳繁荣并融入国家发展大局，我国又提出了开发建设前海深港现代服务业合作区和横琴粤澳深度合作区（表 2-1-10）。

表 2-1-10　党的十八大以来的其他代表性的重大改革试验平台统计

序号	重大改革试验平台	时间
1	河北雄安新区	2017 年 4 月
2	浙江共同富裕示范区	2021 年 6 月
3	广东横琴粤澳深度合作区	2021 年 9 月
4	深圳前海深港现代服务业合作区	2021 年 9 月

资料来源：根据政策文件与政府官网资源整理。

雄安新区的建立，是在中国实现"两个一百年"奋斗目标的关键时期，承担起引领中国发展的新的历史使命。其重大的现实与历史意义在于：一是中国改革已经进入深水区，迫切需要探索新的、适合广大地区复制的改革开放经验；二是中国城市化进程处在迅速推进阶段，迫切需要探索人口密集区域城市化的新途径，包括特大城市的人口疏解与农村人口城市化的最佳结合路径；三是中国的产业发展已经进入了结构转型时期，发展高端高新技术产业是国家的立国之本，探索发展高端高新技术产业的区域与城市模式，是当务之急；四是中国的资源环境问题已经十分突出，对我国经济社会的负面影响日益加重，在华北雾霾严重的区域开辟一条新路，建设一座生态环境优美的智慧城市，将为我国众多的人口密集地区树立典范。总之，雄安新区将奠定中国全面发展"千年大计"的发展基业。

共同富裕示范区是中共中央把促进全体人民共同富裕摆在更加重要位置做出的一项重大决策，也是在决战脱贫攻坚取得全面胜利后，在新发展阶段进行的重要探索。首先，示范区是丰富共同富裕思想内涵的重大实践，是进一步丰富邓小平时期"先富带后富以共富"思想的现实探索。其次，示范区也有助于在现行社会主义主要矛盾发生变化的背景下，有针对性地探索如何缩小城乡区域发展差距和收入分配差距，促进经济高质量发展和提升人民生活水平。再次，示范区是在浙江省贯彻"八八战略"的基础上探索省域发展范例，以此形成可复制推广的经验做法，为其他地区分梯次推进并逐步实现全体人民共同富裕作出示范。最后，示范区也是完善中国特色社会主义制度的重要渠道，是提供中国智慧和中国方案的新路径。

横琴方案立足服务澳门、推动琴澳一体化发展进行谋划和设计，主要内容可概括为一条主线、四大定位、三个阶段目标、四大任务和若干保障措施。横琴方案的公布，是支持澳门经济适度多元发展、丰富"一国两制"实践的重大举措，将为澳门长远发展注入新的动力。

前海方案聚焦"扩区"和"改革开放"两个重点，部署了三个方面的任务：一是拓展前海合作区发展空间；二是打造全面深化改革创新试验平台；三是建设高水平对外开放的门户枢纽。前海方案的推出，将有利于推动更高水平的港深合作，发挥两地在粤港澳大湾区内的"双引擎"功能。

第二节　区域发展重大战略功能平台的政策演变

一、经济特区

1978 年 12 月，中共十一届三中全会召开，会议作出要把全党工作重点转移到社会主义现代化建设上来的战略决策。省委工作组前往汕头市调研并传达会议精神，提出了在汕头运用特殊政策以试验改革的尝试。1979 年 4 月，中央工作会议正式提出"试办出口特区"，计划从广东的深圳、珠海、汕头，福建的厦门和上海的崇明岛开始。而后，1979 年 6 月，中央在广东省关于试办出口特区的报告中，批示可先在深圳和珠海两市试办，其余地区待取得经验后再立。经过《中华人民共和国广东省经济特区条例》批准公布后，中共中央、国务院于 1980 年 5 月批准同意使用"经济特区"这一名称。同年 8 月，深圳经济特区首先成立，标志着我国开始了经济对外开放的篇章。

1995 年，中共十四届五中全会召开，全会通过的《中共中央关于制定国民经济和社会发展"九五"计划和 2010 年远景目标的建议》指出,"国家对经济特区和上海浦东新区的基本政策不变,在发展社会主义市场经济的过程中,有些具体办法要有所调整和完善。经济特区要增创新优势,更上一层楼。经济特区、沿海开放城市和开放地带要积极参与国际经济合作,充分发挥示范、辐射和带动作用。"这指明,中央允许经济特区超前创新、先行先试的政策不变;鼓励经济特区率先按照国际惯例办事、与国际经济衔接的政策不变;支持经济特区功能建设、强化辐射带动作用的政策不变。

而后,有关经济特区的政策主要是针对不同特区形成针对性的发展方案,并在经济特区的基础上演变成先行示范区等新形势,但未脱离于经济特区的发展底色。以深圳经济特区为例①,2019 年 2 月,中共中央、国务院印发《粤港澳大湾区发展规划纲要》,提出深圳要加快建成现代化国际化城市,努力成为具有世界影响力的创新创意之都。2019 年 8 月,《中共中央 国务院关于支持深圳建设中国特色社会主义先行示范区的意见》明确提出了"高质量发展高地、法治城市示范、城市文明典范、民生幸福标杆、可持续发展先锋"五大战略定位,深圳再一次承担起改革"先锋队"的使命。2020 年 10 月,《深圳建设中国特色社会主义先行示范区综合改革试点实施方案(2020—2025年)》发布,支持深圳实施综合改革试点,以清单批量授权方式赋予深圳在重要领域和关键环节改革上更多自主权,一揽子推出 27 条改革举措和 40 条首批授权事项。完善要素市场化配置体制机制,探索适应超大城市劳动力流动的制度,在土地、劳动力、资本和数据等生产要素领域率先改革,适应新时代高质量发展的要求。在建设中国特色社会主义先行示范区的过程中,通过制度改革和制度创新打造市场化、法治化、国际化的营商环境,以经济制度的改革和创新促进先行示范区建设。综合改革试点继续采取赋予深圳经济特区"率先改革的优先权"的方式,开启新时代我国更加深刻而复杂艰巨的改革征程。

---

① 关于不同特区的主要政策,具体可参见后续章节,本章仅是起概述说明的作用。后续其他功能平台的政策演变同理。

二、国家级新区

如果说 20 世纪 80 年代经济特区的设立是对改革开放的初步探索，那么 90 年代以浦东开发开放为代表的新的战略决策，则标志着我国对外开放的决心更为强烈。浦东开发开放正式拉开了我国国家级新区设立的序幕：1990 年 6 月，中共中央、国务院印发《关于开发和开放浦东问题的批复》，指出从全局开发，统一开发开放浦东，原则批准在浦东实行经济技术开发区和某些经济特区的政策。经过一段时间的改革探索，1992 年，国务院进一步同意上海市设立浦东新区。之后，我国继续于 2006 年推出天津滨海新区开发开放的重大战略，国务院印发《关于推进天津滨海新区开发开放有关问题的意见》。2009 年，国务院同意天津市调整部分行政区划，正式设立天津滨海新区。

2010 年之后，我国设立国家级新区的速度明显加快，主要是为了依托区域发展战略促进中西部内陆地区发展，重庆两江新区、兰州新区等相继成立。随着经济发展进入新常态，为增加对外开放窗口、创新体制机制、拓展空间格局，国务院于 2014 年先后设立了陕西西咸新区等，国家级新区的空间分布更为均衡，有效缓解了区域发展失衡的问题。

2014 年，国家发展改革委等部门联合发布《新区设立审核办法》及细则，并在 2015 年 4 月继续出台了《关于促进国家级新区健康发展的指导意见》，在明确总体要求的基础上，提出要优化发展环境、推动产业优化升级、辐射带动区域发展、高效节约利用资源、推进体制机制创新。2015 年，国家发展改革委发布了《关于推动国家级新区深化重点领域体制机制创新的通知》，根据各新区特点和优势，分别围绕 1—2 个方面提出具体的探索方向，对新区发展起到了重要指导价值。2020 年，国务院办公厅发布《关于支持国家级新区深化改革创新加快推动高质量发展的指导意见》，指出要着力提升关键领域科技创新能力、加快推动实体经济高质量发展、持续增创体制机制新优势、推动全方位高水平对外开放、高标准推进建设管理。

三、国家级开发区

由于一般定义下的国家级开发区种类较多，所以有关国家级新区的政策文件较为丰富。从整体看，自 1984 年确立第一批国家级经济技术开发区以来，由于优惠政策具有极大吸引力，各地开发区建设如火如荼。1992 年，针对各地在兴办开发区和城镇建设中，占用耕地出现了多占少用，占而不用，闲置撂荒，造成了耕地资源严重浪费的情况，国务院发布《关于严禁开发区和城镇建设占用耕地撂荒的通知》，要求必须严格执行审批制度，依法办理各种手续，避免损害农民权益。1993 年 4 月，国务院发布《关于严格审批和认真清理各类开发区的通知》，直面"开发区热"问题，规定设立经济技术开发区、保税区、高新技术产业开发区、国家旅游度假区、边境经济合作区的审批权在国务院。设立各类开发区，实行国务院和省、自治区、直辖市人民政府两级审批制度。省、自治区、直辖市以下各级人民政府不得审批设立各类开发区。

由于一些地方和部门擅自批准设立名目繁多的各类开发区包括园区、度假区，随意圈占大量耕地和违法出让、转让土地，越权出台优惠政策，导致开发区过多过滥，明显超出了实际需要，严重损害了农民利益和国家利益。2003 年，国务院办公厅发布《关于暂停审批各类开发区的紧急通知》《关于清理整顿各类开发区加强建设用地管理的通知》，加强对开发区的建设用地管理问题，继续遏制"开发区过热"现象。而后，经国务院同意，国家发展改革委、国土资源部、建设部于 2006 年公告《中国开发区审核公告目录》（2006年版），其中包括 222 家国务院批准设立的开发区，1346 家省（自治区、直辖市）人民政府批准设立的开发区。随着开发区建设逐渐走上正轨，面对新时代经济发展新需要，2017 年 2 月，国务院办公厅发布《关于促进开发区改革和创新发展的若干意见》，主要是在构建开放型经济新体制的指导下形成新的集聚效应和增长动力，引领经济结构优化调整和发展方式转变。从具体内容看，开发区要优化形态和布局，加快转型升级，全面深化体制改革，完善土地利用机制，完善管理制度等，以此形成开发区持续健康发展的新局面。

分类别看，首先，针对经济技术开发区而言，2005 年，商务部等部门发布《关于促进国家级经济技术开发区进一步提高发展水平若干意见的通知》，围绕法律保障、管理体制、土地、金融、产业等提出九大发展重点。2014 年，国务院办公厅发布《关于促进国家级经济技术开发区转型升级创新发展的若干意见》，指出要推进体制创新、促进开放型经济发展、推动产业转型升级、坚持绿色集约发展、优化营商环境，努力把经开区建设成为带动地区经济发展和实施区域发展战略的重要载体，成为构建开放型经济新体制和培育吸引外资新优势的排头兵，成为科技创新驱动和绿色集约发展的示范区。2016 年，国务院办公厅发布《关于完善国家级经济技术开发区考核制度促进创新驱动发展的指导意见》，指出要通过对经开区进行考核评价，加大政策支持力度，提高政策精准度，充分调动经开区加快转型升级、实现创新驱动发展的积极性，成为大众创业万众创新的落脚地。2019 年，国务院发布《关于推进国家级经济技术开发区创新提升打造改革开放新高地的意见》，提出五个方面共 22 项举措，推进经开区开放创新、科技创新、制度创新，提升对外合作水平、提升经济发展质量，打造改革开放新高地。

针对高新技术产业开发区，1991 年，国家税务总局发布《国家高新技术产业开发区税收政策的规定》，对减税要求和标准进行界定，对促进我国高新技术产业健康发展起到了积极作用。同年，国务院发布《国家高新技术产业开发区若干政策的暂行规定》，围绕进出口货物的关税优惠、进出口业务、资金信贷等提出相应要求，极大促进了高新技术产业发展。与此同时，国家科委发布《国家高新技术产业开发区高新技术企业认定条件和办法》，划定了 11 类高新技术范围，并从具体业务、科研人员数量、资产规模、经营期等九大方面提出具体标准。为继续推进"火炬"计划的实施，1991 年，国务院发布《关于批准国家高新技术产业开发区和有关政策规定的通知》，进一步批准了 21 个高新区上升为国家级开发区，授权国家科委负责审定和指导发展。2020 年 7 月，国务院发布《关于促进国家高新技术产业开发区高质量发展的若二意见》，提出六个方面任务举措，要求高新区要继续坚持"发展高科技、实现产业化"方向，以深化体制机制改革和营造良好创新创业生态为抓手，以培育发展具有国际竞争力的企业和产业为重点，以科技创新为核心着力提升自主创新能力，围绕产业链部署创新链，围绕创新链布局产业链，培育发展新动能，提升产业发展现代化水平，将国家高新区建设成为创新驱动发展示范区和高质量发展先行区。

此外，针对边境/跨境经济合作区和其他类型开发区而言，国务院等部门也在开发区总体政策文件的基础上发布了若干规范条例。例如，2012年，商务部等多部门发布《关于规范和促进边境经济合作区发展的意见》，指出要加大对边境经济合作区符合条件的基础设施建设贷款贴息支持力度；设在西部地区边境经济合作区内的鼓励类产业企业，在2020年底前减按15%的税率征收企业所得税；赋予边境经济合作区对外商投资道路运输（旅客运输）、国际货运代理、批发等行业的审核管理权限。此外，该意见还就土地管理、海关特殊监管、劳务合作和工程承包以及人员往来便利化等方面提出了鼓励政策和支持措施。2019年，商务部和自然资源部发布《关于推动边境经济合作区探索"小组团"滚动开发的通知》，指出要依托资源、市场特点构建产业链，对产业进行较小规模的组团和单元布局，制定精准招商计划，引入龙头企业，完善产业链配套，市场化运营，分片、分期进行滚动开发的模式。之后，为贯彻新发展理念，构建新发展格局，商务部于2021年发布《关于围绕构建新发展格局做好边境经济合作区、跨境经济合作区工作的通知》，指出要推动沿边地区高水平开放、增强内生发展动力、促进稳边固边和乡村振兴、加强基础设施建设。

四、海关特殊监管区域和自由贸易试验区

（一）海关特殊监管区域

2006年12月，国务院发布《关于同意苏州工业园区开展具有保税港区综合保税功能的海关特殊监管区域试点的批复》，正式同意江苏省人民政府和海

关总署在苏州工业园区开展具有保税港区综合保税功能的海关特殊监管区域试点，并要求海关比照保税港区的监管办法对其实施监管。苏州工业园综合保税区是中国首个综合保税区。

2012 年，国务院发布《关于促进海关特殊监管区域科学发展的指导意见》，提出逐步将现有出口加工区、保税物流园区、跨境工业区、保税港区及符合条件的保税区整合为综合保税区，实行统一化的要求。新设立的特殊监管区域，原则上统一命名为"综合保税区"。2019 年，国务院正式印发了《关于促进综合保税区高水平开放高质量发展的若干意见》，该文件提出综合保税区"五大中心"发展目标和 21 项主要任务，对综合保税区发展提出了具体指导思路，也对未来海关特殊监管区域发展指明了方向。

2020 年 6 月，海关总署牵头启动中国首次综合保税区发展绩效评估。根据在 2020 年 4 月正式出台的《综合保税区发展绩效评估办法（试行）》，发展绩效评估指标体系，涵盖五大类 27 项核心量化指标和地方落实主体责任等 8 项辅助考核指标。核心量化指标主要评估综合保税区的发展规模和质量效益，以及开发利用、辐射服务和业务创新，辅助考核指标以加分激励和减分约束突出对落实主体责任、运营管理、激励业务创新的评估。

（二）自由贸易试验区

2011 年，我国政府初步确立了在青岛、天津、上海和深圳等地建立自由贸易区的规划与设想。2013 年 9 月，中国（上海）自由贸易试验区最先挂牌成立，成为中国第一个自由贸易试验区。在中国（上海）自由贸易试验区发展取得一定经验成果后，我国关于自贸区的政策逐渐体系化。

为进一步推进优化自贸区建设，2015 年 2 月，国务院发布《关于同意建立国务院自由贸易试验区工作部际联席会议制度的批复》，主要是在国务院领导下，统筹协调全国自由贸易试验区试点工作。对全国自由贸易试验区深化改革试点工作进行宏观指导；协调解决自由贸易试验区改革试验中遇到的重大问题；及时评估、总结自由贸易试验区改革试点经验，提出复制推广意见和建议；完成国务院交办的其他事项。同年 4 月，国务院办公厅发布了《关于印发自由贸易试验区外商投资国家安全审查试行办法的通知》和《关于印发自由贸易试验区外商投资准入特别管理措施（负面清单）的通知》。其中，前者主要是明确安全审查范围以确保国家安全；后者则列明了不符合国民待遇等原则的外商投资准入特别管理措施，对自贸区发展提供了有效约束。此后，国务院办公厅定期发布最新的"负面清单"，目前已发布至2021年，并逐渐精简优化，进一步加大了自贸区对外开放力度。

为保障自由贸易试验区有关改革开放措施依法顺利实施，2017年12月，国务院发布了《关于在自由贸易试验区暂时调整有关行政法规、国务院文件和经国务院批准的部门规章规定的决定》，罗列了16项调整措施，并指明对各个自贸区的适用条件。2018年11月，国务院发布《关于支持自由贸易试验区深化改革创新若干措施的通知》，围绕营造优良投资环境、营造优良投资环境、推动金融创新服务实体经济、推进人力资源领域先行先试等53个方面提出了具体举措，并明确具体牵头负责管理的部门和适用范围，对促进自贸区深化改革创新、提高建设质量具有重要作用。而后，为进一步克服"准入不准营"现象，使企业更便捷拿到营业执照并尽快正常运营，2019年11月，国务院发布《关于在自由贸易试验区开展"证照分离"改革全覆盖试点的通知》，有效降低了企业制度性交易成本，优化了营商环境，激发了市场活力和社会创造力。2021年8月，为加快自贸区助力构建新发展格局，进一步优化营商环境，国务院发布了《关于推进自由贸易试验区贸易投资便利化改革创新若干措施的通知》，从19个方面提出了具体措施，明确了具体负责部门和适用范围。

五、跨境电子商务综合试验区

随着我国跨境电子商务的发展，其政策制定呈现出明显的阶段性特征。2005年，为适应跨境电子商务具有交易、支付、物流、通关等全流程电子化的在线交易等需要，2005年，国家相继出台《中华人民共和国电子签名法》《国务院办公厅关于加快电子商务发展的若干意见》等法规和政策，电子商务法规环境与支撑体系逐步建立，电子商务创新应用不断加强，跨境电子商务作为电子商务领域的新兴业态逐步兴起。2009 年，《跨境贸易人民币结算试点管理办法》《物流业调整和振兴规划》两项跨境电子商务政策措施发布，规范跨境结算业务并发展国际物流，鼓励企业利用电子商务平台开展对外贸易，为跨境电子商务行业大发展积蓄产业力量和政策基础。

在小额化、碎片化订单逐渐成为推动进出口贸易增长的力量的现实背景下，2012 年，商务部、国家发展改革委办公厅先后出台《关于利用电子商务平台开展对外贸易的若干意见》《关于组织开展国家电子商务示范城市电子商务试点专项的通知》，鼓励和引导传统进出口企业转型升级，并针对以快件或邮件方式通关的跨境电子商务，由海关总署组织有关电子商务示范城市开展跨境电子商务试点专项工作。2013 年，国务院办公厅转发《关于实施支持跨境电子商务零售出口有关政策的意见》，提出要在示范城市完善支付、税收、检验检疫等支持政策。

伴随着跨境电子商务进口需求的不断增加，需要进一步完善对跨境个人消费品的监管。2016 年 3 月，财政部等发布《关于跨境电子商务零售进口税收政策的通知》，实施跨境电子商务零售进口税收新政，把之前的个人行邮税调整为按（消费税 + 增值税）×70% 的标准征收。海关总署、原国家质量监督检验检疫总局等部门相继发文，针对税收新政的实施进行相关业务部署。监管过渡期的截止日期一再延长，最终延长到 2018 年底。同时，设立跨境电子商务综合试验区，重点针对企业到企业（B2B）出口业务相关环节，在技术标准、业务流程、监管模式、信息化建设等方面先行先试，将两平台（跨境电子商务线上综合服务平台、线下产业园区平台）及六体系（信息共享体系、金融服务体系、智能物流体系、电商信用体系、统计监测体系、风险防控体系）等成熟做法向全国复制推广。2017 年，中国海关受世界海关组织的委托，牵头制定《跨境电子商务标准框架》，并在 2018 年得到应用和认可。

2018 年 8 月，第十三届全国人民代表大会常务委员会第五次会议通过电子商务法，自 2019 年 1 月 1 日起施行，明确了跨境电子商务经营者、平台经营者等的权利和义务，积极推动跨境电子商务各环节监管的规范化和信息化发展。2018 年 11 月，商务部等多部门联合印发《关于完善跨境电子商务零售进口监管有关工作的通知》，对监管过渡期后的跨境电子商务零售进口监管工作做了进一步安排，规定自 2019 年 1 月 1 日起正式实施，明确跨境电子商务企业、跨境电子商务平台及境内服务商、消费者、政府部门等各参与主体责任和义务，为保障政策规范实施和进行有效监管提供决策依据。

六、新时代其他代表性重大改革试验平台

（一）河北雄安新区

为集中疏解北京非首都功能，探索人口经济密集地区优化开发新模式，调整优化京津冀城市布局和空间结构，培育创新驱动发展新引擎，2017 年 4 月，中共中央、国务院印发通知，决定设立河北雄安新区。在雄安新区这一历史性战略确立后，众多资源要素投入划片区域，开始了新区建设。

2018 年 4 月，中共中央、国务院批复了《河北雄安新区规划纲要》，从 12 个方面进一步明确发展方向，推动雄安新区实现更高水平、更有效率、更加公平、更可持续发展，努力打造贯彻落实新发展理念的创新发展示范区。2019 年，中共中央、国务院继续发布《关于支持河北雄安新区全面深化改革和扩大开放的指导意见》，指出要系统推进体制机制改革和治理体系、治理能力现代化，推动雄安新区在承接中促提升，在改革发展中谋创新，把雄安新区建设成为北京非首都功能集中承载地、京津冀城市群重要一极、高质量高水平社会主义现代化城市，发挥对全面深化改革的引领示范带动作用，走出一条新时代推动高质量发展的新路径，打造新时代高质量发展样板。同时，该文件设立了 2022 年、2035 年和 21 世纪中叶的多阶段发展目标，要求雄安新区最终形成较强的国际影响力。

（二）浙江共同富裕示范区

随着决战脱贫攻坚取得全面胜利，新发展阶段探寻共同富裕成为可能。由于浙江省在探索解决发展不平衡不充分问题方面取得了明显成效，具备开

展共同富裕示范区建设的基础和优势，2021 年 5 月，中共中央、国务院发布《关于支持浙江高质量发展建设共同富裕示范区的意见》，针对 2025 年和 2035 年明确了发展目标，指出要形成一批可复制可推广的成功经验并完善共同富裕的制度体系。具体讲，要提高发展质量效益，夯实共同富裕的物质基础；要缩小城乡区域发展差距，实现公共服务优质共享；要打造新时代文化高地，丰富人民精神文化生活；要践行绿水青山就是金山银山理念，打造美丽宜居的生活环境；坚持和发展新时代"枫桥经验"，构建舒心安心放心的社会环境。

随后，最高人民检察院、中国人民银行、科技部、文化和旅游部、农业农村部等多部门，分别针对制度保障、金融支持、科技创新、文化旅游、乡村振兴等形成了相应的配套方案，共同提供坚实的保障体系，确保浙江省探索出具有中国特色的共同富裕新路子。

（三）广东横琴粤澳深度合作区

广东横琴粤澳深度合作区的前身为 1992 年由广东省委批准成立的横琴经济开发区，2002 年，广东省与澳门共同确定把横琴岛作为珠海、澳门两地合作的重点，全面开发横琴岛的旅游经济，使该岛真正成为珠澳合作的桥头堡。2009 年 6 月，国务院常务会议讨论并原则通过《横琴总体发展规划》，将横琴岛纳入珠海经济特区范围，对口岸设置和通关制度实行分线管理，最终于 8 月正式批准实施。2011 年 3 月，广东省人民政府和澳门特别行政区政府签署《粤澳合作框架协议》，协议中明确提出，珠海发挥横琴开发主体作用，探索体制机制创新，推动规划实施和政策落实。澳门特区政府研究采取多种措施，从资金、人才、产业等方面全面参与横琴开发。同年 8 月，国务院正式批复同意在横琴新区实行比经济特区更加特殊的优惠政策。2014 年 12 月，横琴新区获国务院批准全开发用地纳入广东自贸区范围。而后，中国（广东）自由贸易试验区珠海横琴新区片区启动。

为促进澳门产业多元发展，丰富"一国两制"的实践内涵，推动澳门长期繁荣稳定和融入国家发展大局。2021 年 9 月，中共中央、国务院印发《横琴粤澳深度合作区建设总体方案》，指出要发展促进澳门经济适度多元的新产业、建设便利澳门居民生活就业的新家园、构建与澳门一体化高水平开放相适应的新体系、健全粤澳共商共建共管共享的新体制。同时，该方案围绕 2024 年、2029 年和 2035 年设定了分阶段的发展目标，最终希望实现促进澳门经济适度多元发展的目标。

（四）深圳前海深港现代服务业合作区

前海位于深圳西部、珠江口东岸，毗邻港澳，区域优势独特，发展潜力巨大。在深圳经济特区成立 30 周年的背景下，国家发展改革委于 2010 年 10 月印发《前海深港现代服务业合作区总体发展规划》，指出要发挥深港比较优势，发展现代服务业，把前海打造成为粤港现代服务业创新合作示范区。2011 年 6 月，深圳市第五届人民代表大会常务委员会第九次会议，通过了《深圳经济特区前海深港现代服务业合作区条例》，对前海合作区发展提供发展指导。此后，财政部、商务部、国家发展改革委等多部门就现代服务业综合试点、产业准入和企业优惠等形成了相应的方案，极大促进了合作区的发展。

2021 年 9 月，中共中央、国务院印发《全面深化前海深港现代服务业合作区改革开放方案》，将前海合作区总面积由 14.92 平方千米扩展至 120.56 平方千米，指出要打造全面深化改革创新试验平台，建设高水平对外开放门户枢纽。该方案是在"一国两制"框架下的先行先试，努力推进与港澳规则衔接、机制对接，丰富协同协调发展模式，打造粤港澳大湾区全面深化改革创新试验平台，建设高水平对外开放门户枢纽，不断构建国际合作和竞争新优势。

第三节　区域发展重大战略功能平台的发展比较

一、管理体制比较

区域发展重大战略功能平台的管理体制各异，但基本上都是先由国务院批准设立后才开始发展，是以中央人民政府牵头为基础发展而来。

经济特区实行特殊的经济政策、灵活的经济措施和特殊的经济管理体制，享有更大的经营和决策自主权。其中，经济特区的立法权限由全国人民代表大会授权，管辖地域范围由国务院正式发文明确。经济特区所在地的市人民代表大会及其常务委员会可以制定地方性法规，并具有"变通规定"这种权限。同时，经济特区政府组织机构的设置较为精干，类似"小政府，大社会"的模式。组织机构服务多，管理少，发展重心在经济。

国家级新区是由国务院批准设立，承担国家重大发展和改革开放战略任务的综合功能区。从国家级新区确立开始，其就上升到国家战略高度，具体的总体目标、发展定位等均由国务院统一规划和审核。从目前国家级新区管理架构设置情况看，新区管理体制可分为管委会型、全政府型和政府与管委会合一型三种，这也是设立形式的先后演变顺序。与此同时，国家级新区管理机构的设立，包括三个阶段，即领导小组、工委和管委会、政府。从改革进展情况看，尽管各新区依据自身发展需要会进行相应的管理体制改革，但动作较大、影响较远的新区就属上海浦东新区和天津滨海新区的体制改革，是其他国家级新区推进改革的重要参考对象。总之，国家级新区更接近于行政区，是在选定城市范围内根据实际情况划定一个片区，在此基础上提供配套基础设施以开展体制机制、科技创新、国际经贸、财政金融、监管服务等的探索。

国家级开发区主要划归地级单位管辖，是辖区内的一个特殊区域。在早期，开发区的区划形式有三种，一是在人口稀少的地区开发独立新区、二是在老区内设立开发区、三是开发区和老城区为一体的无边界园区。由于开发区种类繁多，按照管理主体的不同，开发区的管理体制大致可分为四种模式：政府派出机构模式、政府直接领导模式、政区合一模式以及企业主体模式。其中，政府派出机构模式是开发区早期发展较多采用的模式，在这种模式下，开发区的管理运作采用了一种特殊的"资金大循环"形式，与外部环境呈现出疏离甚至对立的状态。随着开发区空间扩张以及城市化功能需求增加，向政区合一模式转变的趋势逐渐明显。

　　海关特殊监管区域作为国家级开发区的一种，其基本管理体制与国家级开发区类似，具体不再赘述。在实际申报审批中，首先是由地方政府主持筹建、制定规划，再报中央政府审批，审批通过后，再由地方政府负责组织开发建设和管理，这反映出地方政府在特殊监管区域发展中的作用。一般而言，我国海关特殊监管区域的管理机制从宏观上大致经历了从专管型到兼管型的转变，但长期以来一直都是由海关牵头负责。

　　自由贸易试验区的审批设立则是由中央政府或中央政府授权的机构负责。自贸区基本沿袭了海关特殊监管区域的一般做法，在园区内设自贸区管委会进行统一管理。管委会作为地方政府的派出机构，负责各项政策的实施和园区的具体运营。在此基础之上，各自贸区按照"大部制"改革思路，精简机构，扩大部门管理内容，整合相似相近职能，从而降低行政成本，提高行政效率。

　　跨境电子商务综合试验区是经国务院确立具体名单，由各省级地方政府确定具体的工作任务重点。与此同时，商务部也负责指导综试区发展，并进行发展评估以督促排名靠后地区加强管理。

　　重大改革试验平台是由中共中央、国务院联合发布，等级最高、战略性最强。在具体规划文件中，均针对未来发展确立了五年、十年乃至更久的发展目标。除了中央指导和关注重大改革试验平台发展外，地方也被赋予一定的行政权力，并要求及时反馈实施进展和取得的成效。

二、服务质量比较

　　区域发展重大战略功能平台的服务质量比较，主要包括发展定位和社会服务两个方面。

　　经济特区实行特殊经济政策和经济管理体制，以吸收利用外资为主，发展出口导向型经济，追求构建更为完善的市场经济并提供更多优惠待遇。设立经济特区的主要目的，就是为了起到促进改革开放、扩大对外经济交流的作用。从发展结果看，经济特区在为本地提供更多经济活力的基础上，进一步扩大辐射带动面，为改革开放注入了新的活力，也提供了诸多国际经贸的先进经验。与此同时，经济特区在发展水平逐渐提高后也随之扩容，功能更加完善。

国家级新区在确立之初就承载着成为地区发展的重要增长极和辐射带动区域经济发展的使命，同时也要发挥自身制度优势以在对外开放中起到引领作用。国务院在批复中也对不同新区赋予了不同的战略任务，主要是在新型城镇化、产业高端化、改革创新、区域合作等方面探索可复制推广的先进经验。除此之外，从新区确立批次的演变中可以发现，在党的十八大以前，新区更多是以加快对外开放深化为主要特征，而后则是更多起着促进区域协调发展的作用。例如，西咸新区、福州新区、云南滇中新区除了服务"一带一路"倡议外，更是要起到引领区域协调可持续发展的带动作用。

国家级开发区是为进一步促进改革开放的有益尝试。开发区通过划定一小块区域集中力量发展专项任务，依托政策优惠吸收外资、引进技术、加速发展。开发区能够取得如此巨大的成就，主要得益于资源要素的集聚和优势政策的集聚，更是得益于灵活多样的管理体制模式。伴随着我国经济社会的发展，国家级开发区的主要功能从发展初期的土地开发利用、工业集聚、园区环境建设等方面逐渐向城市一体化、新兴产业化、技术创新化、人才集聚化等方向转变。

海关特殊监管区域和自由贸易试验区均是提高对外开放水平的重要窗口，在国际转口贸易、国际采购、仓储物流、国际中转、研发制造等功能上具有独特的优势。发展至今，两功能平台在承接国际产业转移、促进外贸增长、提升区域竞争力、扩大社会就业等方面均取得积极成果，并为我国加快融入全球市场奠定了坚实的基础。与此同时，两功能平台也是依托对外开放盘活供应链的枢纽，在加快商品流动并促进产业转型升级的基础上，能够发挥服务区域网络化发展的支点作用，有利于促进市场经济发展。

跨境电商综合试验区实施的政策试点领域非常广泛，包括涵盖海关和检验检疫等方面的政务便利化改革、物流体系优化、金融服务体系优化等诸多方面。试验区从大量出口和大量进口，到走优质出口和优质进口的转型发展道路，是在与国际接轨的前提下打造中国自主品牌的重大机遇，对增强品牌影响力和国民形象具有重要作用。目前，杭州、上海、广州、义乌等地的服务绩效明显好于其他试验区，具有东部优于中部优于西部的特征。综试区确立批次越晚，服务绩效越有待提高。

重大改革试验平台主要是为服务国家发展，确保国家体制安全与制度发展所设立。河北雄安新区的成立，是以疏解非首都功能为基础，本质是要带动区域协调发展，促进京津冀协同发展。浙江共同富裕示范区，是探索社会主义本质要求如何与中国特色相结合，形成可推广的先进经验，提升全体居民的生活水平，实现共享发展。广东横琴粤澳深度合作区和深圳前海深港现代服务业合作区是在丰富"一国两制"实践的基础上，强化经济合作，促进香港和澳门地区的产业发展，增强同内地的经济联系。

三、产业发展比较

经济特区成立时间较早，当时面临着从传统农业社会到工业经济社会的转变，逐步导致特区产业结构发生变化。特区通过吸引和利用外资，优先发展中外合资和外商独资产业，形成配套的产业体系。首先，特区通过不断引进资本、技术及高端人才等高级要素，并结合投资、研究和开发实现要素创新，从而推动要素结构和质量的动态升级。尤其是近年来结合国家"引进来"与"走出去"发展战略，特区不断拓展要素禀赋的外延，推动产业链条的延伸和跨界融合，逐渐强化在全球层面的要素整合能力，为特区产业和创新体系的建立提供了必要的生产要素条件。其次，特区通过充分利用腹地资源优势和挖掘国际市场，形成规模庞大的国内外大市场，既拓展了产业持续发展的空间，又为其实现规模经济创造了条件；来自国际国内市场的需求和竞争，促进并激励了创新主体的投资和创新活力，同时在开放型经济下参与全球分工，嵌入全球价值链，更能促进特区市场的内涵式增长和市场效率的改善。再次，中国经济特区建立了比较完备的产业体系和创新体系，形成了其他地区不可替代的竞争优势。产业体系的完备支持了技术进步，为"干中学"创造了实践条件，同时在深厚的制造业产出基础上发展起来的科研创新体系，有效补齐经济特区在基础创新能力中的短板，进而支撑新技术的发展和应用。最后，特区依托有为政府、优秀的企业家队伍、创新开拓型的企业以及开放、多元、包容的移民创新创业文化，不仅为特区要素禀赋和产业的升级提供了良好的外部环境保障，而且有利于形成产业持续迭代升级的内生动力，激励产业技术进步和强链补链，从模仿走向创新，并耦合全球技术革命和国际分工的机遇，共同推动经济特区的持续性产业升级。

国家级新区主要是发展特色产业，面向大跨国公司和有较高技术含量的中小配套项目进行定向招商。在新区规划设计之初，国家已对新区特色产业发展进行定位，例如浦东新区的定位为国际金融、航运产业，滨海新区定位为现代制造业研发、国际航运和物流产业，而后批复的如贵安新区则是重点打造大数据、高端电子信息制造、高端特色装备制造、高端文化旅游养生、高端服务业等现代产业集群。可以看出，新区快速发展并形成辐射带动作用，是在重大项目、政策扶持和国家产业战略布局的综合作用下实现，从而促进区域产业集聚与转型升级。由于新区区位不同、基础不一，定位各有侧重，产业布局和发展规划各不相同，各具特色，呈现以下几个特点：一是产业发展与当地资源禀赋、产业基础紧密结合，多以工业为主导、新兴产业为引领、现代服务业为重点方向，区域特色明显；二是发展程度高或规划布局晚的新区产业发展方向和门类更为明细化；三是现有产业规模多集中在百亿级别，千亿产业或产业集群较少；四是发展方向重合度较高，高端制造、新材料、信息技术、生物医药等新兴产业在多个新区产业规划中都有涉及。

国家级开发区种类繁多，有吸引外资承接产业转移的经济技术开发区，有发展高新技术产业和新兴产业的高新技术产业开发区，有根据区域特色形成比较优势产业的边境/跨境经济合作区，也有根据发展重点各具产业特色的其他类型开发区。虽然开发区均在不同程度实现了快速发展并形成了特色产业，但我国开发区产业发展仍需加强具有自主知识产权的核心技术研发，强力打造特色产业品牌，以此通过创新发展促进开发区内产业实现转型升级。发展至今，开发区以制造业为依托，通过加大对外开放力度与优化产业结构，强化了产业链发展，并依靠产业关联增强产业集聚并高质量发展，进一步确定主导产业，为巩固自身竞争力奠定了基础。

海关特殊监管区域和自由贸易试验区的产业发展具备全球视野，二者将航运、现代物流、高端制造、国际经贸等纳入主导产业和产业发展的发展评价中，依托自身先行先试和对外开放的天然优势，在全球范围内寻求商务合作，通过合作实现承接产业转移、学习先进技术与产业发展模式，从而将自身产业发展紧密结合全球产业价值链，实现区域产业的转型升级。同时，二者通过更加优惠的关税政策，降低加工生产成本，有助于吸引大量外资进入并就地形成相关产业，甚至在区域周边打造异地产业加工中心，实际上有助于强化区域自身的核心地位并辐射带动周边地区产业发展。与此同时，区域内存在的良好发展环境也提供了促进产业结构高级化和产业优化升级的基础，依靠精简"负面清单"等便利化措施，实现了外资、人才、技术、知识和资本等的快速流动，从而形成促进区域产业发展的正向循环。

跨境电子商务综合试验区有五种产业发展模式[①]：（1）对于以产业集聚构建跨境电商生态圈模式的试验区而言，借助所在城市的经济基础，跨境电子商务企业集聚带来了规模效益，产生了良好的信任与工作机制，促进了当地经济增长，并倒逼传统产业更新技术或生产模式，引发产业升级。（2）对于依托传统外贸拓展海外市场模式的试验区而言，主要是推动传统外贸行业转型发展寻求新的方向，并进行传统外贸转型升级。（3）对于以 B2C（商对客）零售进口模式为主的试验区而言，是以消费群体的特征与消费能力确定，即根据市场倒逼产业转型升级，不断适配以满足市场需求，并在此过程中顺利发展核心企业的产业链上下游，降低运输成本。同时，这种方式需要具有较

---

① 本部分内容，主要参见程雪：《中国跨境电子商务综合试验区的发展模式研究》，吉林大学硕士学位论文 2020 年，第 43—48 页。

为完善的交通基础设施系统，对传统服务业也具有较高需求，这也能够促进关联行业的转型，实现联动发展。（4）对于以"丝路电商"为主要模式的试验区而言（成都、合肥），依托"一带一路"这一重要国家倡议开拓新的海外市场，根据国际市场需求升级产品制造、设计及供应链服务能力。（5）对于以立足本土特色拓展双边合作模式的试验区而言，由于多为二、三线城市且业务较为单一，主要是与相对固定的贸易伙伴通过提质增效促进产业升级，打造特色产业，巩固贸易优势。此外，对所有类型的试验区而言，试验区的确立加速了数字化技术与传统产业的融合，使生产性服务业的高级要素渗透传统产业的价值链，实现智能制造、智慧物流、智慧金融、智慧一站式综合服务等产业的转型升级，提高传统产业的生产效率，实现纵向的产业链深化。

重大改革试验平台：雄安新区主要是面向国家重大战略需求，通过承接符合新区定位的北京非首都功能疏解，积极吸纳和集聚创新要素资源，高起点布局高端高新产业，推进军民深度融合发展，加快改造传统产业，建设实体经济、科技创新、现代金融、人力资源协同发展的现代产业体系。浙江共同富裕示范区主要是巩固壮大实体经济根基，夯实共同富裕的产业基础；加快推进产业转型升级，大力推动企业设备更新和技术改造，推动传统产业高端化、智能化、绿色化发展，做优做强战略性新兴产业和未来产业，培育若干世界级先进制造业集群，打响"浙江制造"品牌；推动农村一、二、三产业融合发展，建设农业现代化示范区，做精农业特色优势产业和都市农业，发展智慧农业；加快服务业数字化、标准化、品牌化发展，推动现代服务业同先进制造业、现代农业深度融合。广东横琴粤澳深度合作区主要是大力发展促进澳门经济适度多元的新产业、科技研发和高端制造产业、中医药等澳门品牌工业、文旅会展商贸产业、现代金融产业等。深圳前海深港现代服务业合作区主要是建立与港澳产业协同联动的发展模式、推动引领产业创新的基础研究成果转化、以市场化法治化国际化营商环境支持和引导产业发展。

四、空间特征比较

除边境 / 跨境经济合作区以外，区域发展重大战略功能平台的确立在空间上基本存在着从沿海向内陆地区演变的规律。这主要是因为沿海地区由于存在区位禀赋上的天然优势，经济发展水平较高，交通运输业发展较好，具备开发开放参与经济全球化的能力。事实证明，优先以沿海地区走对外开放发展道路促进改革开放，是十分明智的选择。随着沿海地区功能平台发展取得一定进展并形成可推广经验后，面对优先发展沿海地区导致的区域发展失衡问题，我国对功能平台的发展开始向侧重中西部内陆地区转变。一方面，功能平台能够辐射带动周边地区发展，从制度、产业、要素、创新、环境等多方面提升地区发展质量；另一方面，中西部内陆地区具有一定的比较优势，功能平台能够激发其优势并提高经济活力，从而促进其经济发展。

对于边境 / 跨境经济合作区而言，其主要分布在我国沿边地区。由于合作区本身所处区位环境较弱，发展空间受限，产业发展滞后等问题，合作区积极寻求同其他地区的合作，扩大对外发展的空间范围。例如，通过深化与开发区和产业园区的合作，实现合署办公、区域交叉重叠和结对帮扶，从而进一步提升发展质量。

举例来看，首先，经济特区多位于沿海地区，具有规模体量较大的港口支撑其发展，优越的区位环境促使特区能够凭借低廉的成本加快发展速度。与此同时，经济特区在优惠政策累加具备综合发展特性后，往往会持续扩大园区面积。例如，深圳经济特区到目前为止已扩容 4 次，2018 年 1 月国务院同意撤销深圳经济特区管理线，实现了对深圳市的全覆盖。其次，国家级新区是以若干个产业功能区为主体。产业功能区的设立根据新区拟发展的战略性新兴产业确定，不断变化。例如，浦东新区 1991 年版的总体规划提出新区"五大功能区"的空间结构，分别是陆家嘴—花木、外高桥—高桥、庆宁寺—金桥、周家渡—六里、北蔡—张江；2003 年版综合发展规划确定了外高桥、金桥、陆家嘴、张江、三林、川沙"六个功能区域"；2012 年版总体规划确定了陆家嘴—世博、外高桥、张江—金桥、川沙—主题公园、临港产业区、周康航新、惠南、南汇新城、曹路—康镇、大团—老港"10个综合片区"。同时，新区在空间上一般处在老城区的外缘，跳脱以老城区改善为新区发展中心，而是以新区中的功能区为支点进行开发建设，属于增量式扩张的发展模式。例如，天津滨海新区是以于家堡中心商务区、东疆保税港区、临港经济区、中新生态城、天津港保税区等为支点，组建成为国家级新区，通过宏观新区和微观功能区的强强联合，共同起到促进区域发展的作用。最后，跨境电子商务综合试验区覆盖了30个省区市，跨境电子商务先行先试的试验田规模不断扩大，形成了陆海内外联动、东西双向互济的发展格局。

第三章

经济特区

经济特区，是指通过实行特殊的经济政策和特殊的法规体制，以达到吸引外部优质要素，加快国内经济发展等目标的特殊经济地区。从全球来看，具备经济特区性质的特殊地区，最早可追溯到 1547 年意大利的里窝那自由港。相比国外的实践，我国的经济特区在诞生环境、顶层设计、治理体制等方面都有所差异。不过，中外经济特区在发展初期都存在以下共性：一是区位分布上会划分出一块特殊区域，通常具备临海、临港等区位优势。二是经济政策上施加更为宽松的政策安排，如自由的通关条件、优惠的税收政策。三是管理体制上采取更为灵活的治理方式，如区内企业和政府机构共同治理，或者区内企业享受较大的自主权。四是发展目的上，一般是为了发展外向型经济。

在研究中，学界对我国经济特区范畴的解释不一而足。许多学者将经济特区这一概念泛化，除了考虑改革开放初期建立的经济特区，还包括后续成立的经济技术开发区、国家级新区等特殊功能平台，甚至是把省级的各类开发区也纳入进来。本章关于经济特区的讨论严格限定在狭义概念上，主要依据三大标准：第一，其涉及的重大事务（如建设成立、范围变更）需要报经国务院批准；第二，其涉及的重大法律应由全国人大或全国人大常务委员会审议通过；第三，其在我国各个正式文件表述中以"经济特区"这一固定概念出现。

第一节　经济特区的分布特点

我国经济特区的总体分布结构在改革开放初期便确立下来，初始总体面积不过 300 余平方千米，其具体范围几经拓展，相比最初面积已经增长了上百倍。这些经济特区的选址经过了严格论证最终被敲定，它们的发展都经过了时代的检验。

一、经济特区的空间范围

截至 2021 年底，我国共有深圳、珠海、汕头、厦门和海南五大经济特区。1980 年，在深圳、珠海、汕头和厦门的部分区域，经济特区率先设立，随后海南岛也在 1988 年成立经济特区。经济特区并不是一开始就等同于所处省（市），其覆盖面积经过了数轮调整，由 1980 年时仅仅 300 余平方千米，扩展至各省（市）的行政区划全域，最终在 2021 年总面积超过了 40000 平方千米。表 3-1-1 汇总了经济特区的空间分布和范围变迁。

表 3-1-1　我国经济特区的分布情况和范围变迁

经济特区	成立时间	成立面积	首轮调整时间	首轮调整后面积（平方千米）	二轮调整时间	二轮调整后面积（平方千米）	三轮调整时间	三轮调整后面积（平方千米）	四轮调整时间	四轮调整后面积（平方千米）
深圳	1980.8	327.5	2010.7	1996.78	2018.12	2465.08	—	—	—	—
珠海	1980.8	6.81	1983.6	15.16	1988.4	121	2009.8	227.46	2010.10	1701
汕头	1980.8	1.6	1984.11	52.6	1991.11	234	2011.5	2064	—	—
厦门	1980.8	2.5	1984.5	131	2010.8	1573	—	—	—	—
海南	1988.4	33900	—	—	—	—	—	—	—	—

资料来源：根据历年相关文件、政府网站公报收集整理。

1980 年 8 月 26 日，第五届全国人民代表大会常务委员会第十五次会议审议批准建立深圳、珠海、汕头、厦门 4 个经济特区，并批准公布了《广东省经济特区条例》。据此，国务院相继批准上述 4 个经济特区的具体范围，最初划定面积总共为 338.41 平方千米。海南经济特区也随后成立。

深圳经济特区，成立时东起背仔角关，西至南头一甲村，南沿深圳河与香港新界为邻，北以梧桐山脉走向为界，成立面积为 327.5 平方千米[①]，随后深圳市辖区（县）经过数次调整，至 1992 年形成罗湖、福田和南山属于特区，龙岗、宝安为非特区的格局。2010 年 5 月 27 日，国务院发布了《关于扩大深圳经济特区范围的批复》，指出为进一步提高深圳经济特区改革创新和科学发展能力，扎实推进深圳市综合配套改革试验，尽快解决特区内外发展不平衡、特区发展空间局限和"一市两法"等问题，同意从 2010 年 7 月 1 日开始，将深圳经济特区范围扩大到深圳全市，深圳成为第一个实现特区范围与行政区划接轨的经济特区。2018 年 12 月 16 日，面积达 468.3 平方千米的深圳市深汕特别合作区正式揭牌，标志着深汕特别合作区由"深汕合治"迈向深圳直管的全新阶段，以飞地的形式加入深圳经济特区。截至 2020 年末，深圳经济特区面积为 2465.77 平方千米，相比成立时的面积扩大了 7 倍多。

珠海经济特区，成立时位于珠江入海口的西面，包括拱北、湾仔等部分区域，成立面积为 6.81 平方千米。1983 年 6 月 29 日，国务院首次批准珠海经济特区范围扩大为 15.16 平方千米。1988 年 4 月 5 日，国务院发布《关于调整珠海经济特区范围的批复》，将珠海经济特区面积再次提升到 121 平方千米。2009 年 8 月 14 日，国务院正式批复了《横琴总体发展规划》，将横琴岛纳入珠海经济特区范围，珠海经济特区总面积进一步拓展至 227.46 平方千米。2010 年 8 月 26 日，国务院发布《关于扩大珠海经济特区范围的批复》，同意自 2010 年 10 月 1 日起，将珠海经济特区范围扩大到珠海全市。截至

[①] 其中包括在 1979 年 1 月经国务院批准交通部香港招商局投资举办的蛇口工业区。

2020 年末，珠海经济特区面积为 1736.46 平方千米，相比成立时的面积扩大了近 255 倍。

汕头经济特区，成立时位于东郊龙湖村一带，成立面积为 1.6 平方千米。1984 年 11 月 29 日经国务院正式批复，汕头经济特区范围调整为 52.6 平方千米，其中龙湖区（含妈屿）占 22.6 平方千米，广澳片区为 30 平方千米。1991 年 4 月 6 日，国务院发布《关于扩大汕头经济特区范围的批复》，同意自 1991 年 11 月 1 日起，将汕头经济特区的范围扩大到汕头市区。扩大后的汕头经济特区东部以韩江支流新津河为界，南部以海岸线为界，西北部以桑埔山分水岭为界，西南部以濠江为界，北部以龙坑山分水岭为界，总面积约 234 平方千米。2011 年 3 月 24 日，国务院发布《关于扩大汕头经济特区范围的批复》，宣布自 2011 年 5 月 1 日起将汕头经济特区范围扩大到汕头全市，汕头成为最后一个结束市区特区分离局面的经济特区。截至 2020 年末，汕头经济特区面积为 2199.15 平方千米，相比成立时的面积扩大了 1374 倍多。

厦门经济特区，位于厦门本岛西北部湖里村一片，成立面积为 2.5 平方千米。1984 年 5 月 4 日，中共中央、国务院转批了当年 3 月召开的沿海部分城市座谈会的纪要，会上提出，"厦门特区扩大到全岛，实行自由港的某些政策，这是为了发展我国东南部的经济，特别是加强对台工作、促进祖国统一大业而做出的重要部署"。1985 年 6 月 29 日，国务院发布《关于厦门经济特区实施方案的批复》，厦门经济特区正式扩大到厦门岛和鼓浪屿全岛，共 131 平方千米范围，并逐步实行自由港某些政策。2010 年 8 月 1 日起，厦门经济特区再次扩容至全市范围。截至 2019 年末，厦门经济特区面积为 1701 平方千米，相比成立时的面积扩大了 680 倍。

海南是我国成立最晚、面积最大的经济特区。1988 年 4 月 13 日，第七届全国人民代表大会第一次会议审议了国务院关于设立海南省的议案，决定批准设立海南省，撤销广东省海南行政区；同时，国务院提出："在海南岛实行特殊经济政策，建立经济管理新体制，把海南岛建设成全国最大的经济特区，是贯彻沿海经济发展战略，进一步扩大对外开放的重要举措，具有深远的意义。"海南经济特区和海南省同时成立，覆盖面积达全岛的33900平方千米。

总之，自1988年后，我国形成了稳定的五大经济特区的分布格局；从2010年开始，各个经济特区逐步实现与所辖城市的融合统一。

二、经济特区的区位特点

我国经济特区的选址布局或许存在一定的历史机遇性，但绝对不是完全偶然的产物，而是在全面调研、深思熟虑后具备必然性的结果。在当时的条件下，五大经济特区在自然地理、资源禀赋和人文环境等方面，都拥有先行开展对外经济活动的不可比拟的优势。实践证明，五大经济特区的选址是成功的。

第一，都位于我国南方相对欠发达地区，气候条件常年适宜开工建设，虽然发展底子薄弱，但反过来看"一张白纸"也意味着更低的试错成本和更广阔的发掘空间。第二，都位于沿海、沿港的地段，汕头、厦门历来便是我国南方重要的海运港口，深圳是我国南方的重要对外陆路通道，而海南是连接我国大陆和南方海域的关键枢纽。历史上丰富的对外交流经验和便捷畅通的交通环境，都为发展外向型经济铺垫了宽广道路。第三，都处在特殊的地缘范围中，承担着政治和统战意义的任务。深圳、珠海和汕头与香港、澳门地区邻近，厦门与台湾地区隔海相望，在这些地方率先设立国家开放的门户，有利于以经济合作和技术交流的形式打开海峡两岸暨港澳地区的突破口，逐步消融各方隔阂屏障，以互利互惠，开放包容的态度追求祖国最大程度的团结统一。第四，都是历史上著名的侨乡，在历史人文和社会风俗相近的地区更有助于吸引外部投资建设。在文化同源、心系祖国的强烈精神感召下，海外华人华侨成为第一批克服经济特区建立之初各种艰辛条件，慷慨热情支持祖国改革开放事业的先驱人物。

第二节　经济特区的诞生背景

我国经济特区脱胎于国内外经济政治发生巨大转变的复杂环境中。在20世纪70年代末，"文化大革命"刚刚结束，国内经济社会发展长期停滞不前，人民渴望迎来一场崭新深入的全面改革。中国更加融入世界大家庭，和平与发展逐渐成为时代主流，许多发展中国家（地区）自主探索的成功经验为我国提供了可参考的样本。以邓小平同志为主要代表的中国共产党人积极为国家兴旺谋求新的发展模式。在这一时代背景下，我国经济特区肩负着改革开放的"试验田""排头兵"的重担而诞生。

一、经济社会发展徘徊低迷，传统经济体制难以为继

1978年之前，我国采取高度集中的计划经济体制，资源配置效率十分低下，国民经济结构趋于失衡，吃"大锅饭"的绝对平均主义令民众生产建设热情长期被压抑，违背科学规律的指导方针时常出现。这些不合时宜的制度安排和思想枷锁深刻地阻碍了国家综合实力和人民生活水平的显著提升。这期间，1958—1960年的"大跃进"和人民公社化运动、1966—1976年的"文化大革命"等社会主义建设探索曲折发展中的重大失误，对中国社会的健康运行造成了全面打击，敲响了过去传统体制是否可持续的警钟。

从国家综合实力来看，经济发展在短期波动中处于长期停滞。国内生产总值在1956年迈入千亿门槛后，直至1977年才突破3000亿元，其中人均生产总值在1977年仅为341元；1960—1977年间，经济增速有4年是负增长。低迷的经济总量还伴随着低效的资源配置，各类生产要素的经济收益和积极性较差，1957—1978年之间，按净产值计算的工业全员劳动生产率年

均增长率仅为 3.4%，而净产值计算的农业劳动生产率甚至下降了 0.2%[1]。经济增长的受限叠加庞大人口令财政系统长期承压，1950—1977 年中，我国国家财政收支基本处于勉强平衡状态，甚至有 8 年存在入不敷出的情况，财政收入有 6 年达到了负增长[2]。

从人民生活质量来看，物质生活条件依旧维持在较低水平。在收入方面，1952—1977 年间，全国职工人数从 1603 万人猛增至 9112 万人，但平均工资仅从 445 元增至 576 元[3]。1978 年，城镇居民人均可支配收入为 343 元，而农村居民人均纯收入仅为 134 元[4]。在消费方面，与居民生活福利紧密关联的批发和零售业，其经济比重一路走低，从 1952 年的 10.3% 跌至 1977 年的 6.1%[5]。1978 年，城镇居民家庭消费恩格尔系数为 57.5%，而这一系数在农村地区高达 67.7%[6]。

二、和平发展浪潮席卷全球，海外发展经验提供借鉴

20 世纪 60 年代以来，全局性战争基本结束，世界政治局势逐渐好转，全球追求和平发展的呼声不断壮大；"文化大革命"结束后，我国与日本、美国等主要资本主义国家建立了外交关系，两个阵营意识形态的冲突有所缓和。截至 1978 年末，中国已经与世界上 116 个国家建立起正式外交关系，中国领导人出访海外考察的次数迅速增加，特别是中共十一届三中全会确立了解放

① 陶一桃、鲁志国等：《中国经济特区发展：1978—2018》，社会科学文献出版社 2010 年版，第 3—4 页。

② 详细数据可参考国家统计局国民经济综合统计司：《新中国六十年统计资料汇编》，中国统计出版社 2010 年版，第 15 页。

③ 国家统计局国民经济综合统计司：《新中国六十年统计资料汇编》，中国统计出版社 2010 年版，第 8 页。

④ 国家统计局：《新中国 60 年·资料篇》，中国统计出版社 2009 年版，第 592 页。

⑤ 国家统计局国民经济综合统计司：《新中国六十年统计资料汇编》，中国统计出版社 2010 年版，第 10 页。

⑥ 国家统计局：《新中国 60 年·资料篇》，中国统计出版社 2009 年版，第 591 页。

思想、实事求是的思想方针，打破了人们长期以来的头脑枷锁，中国放眼世界、向外学习、对外开放的大环境显著改善。

当时，除了以美国为代表的新兴资本主义国家借助技术进步实现崛起，一些原本发展基础较为薄弱的国家（地区），利用外来资本、技术等稀缺资源，结合内部劳动力、土地等禀赋优势，在本地兴办出口导向型经济业态，积极对接全球性产业梯度转移，取得了世人瞩目的成就，其中的代表就是 1960 年代以来崭露头角的"亚洲四小龙"（韩国、新加坡、中国台湾、中国香港），其内部涌现出裕廊出口工业区（新加坡）、马山出口加工区（韩国）、高雄出口加工区（中国台湾）等众多成功的经济性特区。这些成功的探索给当时国内的人们很大的震撼，不禁思考面对海量的国际机遇，中国是否也能够融入国际经济交往中，通过划片设区发展外向经济，带动国家迅速转弱为强。

三、以经济建设为工作中心，改革开放探索自主道路

1978 年 12 月 18 日，中国共产党召开了具有深远历史意义的中共十一届三中全会。这次会议在科学分析国内外形势，认真总结历史经验的基础上，决定把全党工作重心转移到社会主义现代化建设轨道上来；突破长期"左"的错误和严重束缚，彻底否定"两个凡是"的错误方针，重新确立了党的实事求是的思想路线。

探索新的经济发展模式不能全盘照搬西方经验，"现在搞建设，也要适合中国情况，走出一条中国式的现代化道路"[①]。鉴于国内经济基础底子差、法制环境不健全、地区间发展差异大等深刻矛盾，推行有步骤、分地区的渐进式改革，符合当时我国国情。关于经济特区的前身构想，最早可以追溯到 1978 年 10 月，交通部香港招商局有了在宝安县发展一批面向中国香港地区

[①] 邓小平：《邓小平文选》（第二卷），人民出版社 1994 年版，第 163 页。

的工业的想法，并得到广东省委支持 ① ；1979 年 1 月，广东省联合交通部在《关于我驻香港招商局在广东宝安建立工业区的报告》中进一步提出建设蛇口工业区，利用国内廉价的劳动力和土地，利用国外先进的技术、资金和原材料，把两者结合起来建立与航运业相关的工业企业 ② ；2 月，相关报告得到党中央和国务院批示同意；7 月，蛇口工业区 ③ 正式开工，为接下来中央和地方进一步深化特区建设探索注入了强心剂。

1979 年 4 月中旬，中央召开了专门讨论经济建设问题的工作会议。会上提出让广东在对外经济活动中有必要自主权，允许在毗邻港澳的深圳市、珠海市和重要侨乡汕头市建立出口加工区。福建省也提出在厦门设立出口加工区的建议。邓小平给予了充分肯定，表示还是叫特区好，"可以划出一块地方，叫作特区，陕甘宁就是特区嘛。中央没有钱，可以给些政策，要你们自己搞，杀出一条血路来" ④。5 月，广东在《关于试办出口特区的初步设想》中首次提出了 12 条设想，这也是关于创办特区的第一份完整方案。⑤

1979 年 6 月，广东和福建分别向中央正式递交了《关于发挥广东优势条件，扩大对外贸易，加快经济发展的报告》和《关于利用侨资、外资，发展对外贸易，加速福建社会主义建设的请示报告》，在特区规划、招商引资、管理体制、特殊政策等方面作出了具体安排。7 月，中共中央、国务院在五十号文件中批转了两个报告，表示两省提出的初步规划设想和经济管理体制"是可行的"，"关于出口特区，可先在深圳、珠海两市试办，待取得经验后，再考虑在汕头、厦门设置的问题"。1980 年 3 月，谷牧在广州召开广东、福建两省会议，检查中央 1979 年五十号文件的贯彻执行情况，进一步

---

① 苏东斌：《中国经济特区史略》，广东经济出版社 2001 版，第 48 页。

② 招商局历史博物馆，http://1872.cmhk.com/baike/2781.html。

③ 当时被称为"试管特区"，主要是为了区别于资本主义国家的"出口加工区"，详见罗清和、张克听：《特区经济学》，中国社会科学出版社 2018 年版，第 22 页。

④ 中共深圳市委宣传部：《一九九二春：邓小平与深圳》，海天出版社 1992 年版，第 18 页。

⑤ 樊纲等：《中国经济特区研究——昨天和明天的理论与实践》，中国经济出版社 2009 年，第 51 页。

研究特区建设问题。会议明确指出，特区的管理在坚持四项基本原则和保障国家主权的条件下，可以采取与内地不同的体制和政策；主要吸收侨资、外资进行建设；要先搞好水、电、道路、通信等基础设施，为外商投资创造条件；先上些投资少、周转快、收效大的项目。结合半年多的工作实践，考虑到特区不但要办出口加工业，也要办商业、旅游等行业；不但要拓展出口贸易，还将在全国经济生活中发挥多方面作用。本次会议采纳了广东提出的建议，将"出口特区"这个名称改为具有更丰富内涵的"经济特区"。至此，"经济特区"这一叫法几经变迁后最终敲定。

经济特区需要通过相关法规来实现规范设立、运营和管理。1979 年 7 月 8 日，《中华人民共和国中外合资经营企业法》颁布，成为经济特区利用外资的基本法律参照。关于经济特区的综合性法律，同年 8 月，国务院先是委托广东省有关方面起草，并经广东省人大常委会审议，之后又责成国家进出口管理委员会组织研究论证。1980 年 8 月 26 日，第五届全国人民代表大会常务委员会第十五次会议审议批准建立深圳、珠海、汕头、厦门 4 个经济特区，并批准公布了国务院提请审议的《广东省经济特区条例》。条例针对经济特区管理运营体制、企业注册经营、优惠政策、雇员雇主关系等方面作出了明确说明。从此，中国的经济特区通过国家立法的形式正式诞生。

第三节　经济特区的建设历程

我国经济特区的发展随着实践深入不断完善，在建设中时刻注重总结经验，以坚韧的勇气和广阔的思路开辟出了一条行之有效、有中国特色的特区发展道路，其肩负的重大使命也随着时代变迁逐渐深化，从筚路蓝缕、由无到有，到自我壮大、内部革旧，再到锐意创新、带动全国。我国经济特区的发展历程可分为"基础奠定和制度探索""产业升级和体制转变"以及"深化改革和全面转型"三大时期。

一、基础奠定和制度探索期（1980—1991 年）[①]

1980 年下半年来，各个经济特区相继投入实际开发。在前五年，各特区主要围绕基建工程、招商引资、制度建设和体制改革等基本性议题开展工作。随着工作经验的不断积累和治理框架的逐步完善，在 1985 年后各特区进一步明确了发展外向型经济的目标。

（一）前期准备：基础设施和基本制度建设

刚设立经济特区的时候，四大特区的发展基础都很薄弱，覆盖地方基本是较为荒凉的农村，建立一套完备的工业和生活基础设施成为当务之急，具体包括平整土地、通水、通电、通道路、通电信、通管道（简称"五通一平"，有些地方还会通排污、通煤气，则"七通一平"）；建设大中型机场、深水码头、标准厂房和商业楼宇等工业配套设施；提供饭店宾馆、学校医院等生活保障设施。

本阶段各特区以"全面规划、分期实施，由小到大、逐步发展"和"集中力量，开发一片，建成一片，投产获益一片"的原则先后开展了大规模的基建工作，经济特区的整体面貌实现了翻天覆地的改进。1980 年至 1985 年，4 个经济特区累计完成基本建设投资 96.7 亿元，其中城建投资占 31.2%，交通运输和邮电投资占 13.4%，其他服务性设施的投资占 15.5%，以上三项共占整个基建投资的 60.1%；商贸、金融、科教文卫项目的基建投资占 16.4%，其中一部分也是属于基础设施建设。截至 1985 年，4 个特区累计开发了 60 平方千米的建设用地，基本建成了 8 个具有现代化综合设施的工业小区，以及与之配套的市政工程、商业楼宇和旅游设施。

同时，各特区又根据自身特点，在投资方案和具体领域有所侧重，初

[①] 本部分涉及的数据主要来源于各类中央文件和地区年鉴；国务院特区办公室：《当代中国的经济特区》，当代中国出版社 2019 年版；陈夕：《中国共产党与经济特区》，中共党史出版社 2014 版；钟坚：《大试验：中国经济特区创办始末》，商务印书馆 2010 年版；黄建洪：《中国经济特区治理改革与地方政府管理体制创新研究》，人民出版社 2018 年版。

步完成了一批重大基础设施工程。深圳最先起步，重点建设蛇口、罗湖和上步。蛇口工业区在 1979 年上半年就打响了施工第一炮，率先进行基建招标、管理体制、干部制度等体制改革，创造出"蛇口模式"奇迹。厦门特区于 1981 年 10 月首先在湖里工业区进行"五通一平"，重点建设东渡港深水码头、高崎国际机场和万门程控电话交换机。珠海特区以旅游业为切入口，修建码头，开辟通往香港的航线，与香港商人合作开办了特区第一家实行现代化管理的石景山旅游中心。汕头的起步基础偏弱，一方面生活服务设施主要依靠老市区里的存量资源，另一方面先划出特区的 20 万平方米，重点建设龙湖出口加工区。初创时期，除了在设施上搭建起"硬"保障，还要在制度上设计出一套灵活高效的"软"支撑。1982 年 12 月，中央指出特区的经济活动同国际市场联系密切，沿用原来的经济管理体制很不适应，必须建立一套适应特区要求的经济管理体制；1984 年 4 月，中央再次强调各特区要跳出国内现行的不适应生产力发展的老框框，改革管理体制和管理机构。

深圳在制度改革领域步子迈得最大，取得突破最多，落实了一系列符合时宜、顺应规律的市场化导向体制机制，为后续其他特区的参考效仿树立了标杆，有些优秀的制度甚至逐步向全国推广。例如，在基建资金来源上，首先采用自身积累和内联投资、国家各级信贷支撑、土地使用金或使用段权转让以及外资合作的多元融资组合，缓解了早期资金压力，激活了金融市场功效。在建筑施工前期引入招标承包制度，通过竞争机制优中选优，兼顾施工质量和速度效率，在施工过程中，管委会专设相关小组推行"统一规划，统一设计，统一征地，统一组织施工，统一使用资金"的管理安排。在劳动人事制度上，搭建起符合现代企业运行要求，反映平等劳资关系的雇主雇员制度体系：推行双向选择的劳动合同用工，试行工资与企业经济绩效挂钩的分配办法，改革干部任聘选拔和考核评价制度，建立起初步的社会劳动保险制度，等等。在价格体制上，基于"管大放小，管小放多，管好放活"的原则，按商品种类试行多层次、分步骤的定价权改革，逐步增强市场在价格调节中的关键作用。

　　经济特区一系列"软硬兼施"的项目建设和制度改革取得了举世瞩目的成就，但随之而来也出现了部分走私倒卖等违法活动，进一步引发了一些关于姓"资"还是姓"社"的意识形态争议。对此，改革开放的总设计师邓小平于 1984 年进行了第一次南方视察，走访深圳、珠海、厦门三个经济特区，留下了许多重要题词和讲话，指出"特区是个窗口，是技术的窗口，管理的窗口，知识的窗口，也是对外政策的窗口""特区将成为开放的基地，不仅在经济方面、培养人才方面得到好处，而且会扩大我国的对外影响。"[①]邓小平的重要讲话打消了社会上一部分人的疑虑，坚定了人们继续搞好特区建设的信心，推动拓展了国家的对外开放格局。同年 4 月，中共中央、国务院决定进一步开放天津、上海、大连、秦皇岛、烟台、青岛、连云港、南通、宁波、温州、福州、广州、湛江和北海 14 个沿海港口城市，并扩大这些地方经济管理权限，对外商投资实行类似经济特区的优惠政策；1985 年 2 月，又决定将长江三角洲、珠江三角洲和闽南厦（门）漳（州）泉（州）三角地区的 59 个市、县设立为经济开放区，这些都是对经济特区模式更全面、更深入的推广。经济特区的发展模式和宝贵经验得到了中央高度认可，至此我国初步形成了"经济特区—沿海对外开放城市—沿海经济开放区—内地"的多层次开放格局。

（二）明确目标：发展外向型经济

　　经过 5 年的设施和制度建设，各经济特区初步营造了良好的经商环境和改革氛围，但同时也暴露出一些投资效益不高、产品竞争优势不够、统筹管理经验不足等问题。为了从打基础、搞建设转移到"抓生产、上水平、求效益"的目标上来，发挥经济特区的先驱作用，1986 年开始，各特区开始更加聚焦发展以工业为主，工贸结合的外向型经济。1986 年年初，国务院在深圳

---

① 邓小平：《关于经济特区和增加对外开放城市问题》，载于《坚持改革、开放、搞活》，人民出版社 1987 年版，第 191—192 页。

召开的经济特区工作会议上指出，要进一步将外引内联①落实在发展外向型经济上，对特区产业结构、产品质量、经济效益、制度环境、运营效率等方面提出了更高要求，并配套一系列信贷关税等扶持政策。本次会议极大地提高了经济特区的增长速度和发展质量。在随后阶段，四大经济特区取得了显著的发展成就，特别是深圳继续在市场化改革中敢为人先，同时在鼓励科技创新、调整产业组合上不遗余力，逐渐打开了在全国乃至世界上的知名度，树立起了一道先锋标杆——深圳经济特区率先推行了一系列现代企业制度，例如对国有企业进行股份制改革，允许企业承包和破产；大力支持民营企业发展和科技创新，孵化出华为等一批国内最早的技术制造企业；建立完善层次多元的金融体系，涵盖证券交易所、外资银行、期货市场，等等。

在四大经济特区向着新的目标开拓前进时，1988 年 4 月 13 日，第七届全国人民代表大会第一次会议审议通过了国务院提出的议案，决定海南不再受广东管辖而单独成省，同时划定海南岛为海南经济特区，海南从此成为我国面积最大、分布最南的经济特区。1998 年 5 月 4 日，国务院进一步发布了《关于鼓励投资开发海南岛的规定》，在推行一些先前已经在 4 个经济特区验证成功的制度的同时，还对海南经济特区给予了更灵活的政策空间。② 在此背景下，1988 年至 1990 年的短短 3 年中，海南的社会面貌和经济生产都实现了崭新突破。

表 3–3–1 总结了这一时期五大经济特区的经济发展总体状况，可见，各大特区呈现出工农商旅全面兴旺、人民生活不断向好的繁荣局面，绝大多数指标实现年均 40% 上下的高速增长。10 年间，工农业产值突破了三千亿大关，相比 1980 年增长了 11 倍，工业占比持续扩大；商品市场发展火热，零售总额增长近 10 倍，地区居民的储蓄"钱袋子"丰裕了 30 倍；对外经济建设成

---

① 即对外吸引外商投资，对内联合内地的生产企业，将外部技术、资本、管理经验和本土企业、劳动者等匹配起来。

② 例如外商可以采取购买股票、证券等有价证券，或参股经营、承包租赁的方式投资；海南省政府可以依法有偿出让国有土地使用权，等等。

果卓越，对外贸易、境外旅游事业双丰收，10 年累计实际吸收外资总额达到 51 亿多美元。

表 3-3-1　1980 年至 1990 年五大经济特区各项经济指标

经济指标	1980 年	1985 年	1988 年	1990 年	年均增长率
工农业总产值（按 1980 年价）（亿元）	165.11	238.39	1827.79	3113.95	38.59%
其中：工业产值（亿元）	119.24	176.12	1721.55	2990.56	43.05%
其中：农业产值（亿元）	45.53	61.24	106.24	123.39	11.71%
社会商品零售总额（万元）	17.94	35.45	129.87	162.80	27.77%
货运量（万吨）	2543.93	4101.23	7098.64	8839.95	14.84%
港口吞吐量（万吨）	724.68	1055.34	2265.66	3047.26	17.30%
实际吸收外资总额（万美元）	4867	54797	111582	126324	43.59%
接待过夜境外游客（万人）	9.74	22.11	179.57	228.91	42.02%
旅游外汇收入（外汇券）（万元）	282	1922	98737	189196	106.10%
全社会固定资产投资（亿元）	33.22	130.71	744.63	979.73	45.65%
财政收入（亿元）	24.09	38.72	248.77	386.66	36.13%
财政支出（亿元）	13.13	28.43	224.11	379.53	45.33%
城乡居民储蓄额（亿元）	4.45	15.68	79.26	132.99	45.86%

资料来源：各个经济特区统计年鉴。

二、产业升级和体制转变期（1991—2012 年）[①]

这一时期，经济特区的外部发展环境和内部成长特点都发生了系统性转

[①] 本部分涉及的数据主要来源于各类中央文件和地区年鉴；陶一桃、鲁志国等：《中国经济特区发展：1978—2018》，社会科学文献出版社 2018 年版；陈夕：《中国共产党与经济特区》，中共党史出版社 2014 版；黄建洪：《中国经济特区治理改革与地方政府管理体制创新研究》，人民出版社 2018 年版。

变。全球化浪潮愈发澎湃，产业梯度转移加快步伐，2001 年中国加入世界贸易组织（WTO），这些都是有助于特区发挥优势的重大利好，但 1997 年的亚洲金融危机也让人们意识到中国同样暴露在更大的外部风险之中。国内确立了社会主义市场经济体制的目标，改革开放事业在全国其他区域多点铺开，给特区带来发展压力……种种转变都要求经济特区适应时代变迁，立足自身实际做出调整。在这一时期，五大经济特区的发展分化迅速拉开，深圳继续以拓荒牛的姿态敢为人先，抓住机遇，克服困难，在产业形态、制度体系和发展模式上完成了数次成功迭代，然而，这期间海南、汕头等地同时也遭受到了不同程度、不同类型的挫折，为经济特区后续的健康持续运行提供了令人警示的教训。

（一）时代背景：全球化和市场化的"双刃剑"

20 世纪 90 年代以来，世界经济基本面持续向好，原本承接欧美发达国家产业转移的"亚洲四小龙"，也开始成为产业转出方，转向发展信息技术等新兴产业，为大陆经济特区进一步承接其劳动密集、原料密集的产业创造了推力条件。香港等地的纺织服装、电子装配、食品加工等产业加速流入大陆沿海，夯实了经济特区"三来一补"（来料加工、来样加工、来件装配和补偿贸易）的主要发展模式和"三资企业"（中外合资经营企业、中外合作经营企业、外商独资经营企业）的主体格局。2001 年 12 月 11 日，中国正式加入 WTO，有利于中国更加深入参与到全球产业分工，提升价值链地位，享受全球化福利，同时也促进国内改革开放的水平再上新的台阶。

将自身深刻融入全球化浪潮中，也意味着需要直面其云谲波诡的风险。1997 年席卷亚洲的金融风暴，对新兴市场的货币稳定、外贸交易、企业经营和财政系统都造成了极大的负面影响，作为发展外向型经济的经济特区自然首当其冲。2008 年的全球金融危机，又再次令特区的外向型经济业态遭受沉重损失。此外，加入 WTO 意味着国内的经济基本制度要朝着普遍、平等、一致的方向改进完善，对不同地区、不同成分企业采取一视同仁的规范约束，这一内核要求实质上与经济特区的局部优惠政策和超国民待遇相冲突。按照承诺计划，中国于 2005 年进入后过渡期，在内外税收制度、内外资准入行业和地域等方面加速统一化改革进程，对于经济特区而言，则是从前享受的特殊性优待政策红利将愈发消减。

国内方面，面对东欧剧变、苏联解体的国际社会主义运动形势急转直下，叠加 1988 年后持续 3 年的恶性滞胀，以及 1989 年春夏之交的政治风波，一些"中国要走上资本主义道路""和平演变要发生在中国"等消极论断开始在国内滋生蔓延，严重挫伤了改革开放和发展经济特区的积极性。在内忧外患的紧要关头，邓小平再次南下考察，发表了一系列载入史册的重要讲话和生动论述："不坚持社会主义，不改革开放，不发展经济，不改善人民生活，只能是死路一条。基本路线要管一百年，动摇不得。""改革开放胆子要大一些，敢于试验，不能像小脚女人一样。看准了的，就大胆地试，大胆地闯。""姓'资'还是姓'社'的问题，判断的标准，应该主要看是否有利于发展社会主义社会的生产力，是否有利于增强社会主义国家的综合国力，是否有利于提高人民的生活水平。""一部分地区有条件先发展起来，一部分地区发展慢点，先发展起来的地区带动后发展的地区，最终达到共同富裕。"[①]邓小平的南方谈话从理论高度解释了什么是社会主义、怎样建设社会主义等原则问题，再次稳固了人们心无旁骛推动市场化改革的决心，为经济特区的加速腾飞"添薪加柴"。1993 年 11 月 14 日，中共十四届三中全会通过了《关于建立社会主义市场经济体制若干问题的决定》，正式确立了建立市场经济体制的改革目标，为大胆、全面、深入的改革注入了一针强心剂。

从国家区域战略空间格局来看，随着 2000 年前后上海浦东、天津滨海新区等其他综合性改革配套试验区的相继设立，以及西部大开发、中部崛起等区域性方略的确立，从前对于经济特区的偏向性倾斜扶持将转至区域间"多地拔高楼，共富促均衡"的导向风格，以税收、土地、财政、基建等优惠条件吸引外部优质资源的经典范式不再是特区专属，依赖外生政策刺激引致的

[①] 邓小平：《在武昌、深圳、珠海、上海等地的谈话要点》，载于《邓小平文选》（第三卷），人民出版社 1993 年版，第 370—383 页。

边际增长收益将越发缩减。需要注意的是，中央并没有刻意降低甚至取消特区在社会主义市场经济中的地位和作用，但对特区提出了更高的要求，即包括首批经济特区在内的各个特区和综合配套改革试验区，已经不能仅寄希望于中央给予更多的特殊优惠政策，而必须通过进一步深化改革，发掘和创造属于自己的新优势，为深化和完善社会主义市场经济体制提供经验。

本时期，国家对经济特区进一步"放权"和"扩容"，予以特区更灵活的施展空间：一方面，允许当地人大及其常务委员会和人民政府因地制宜分别制定法规和规章[①]；另一方面，截至2011年，各特区实现了特区领域与行政区划的统一，打破了"一市两法"的局面，各地能够以城市建设的融合视角去发展经济特区。面对地区间的竞争压力、制度手段的趋同特征、中央赋予的更高期望……各个经济特区都努力降低对优待政策的依赖，进行新一轮的产业调整、管理优化和模式探新，挖掘内生发展动力，这中间有值得反思的失败教训，也有成功的经典范例。

（二）宝贵教训：海南"房市泡沫"和汕头"诚信风波"

海南的建设伴随着几次效益不高的投资热潮，早在1991年便引起了国家的注意。[②]1996年，海南在"九五"计划中确立了"一省两地"（新兴工业省、热带高效农业基地、热带海岛休闲度假旅游胜地）的发展定位，推行了一系列如企业直接登记制、"公司＋农户"协同推进热带高效农业产业化等新兴举措。然而，岛内房地产的泡沫也伴随着基建浪潮越吹越大，在1993年国家严打后终于破灭：1993年，海南全省商品房销售面积和销售额分别为46.04万平方米和15.92亿元，分别同比下降57.91%和32.64%，出现有价无市的情况。

---

① 《全国人民代表大会常务委员会关于授权深圳市人民代表大会及其常务委员会和深圳市人民政府分别制定法规和规章在深圳经济特区实施的决定》（1992年7月1日）、《全国人民代表大会关于授权厦门市人民代表大会及其常务委员会和厦门市人民政府分别制定法规和规章在厦门经济特区实施的决定》（1994年3月22日）、《全国人民代表大会关于授权汕头市和珠海市人民代表大会及其常务委员会、人民政府分别制定法规和规章在各自的经济特区实施的决定》（1996年3月17日）。

② 在1991年9月，国务院办公厅发出《关于控制内地人员盲目去海南经济特区的通知》，要求海南和其他各地区政府要做好协调配合工作，避免大批劳动力无序流入海南。

受此波及，1995 年海南省经济增速从 1994 年的全国第一跌至倒数第一。经过 8 年调整，海南房地产市场和整体经济环境才趋于健康，2006 年海南省地区生产总值突破千亿大关。

汕头是广东地区的老牌侨乡，在设立之初是四大经济特区中经济体量最大的地区，但受亚洲金融危机和诚信风波等打击后，社会发展未达到预期。20 世纪 90 年代末，汕头走私倒卖、骗税偷税的问题便开始凸显，国家税务部门开始严管。[1] 然而，受 2001 年一起骗税案的影响，2000 年汕头人均地区生产总值仅为广东省平均水平的 81%；2001 年，经济增速同比下跌 2%，出现 18 年来的首次负增长，低于全国同期及广东省平均水平。为了"重建信用、重塑形象"，通过修缮市场法规、规范主体行为、扩大开放水平、调整发展定位，汕头经济开始缓慢复苏。2007 年，国务院批复汕头口岸广澳港区对外开放，为推动汕头发展港口经济注入巨大动力。

（三）成功典范：深圳的高瞻远瞩和"转危为机"

在这 20 年中，深圳以敏锐的嗅觉捕捉机遇，以超前的认知识别困难，以果敢的态度大胆突破，在一次次嬗变中焕发新机。在 1993 年至 2003 年这头个 10 年中，深圳处于"二次创业"的艰难时期。随着中国全方位改革开放格局的形成，经济特区的发展模式被内地城市不断模仿和推广，特区制度红利逐渐淡化。在此背景下，深圳及时地把工作重心转移到体制模式转变和产业优化升级上来。

深圳提出实现"三个根本性转变"（经济体制从传统的计划经济体制向社会主义市场经济体制转变，经济增长方式从粗放式向集约式转变，特区发展从主要依靠特区政策向提高整体素质、增创新优势转变），一系列的全面深入的体制改革快速推开，涵盖深化国有企业改革，完善现代企业制度；完善所有制结构，促进民营经济发展；加快投资融资体制改革，加强信用体系建设；推进社会保险制度综合配套改革，实施医疗保险、养老保险、住房公积金保

---

① 详见国家税务总局：《关于严格加强广东省潮汕地区购进出口货物退（免）税管理的通知》，国税函（2000）第 51 号，2000 年 1 月 17 日；这一限制直至 2006 年才被取消。

险和工伤保险制度，等等。

与此同时，深圳一改当时"三来一补"的传统范式，顶着相关企业向周边地区迁移、税费大幅下降的压力，力促"三来一补"企业向直接代工、"贴牌生产"（OEM）转变，使工业生产从引进到转移，从简单加工到技术改造，推动并实现"深圳加工"向"深圳制造"转型。彼时，恰逢电子信息产业进入全球梯度转移周期，深圳再次适时而动，以电子通信设备制造业等高新技术产业为突破口，闯入全球相关产业链的中低端，实现了产业结构的快速升级。这期间，深圳一方面大力扶持本土优秀民营企业，鼓励其产品、服务出海闯荡，另一方面积极培育本地优质劳动力池，与清华大学、北京大学和哈尔滨工业大学等高校合作办学，培养了一大批高素质人才。经过 10 年发展，深圳逐渐形成了计算机及外设制造、通信设备制造、平板显示、数字电视等具有较强竞争力的产业集群。1991 年，深圳高新技术产品产值仅 22.9 亿元，到 2002 年已经达到 1709.92 亿元，占工业总产值的比重从 7.26% 增加到 43.5%，其中电子信息产业占到了高新技术产业产值的 90.1%，高新技术产业俨然已经成长为深圳经济发展的第一增长点。

在 2004 年至 2012 年，深圳进而迈入战略性新兴产业转型和提高发展效益的阶段。2004 年，深圳总结出 4 个"难以为继"（土地、空间有限，难以为继；能源、水资源短缺，难以为继；人口拥挤、负担过重，难以为继；环境承载力严重透支，难以为继）。在资源约束的倒逼下，深圳作出从"速度深圳"向"效益深圳"转变的重大战略决策，着力推动经济建设由数量型、资源消耗型的粗放经营方式向质量型、效益型、集约化经营方式转变；积极谋篇布局战略性新兴产业，开始从全球产业链的中低端向中高端转型，走技术先进和内涵发展的道路，努力推动"深圳制造"转型升级为"深圳创造"。深圳在全国率先出台生物、新能源、互联网三大新兴产业的振兴发展规划和政策，制定了更加严格的限制性产业发展目录，实施了更加积极的集约性发展政策。这 10 年间，深圳形成了数字电视、通信设备制造、平板显示、生物医药、医疗器械、软件产业集群 6 个发育形态比较成熟的高新技术产业群，其中企业是技术创新的中坚力量，民营科技高新技术企业累计达 2583 家，占全市高新技术企业总数的 70% 以上；背后是较高的研发投入在强力支撑，2012年，深圳研究与试验发展（R&D）投入占地区生产总值比重达到 3.81%，高于韩国的 3.7%、日本的 3.3% 和美国的 2.8%，约是全国平均水平的两倍。2012 年，深圳经济增速和质量实现"双突破"——地区生产总值首次突破万亿大关，达到约 1.3 万亿元；万元生产总值能耗、水耗、建设用地、二氧化碳排放量均实现了明显下降。

三、深化改革和全面转型期（2013 年至今）

党的十八大以来，中国经济进入中高速增长的新常态，中国特色社会主义进入新时代，面对世界百年未有之大变局，站在新的历史方位上，经济特区正处于近代以来最好的发展时期，也面临着全新的挑战与机遇。"新形势、新任务、新挑战，赋予经济特区新的历史使命，经济特区要不忘初心、牢记使命，在伟大斗争、伟大工程、伟大事业、伟大梦想中寻找新的方位，把握好新的战略定位。"①本时期，国际经济政治环境风云变幻，全球化浪潮和逆全球化势力双向而行，单边主义思潮卷土重来。国内社会主要矛盾发生深刻转变，改革开放事业步入深水期，全面建成小康社会目标的如期实现，进一步要求经济特区肩负起推动区域协调发展，促进人民共同富裕的时代重任。

（一）经济社会开创出新局面 ②

以下部分主要总结了五大经济特区在"十三五"时期（2016—2020 年）取得的重大成就。各经济特区以史无前例的勇气克服了本时期诸多困难，在综合经济、城市建设、绿色发展、民生保障等方面开创了崭新的局面。

1. 经济社会保持高质量发展

深圳"十三五"时期地区生产总值年均增长 7.1%，地均、人均地区生产

---

① 习近平：《在庆祝海南建省办经济特区 30 周年大会上的讲话》，《人民日报》，2018 年 4 月 14 日第 2 版。

② 本部分数据来源于各地 2020 年的统计公报和"十四五"规划。

总值居内地城市前列，单位生产总值能耗、水耗居全国大中城市最低水平。规模以上工业总产值跃居全国城市首位，战略性新兴产业增加值突破万亿元。全社会研发投入占地区生产总值比重达 4.93%，于 2021 年创设了全国首支规模达百亿元的天使投资引导基金，构建形成"基础研究 + 技术攻关 + 成果产业化 + 科技金融 + 人才支撑"全过程创新生态链。

珠海 2020 年地区生产总值达到 3482 亿元，实现比 2010 年翻一番的目标。先进制造业增加值占规模以上工业增加值比重达到 58.2%，民营经济增加值占地区生产总值比重达到 40.8%，海洋经济总产值接近 1600 亿元。研究与试验发展经费投入强度达到 3.15%，每万人发明专利拥有量为 93.9 件，均居全省第二位。高新技术企业数量超过 2100 家，规模以上工业企业研发机构覆盖率达到 45%。

汕头"十三五"期间地区生产总值年均增长 6.5%，固定资产投资总额突破 1 万亿元。全社会 R&D 经费投入年均增长 23%，占地区生产总值比重从 2015 年的 0.66% 提高到 2019 年的 1.05%。高新技术企业从 2015 年的 150 家增至 648 家。获批国家知识产权示范城市，每万人发明专利拥有量达到 5.17 件。

厦门人均地区生产总值于 2019 年突破 2 万美元，迈入发达经济体行列，地区生产总值密度、财政收入占地区生产总值比重等质量效益指标居全国前列。9 条产业链群规模超千亿元，形成光电、生物医药、钨材料等国家级产业基地和产业集群。第三产业比重稳步提高至 60%，以现代服务业为主导、先进制造业为支撑、都市现代农业为基础的现代产业体系正在加快构建。

海南 5 年间地区生产总值年均增长 5.9%，提前实现总量翻番的小康目标。服务业增加值占地区生产总值比重超过 60%，非房地产投资占比超过 60%，12 个重点产业对经济增长的贡献率达到 65%。互联网产业规模年均增速超过 30%，高新技术企业突破 800 家。常住人口城镇化率达 59.7%，海口等中心城市人口聚集能力提升，"海澄文""大三亚"经济圈基础设施一体化持续推进。

2. 改革开放事业持续升温

深圳入选全国首批营商环境创新试点城市，商事主体数量、创业密度居全国大中城市首位，本土世界 500 强企业增至 8 家，实现翻番。科技供给侧结构性改革、国资国企改革、创业板改革并试点注册制、住房制度改革等成效显著，顺利完成机构改革。积极参与"一带一路"建设，主动融入省"一核一带一区"区域发展格局，在粤港澳大湾区中的核心引擎功能显著增强，广深港高铁、莲塘 / 香园围口岸建成使用，前海出口总额实现全国"二十八连冠"。

珠海落地实施 400 余项改革任务，推出全国首批"商事主体电子证照"和"电子证照银行卡"，80% 事项"最多跑一次"，在全省率先建立权责清单制度和动态调整机制，取消 200 多项市级非行政许可审批事项，下放 400 多项行政管理事权。横琴自贸片区制度创新成果达 510 余项，外贸进出口总额累计 14629 亿元，一般贸易出口持续超过加工贸易。

汕头深入推进 128 项重点领域和关键环节改革任务，是全省 4 个营商环境综合改革试点城市之一。政企"直通车"高效开展，实现"同城通办"和省内 8 个城市 160 多项服务事项的"跨城通办"，与福建漳州政务服务实现"跨省通办"，90% 以上事项"最多跑一次"。全市公共信用信息大数据系统上线，建立守信联合激励和失信联合惩戒机制，制定诚信"红黑名单"公示制。

厦门将"多规合一"等一批经验做法在全国推广，自贸试验区制度创新优势持续扩大，全链条全周期立体化招商机制和"三高"企业服务生态不断优化。厦台融合发展不断深入，开放合作进一步扩大，成为海上合作支点城市、全国最高等级国际性综合交通枢纽、国家重点建设的四大国际航运中心之一、中国营商环境标杆城市之一。

海南先后发布 10 批 103 项制度创新案例，创造多项"全国第一"，实际利用外资规模连续 3 年翻番，外资结构不断优化。货物贸易进出口结构进一步优化、国家服务贸易创新试点顺利推进。博鳌亚洲论坛国际影响力进一步增强。自由贸易港建设蓬勃展开，市场主体超过 119 万户，月均引进人才超万人，离岸新型国际贸易突破性增长。

3. 生态环境质量不断提升

深圳在全国率先实现全市域消除黑臭水体，水环境实现历史性、根本性、整体性好转。PM2.5 年均浓度达到国际先进水平，入选国家"无废城市"建设试点，获批国家可持续发展议程创新示范区，获评生态文明建设示范市，建成国家森林城市和"千座公园之城"。

珠海获评首批国家生态文明建设示范市。空气质量继续保持全国前列，国考断面水质全面达标，17 条建成区黑臭水体整治完成"初见成效"评估。实现 100% 城镇生活垃圾无害化处理和固体废物自主处理，城市污水处理率达到 96.8%。森林覆盖率达到 32.2%，获得国家森林城市称号。

汕头全面推行河长制湖长制，练江海门湾桥闸、梅溪河升平国考断面水质实现稳定达标。城市集中式饮用水水源水质达标率稳定保持 100%，市环境空气质量优良天数比例达 98.6%。入选国家森林城市、全国黑臭水体治理示范城市、广东省节水型城市。

厦门生态文明指数位列全国第一。生活垃圾分类"厦门模式"、筼筜湖综合治理模式等改革举措和创新经验做法获得全国推广，河湖长制全面推行。空气质量、建成区绿化覆盖率等居全国前列，获评"国家生态市""国家生态园林城市"等荣誉称号。

海南加快实施国家生态文明试验区、海南热带雨林国家公园体制试点，持续推进生态环境六大专项整治。空气质量优良天数比例保持 98% 以上，主要河流湖库和近岸海域水质优良率分别达 90% 和 98%，森林覆盖率稳定在 62% 以上，湿地保有量保持在 480 万亩（1 亩 =0.0667 公顷）。主要污染物排放总量、能源消费总量、碳排放强度提前完成国家下达控制目标。

4. 人民生活福祉稳步改善

深圳持续将财政支出近七成投向民生领域。基础教育学位数量增长近 30%，职业教育水平全国领先，高校数量增至 15 所。引进阜外医院等一批高水平医院，三甲医院总量接近翻番。构建新的住房供应保障体系，建设筹集公共住房 44 万套。"新时代十大文化设施"建设、"十大特色文化街区"改造全面启动，连续六届入选全国文明城市。

珠海顺利完成历年 10 件民生实事，多次荣获中国最具幸福感城市。财政支出用于民生比例接近 70%，居民人均可支配收入达到 5.6 万元，年均增长 9.1%。养老保险、医疗保险基本实现全覆盖，率先实现全体市民医保一体化、城乡居民和职工医保待遇均等化。新增公办幼儿园 51 所、学位 4.2 万个，新增中小学校 45 所、学位 5.1 万个，12 年免费教育惠及全市居民。

汕头城镇居民人均可支配收入和农村居民人均可支配收入分别增加到 32922 元和 18962 元，均居粤东首位。一般公共预算投入教育、社会保障和就业等 10 类民生支出超过 1300 亿元，民生支出占一般公共预算支出超过 75%。养老、医疗保险参保率均达 98%。获得"广东省教育强市""广东省推进教育现代化先进市"称号。

厦门居民人均可支配收入达到 6 万元，年均增长 8.5%，公共文化服务体系建设水平居全国前列。爱心厦门事业蓬勃发展，全国市域社会治理现代化试点建设扎实推进，入选全国法治政府建设首批示范市名单。获得全国文明城市"六连冠"、双拥模范城"九连冠"等荣誉，群众安全感率连续多年居全省第一。

海南实现全省"1 小时三级医院服务圈"全覆盖。劳动年龄人口平均受教育年限、高等教育毛入学率和人均预期寿命好于全国、高于预期。城镇新增就业累计超过 60 万人次。养老、医疗、失业、工伤、生育保险参保人数持续增加，兜底保障能力不断提升。多层次住房供应保障体系初步建立。

（二）时代变革赋予的新定位

随着国内外形势的深刻转变，中共中央为经济特区制定了新的发展方略，五大经济特区适时而变、因地制宜，以始终如一的先行精神承载起新的历史使命，以持之以恒的决心斗志向着新的方向砥砺奋进。

1. 深圳：粤港澳大湾区和中国特色社会主义先行示范区

2019 年 2 月 18 日，中共中央、国务院印发了《粤港澳大湾区发展规划纲要》，规划粤港澳大湾区不仅要建成充满活力的世界级城市群、国际科技创新中心、"一带一路"建设的重要支撑、内地与港澳深度合作示范区，还要打造成宜居宜业宜游的优质生活圈，成为中国城市群高质量发展的典范。同年8月9日，中共中央、国务院发布了《关于支持深圳建设中国特色社会主义先行示范区的意见》，希望深圳经济特区能在更高起点、更高层次、更高目标上推进改革开放，形成全面深化改革、全面扩大开放新格局；更好实施粤港澳大湾区战略，丰富"一国两制"事业发展新实践；率先探索全面建设社会主义现代化强国新路径，为实现中华民族伟大复兴的中国梦提供有力支撑。

2. 珠海：横琴粤澳深度合作区

2021年9月5日，中共中央、国务院印发了《横琴粤澳深度合作区建设总体方案》。习近平总书记强调，"建设横琴新区的初心就是为澳门产业多元发展创造条件"。新形势下做好横琴粤澳深度合作区开发开放，是深入实施《粤港澳大湾区发展规划纲要》的重点举措，是丰富"一国两制"实践的重大部署，是为澳门长远发展注入的重要动力，有利于推动澳门长期繁荣稳定和融入国家发展大局。

3. 汕头：华侨经济文化合作试验区

2014年9月5日，国务院发布《关于支持汕头经济特区建设华侨经济文化合作试验区有关政策的批复》，指出试验区处于汕头经济特区核心地带，区位条件优越，比较优势突出，具备加快发展的条件和潜力。2020年10月，习近平总书记在潮汕地区考察时表示，"汕头经济特区要根据新的实际做好'侨'的文章，加强海外华侨工作，引导和激励他们在支持和参与祖国现代化建设、弘扬中华文化、促进祖国和平统一、密切中外交流合作等方面发挥更大作用"[①]。

4. 厦门：金砖国家新工业革命伙伴关系创新基地

2017年9月，金砖国家领导人第九次会晤在厦门举行。厦门会晤通过了《金砖国家领导人厦门宣言》，重申开放包容、合作共赢的金砖精神，全面总

---

① 习近平：在广东考察时的重要讲话，新华网，2020年10月15日，http://jhsjk.people.cn/article/31893298。

结了金砖合作 10 年来的成功经验，为加强金砖伙伴关系、深化各领域务实合作规划了新的蓝图。各国领导人决心以厦门会晤为新起点，坚定信念，再接再厉，共同打造更紧密、更广泛、更全面的战略伙伴关系，开创金砖合作第二个"金色十年"①。2020 年 11 月 17 日，习近平主席在金砖国家领导人第十二次会晤上表示，"将在福建省厦门市建立金砖国家新工业革命伙伴关系创新基地，开展政策协调、人才培养、项目开发等领域合作"。建设金砖创新基地是以习近平同志为核心的党中央赋予厦门的重大政治任务，2021 年，金砖国家新工业革命伙伴关系厦门创新基地正式启用。

5. 海南：自由贸易试验区和自由贸易港

2018 年 4 月 13 日，在庆祝海南建省办经济特区 30 周年大会上，习近平总书记正式宣布"支持海南全岛建设自由贸易试验区，支持海南逐步探索、稳步推进中国特色自由贸易港建设，分步骤、分阶段建立自由贸易港政策和制度体系"，进一步彰显出我国扩大对外开放、积极推动经济全球化的决心。2018 年 4 月 14 日，中共中央、国务院发布《关于支持海南全面深化改革开放的指导意见》，赋予海南经济特区改革开放新的重大责任和使命，也为海南深化改革开放注入了强大动力。

第四节 经济特区的未来展望②

兴办经济特区是党和国家为推进改革开放和社会主义现代化建设进行的伟大创举。"深圳等经济特区的成功实践充分证明，中共中央关于兴办经济特区的战略决策是完全正确的。经济特区不仅要继续办下去，而且要办得更

---

① 习近平：在金砖国家领导人厦门会晤记者会上的讲话，新华网，2017 年 9 月 5 日，http://jhsjk.people.cn/article/29517007。

② 若无特别说明，本部分数据来源于《中国区域经济统计年鉴》《中国城市统计年鉴》《中国科技统计年鉴》，以及各经济特区的统计公报和政策文件。

好、办得水平更高。"①

当下世界正经历百年未有之大变局，经济全球化遭遇逆流，保护主义、单边主义上升，世界经济低迷，国际贸易和投资大幅萎缩，国际经济、科技、文化、安全、政治等格局都在发生深刻调整，世界进入动荡变革期。我国正处于实现中华民族伟大复兴的关键时期，经济已由高速增长阶段转向高质量发展阶段。我国社会主要矛盾发生变化，人民对美好生活的要求不断提高，经济长期向好，市场空间广阔，发展韧性强大，正在形成以国内大循环为主体、国内国际双循环相互促进的新发展格局。同时，我国经济正处在转变发展方式、优化经济结构、转换增长动力的攻关期，实现高质量发展还有许多短板弱项，经济特区发展也面临着一些困难和挑战。

一、战略意义

经济特区是开辟社会主义现代化道路的排头兵。1980 年成立以来，经济特区对全国改革开放和社会主义现代化建设发挥了重要窗口和示范带动作用，在吸引外部优质生产要素、学习先进管理经验、发展现代经济运行模式等方面取得了不可忽视的重大成就。不仅如此，随着"特区经验"借助涓滴效应和溢出效应向内陆地区伸枝散叶，经济特区真正做到了立足全国，辐射全国，服务全国，承担"先富带后富，共奔富裕路"的历史重任，带领广大人民加速社会主义现代化建设。例如，深圳在脱贫攻坚战期间对口帮扶贫困县在 2020 年全部摘帽，共助力 9 省 54 县（区、市）204 万人口实现脱贫，连续 4 年被评为全国扶贫协作"好"档次。

经济特区是引领中国深化改革开放的先行者。一方面，经济特区是新中国对外开放的最早门户，为世界认识中国、中国了解世界提供了宽阔的平台。新时代以来，五大经济特区都在"一带一路"建设和新发展格局构建中扮演着核心节点、关键枢纽的角色。另一方面，经济特区不是暂时性的时代

---

① 习近平：在深圳经济特区建立 40 周年庆祝大会上的讲话，新华网，2020 年 10 月 14 日，http://jhsjk.people.cn/article/31892124。

产物，而是始终在时代发展和进步浪潮的最前沿，特区改革永远是进行时。在成立初期，经济特区以敢为人先的魄力和大胆创新的精神，在企业经营、政府治理、市场建设等领域探索出一套兼具普世价值和中国特色的运行模式。经济特区以点带面、逐步深化的步调节奏，成为中国渐进性改革的一大成功缩影，更是推动中国从大部分地区仍是计划占据主导地位的状态，逐步转变成整个国家建立起完整的市场经济体制。

经济特区是探索经济社会发展方式转变的带路人。改革开放 40 多年来，五大经济特区一直是拉动中国经济总量高速提升的空间主体，对于优质生产要素和先进生产经验的集聚力始终在不断加强，是我国当下和未来社会经济发展的核心增长极。此外，经济特区不断革新自身发展方式，从主要借助外向型的工业、商贸、旅游产业拉动，转变为依靠创新引领高质量发展。

二、瞄准目标

2021 年 3 月，《中华人民共和国国民经济和社会发展第十四个五年规划和 2035 年远景目标纲要》（简称《"十四五"规划纲要》）正式发布，《"十四五"规划纲要》为我国开启全面建设社会主义现代化国家新征程描绘了宏伟蓝图，是全国各族人民共同的行动纲领，也为经济特区未来的转型发展提供了方向参照。

基于此，各经济特区接续制定了"十四五"时期（2021—2025 年）经济社会发展的定位和目标，并对 2035 年远景目标进行展望。表 3-4-1 汇总了各地在"十四五"时期的总体定位和发展目标，既体现了科学性、革命性和全面性，又彰显了经济特区因时而动、因地制宜的决心和智慧。

表3-4-1 "十四五"时期五大经济特区的发展目标

经济特区	总体定位	经济发展	创新驱动	人民生活	生态环境
深圳	高质量发展高地，法治城市示范，城市文明典范，民生幸福标杆，可持续发展先锋。	现代产业体系核心竞争力大幅提升，新经济发展质量显著提升，在构建国际领先、可持续发展的体制机制上走在全国前列，经济总量超过4万亿元，战略性新兴产业增加值超过1.5万亿元。	大湾区综合性国家科学中心建设取得显著成效，研发投入强度、产业创新能力跻身世界一流，全社会研发投入占地区生产总值比重达5%左右，原始创新能力实现较大提升，关键核心技术攻关取得重要突破。	居民收入增长和经济增长基本同步，居民人均可支配收入超过9万元，优质均衡的公共服务体系基本形成，全覆盖可持续的社会保障体系更加完善，人民生活更殷实、更安康、更舒适。	形成低消耗、少排放、可持续的绿色低碳发展方式，以先行示范标准推动碳达峰迈出坚实步伐，大气、水、土壤、近岸海域等环境质量持续提升，PM2.5年均浓度低于20微克/立方米，主要河流水质达到地表环境Ⅳ类以上，天更蓝、地更绿、水更清，城市更美丽。
珠海	区域重要门户枢纽，新发展格局重要节点城市，创新发展先行区，生态文明新典范，民生幸福样板城市。	经济内生动力明显增强，经济结构更加优化，集成电路、生物医药、新能源、新材料、高端打印设备等若干千亿级规模产业集群基本形成，现代海洋经济体系基本建立，力争地区生产总值达到6000亿元，常住人口达到300万人。	科技创新实力显著增强，粤港澳大湾区创新高地和全球新兴产业重要策源地建设取得重大进展，产业基础高级化、产业链现代化水平明显和先进制造业和现代服务业融合发展，数字化对产业发展的赋能作用得到大幅提升。	民生底线不断筑牢，就业更加充分更高质量，居民收入增长和经济增长基本同步，基本公共服务均等化水平明显提高，多层次社会保障体系更为健全，脱贫攻坚成果巩固拓展，教育、医疗等领域短板解决改善，人民群众的获得感、幸福感、安全感进一步增强，打造最具幸福感的标杆城市。	生态文明制度体系基本构建，生产生活方式绿色转型成效显著，能源资源利用效率大幅提高，主要污染物排放总量持续减少，生态文明建设水平全国领先，生态安全屏障更加牢固，特色城市风貌进一步彰显，成为人与自然和谐共生的美丽典范。

续表

经济特区	总体定位	经济发展	创新驱动	人民生活	生态环境
汕头	更具辐射带动力的国家经济特区、现代化沿海经济带重要发展极、全国高质量发展先进地区。	经济综合实力、发展质量效益明显提升，地区生产总值年均增长6.5%左右，到2025年，总量达到4100亿元，比2015年翻一番。打造沿海经济带东翼产业发展主战场，推动纺织服装、工艺玩具、化工塑料等传统产业提质升级，打造以先进装备制造业、现代服务业、文化旅游业、现代农业为支撑的四大新兴支柱产业，进一步优化区域发展布局。	科技创新水平明显提升，区域协同创新体系基本建立，企业技术创新体系基本形成，科技创新支撑引领作用显著增强，创新创业生态环境不断优化。研发投入持续提高，力争"十四五"时期年均增长12%。	城乡居民收入增长与经济增长基本同步，多层次社会保障体系更加健全，城乡收入差距持续缩小，基本公共服务均等化水平优化提高，市民健康水平和受教育程度不断提高，脱贫攻坚成果巩固拓展，到2025年，全市累计新增城镇就业人数19万人，每千人口养老床位数达4.8张，城乡居民基本保险参保率达100%。	国土空间开发保护格局进一步优化，单位地区生产总值能耗合理下降，主要污染物排放总量持续减少，能源资源利用率有效提高，空气、水、土壤等环境质量得到进一步改善，生产方式和生活方式向绿色低碳转变，生态宜居程度不断提高。
厦门	国际航运中心、国际贸易中心、国际旅游会展中心、区域创新中心、区域金融中心、金砖国家新工业革命伙伴关系创新基地。	在质量效益显著提升的基础上实现经济持续健康发展，全市地区生产总值突破万亿元。"岛内大提升、岛外大发展"实现新跨越，成为闽西南协同发展区建设的核心引擎，中心城市辐射带动功能显著增强，高质量发展水平居全国前列。	创新成为驱动发展第一动力，科技创新能力显著提升，产业基础呈现高级化、产业链迈向现代化，经济结构优化升级。	实现更加充分更高质量就业，城乡居民收入稳步提高，现代化教育和高水平健康之城建设取得重大进展，多层次社会保障体系更加完善，城市基本公共服务走在全国前列，乡村振兴取得新成效，人类发展指数（HDI）稳步提升，人民群众获得感更加充实。	生态文明治理体系更加完善，绿色发展理念深入人心，生态环境质量持续提升，空气质量保持全国前列，节能减排控制有力，绿色低碳发展水平显著提高，绿色生活方式全面推广，成为陆海统筹一体协同发展和生态文明治理创新典范。

续表

经济特区	总体定位	经济发展	创新驱动	人民生活	生态环境
海南	全面深化改革开放试验区、国家生态文明试验区、国家重大战略服务保障区、国际旅游消费中心。	经济增长速度位居全国前列，地区生产总值实现年均增长10%以上，人均地区生产总值迈上新台阶。现代化经济体系初步建立，旅游业、现代服务业、高新技术产业三大主导产业加快发展，热带特色高效农业做强做优。积极发展实体经济，产业结构战略性调整取得实质性进展，现代服务业、高新技术产业增加值占比分别达到35%、15%，产业竞争力显著提升。	南繁、深海、航天三大科技创新中心建设取得重大突破，大步跨入创新型省份行列，打造高质量发展样板。创新要素不断集聚，配置更加高效，研发经费投入大幅增加，大众创业、万众创新进入高质量发展阶段，新产业新业态引领作用显著增强，高新技术企业达到3000家。	农村劳动力转移就业数量持续提升，城乡居民人均收入达到全国中上等水平。全民受教育程度不断提升。卫生健康体系更加完善，人均预期寿命稳步提升。多层次住房保障体系健全。城乡统筹的社会保障制度更加巩固。脱贫攻坚成果坚持成果得到拓展，困难群众基本生活得到更好保障。农业农村现代化在全国作出示范。	生态文明制度体系更加完善，国土空间保护开发格局得到优化，生态环境基础设施建设全面加强，能源资源利用效率大幅提高。城乡人居环境明显改善，生态环境质量继续保持全国领先水平。

资料来源：根据各地"十四五"规划整理汇总。

第四章
国家级新区

　　国家级新区是指承担国家重大发展和改革开放战略任务，符合国家土地管理和城乡规划建设有关法律法规，以相关行政区、特殊功能区为基础，在特定城市的相关区域内由国务院批准设立的国家级综合功能区。国家级新区的空间范围、目标定位、改革权限等事务都由国务院统筹，一般分布在禀赋优势强、发展潜力大、地缘意义重的核心区域，其发展规划都上升到国家战略的高度，享受着国家层面赋予的高度自主探索权，不仅在相关区域内部的发展过程中起着示范、引领和带动作用，还在国家综合或专项重大战略中扮演着关键角色。从管理体制来看，国家级新区管理体制有三种模式：一是政府型，即设立区级建制政府，统筹担任管理新区建设、社会管理与服务职能，目前上海浦东新区和天津滨海新区采取此类模式；二是政区合一型，新区的规划范围均与所在行政区范围重合，新区管委会与所在行政区政府合署办公，实行"一套人马、两块牌子"，目前浙江舟山群岛新区、广州南沙新区、青岛西海岸新区和大连金普新区采取此类模式。三是管委会型，即管委会作为派出机构代表上级政府行使区内开发建设管理权限，负责新区规划实施、经济发展、项目建设、土地管理等经济职能，辖区内的社会事务主要由所在行政区负责，目前除上述 6 个国家级新区外，其余国家级新区均采取此类模式。从空间主体看，国家级新区的覆盖范围通常是某个地级市（市辖区）的部分或全部区域，但也有一些国家级新区超越了地级市的行政区划，如陕西西咸新区（西安和咸阳）、贵州贵安新区（贵阳和安顺）、四川天府新区（成都和眉山）以及江西赣江新区（南昌和九江）。从行政权力来看，不同国家级新区的行政定级不同，但因为其设立由国务院批复，承载着国家级的战略任务，所以其实质上的治理权限与名义等级无关，国家允许相关省（区、市）按规定赋予新区相应的地市级经济社会管理权限，下放部分省级经济管理权限。

自 1992 年上海浦东新区设立以来，经过 30 年的建设发展，国家级新区数量逐步增加、规模不断扩大，创造了新区速度，激发了新区活力，塑造了新区形象。2017 年 4 月 1 日，中共中央、国务院决定设立河北雄安新区，这是以习近平同志为核心的党中央作出的一项重大的历史性战略选择，是千年大计、国家大事。作为北京非首都功能疏解集中承载地，雄安新区将在打造以首都为核心的世界级城市群的布局中和调整优化京津冀空间结构中起到关键作用。通过建设雄安新区，我国将探索人口经济密集地区优化开发的新模式，开辟出一条中国式的现代化城市发展新道路。可见，雄安新区不同于一般意义上的新区新城，在建设理念和规划过程中始终体现出前瞻性、引领性、全局性。本章后续讨论的国家级新区范围将限制在除了雄安新区的 18 个新区内，关于雄安新区的详细解读将在第八章展开。

第一节　国家级新区的总体概述

截至 2021 年末，我国共有上海浦东新区、天津滨海新区、重庆两江新区、浙江舟山群岛新区、甘肃兰州新区、广州南沙新区、陕西西咸新区、贵州贵安新区、青岛西海岸新区、大连金普新区、四川天府新区、湖南湘江新区、南京江北新区、福建福州新区、云南滇中新区、黑龙江哈尔滨新区、吉林长春新区和江西赣江新区共 18 个国家级新区，其中东部地区 7 个，中部地区 2 个，西部地区 6 个，东北地区 3 个。

一、国家级新区的演进历程

我国国家级新区的发展历程可简要分为三个阶段：起步探索阶段、协调布局阶段和高质量发展阶段。

（一）起步探索阶段（1992—2009 年）

本阶段共设立了 2 个国家级新区。20 世纪 90 年代初是改革开放的第一个十年节点，以经济特区为代表的特殊功能区取得了极大的成就，在特定地区先行先试、渐进改革的发展模式得到了成功的验证。从空间格局来看，由于五大经济特区集中分布在南方沿海，全国经济增长的主要动力也偏重于此，而作为国家传统经济中心的上海，地区生产总值占全国的比重从 1978 年的 7.48% 降至 1990 年的 4.19%；作为华北经济中心的天津发展也相对滞后，1990—2005 年，天津地区生产总值占京津冀地区的地区生产总值比重由 18.21% 下降到 17.88%，1999 年一度低于 17%。[1] 从发展模式来看，经济特区的实践主要围绕外向型经济生产展开，深化改革开放则进一步要求国家在产业结构、区域联动、城市化路径等更复杂的领域下功夫，需要开辟新的空间以综合视角一揽子托起这些任务。

1990 年 6 月，中共中央、国务院印发《关于开发和开放浦东问题的批复》，同意开发开放浦东，原则批准在浦东实行经济技术开发区和某些经济特区的政策，象征着我国改革开放事业迎来崭新一章。1992 年 10 月，国务院同意上海市设立浦东新区，党的十四大提出要以上海浦东开发开放为龙头，进一步开放长江沿岸城市，尽快把上海建成国际经济、金融、贸易中心之一，带动长江三角洲和整个长江流域地区经济的新飞跃。可见，浦东新区不是一个功能单一的工业项目聚集地，而是在经济特区的基础之上，承担着更多的城市建设、社会建设以及提供基本公共服务的功能，进而推动上海城市空间布局和产业结构调整，带动整个长三角地区发展。因此，国家级新区的诞

---

[1] 西咸新区研究院：《国家级新区体制与政策比较研究》，中国社会科学出版社 2017 年版，第 14 页。

生，也意味着中国经济发展模式探索和社会公共管理体制改革向纵深延续，成为全国范围内综合配套和专项领域深化改革的新的试验①。

为了扭转这一阶段经济增长"南快北慢"的格局，发挥天津在北方的产业基础和临海临港优势，加速推进京津冀地区融入改革开放事业，2006年5月，国务院印发《关于推进天津滨海新区开发开放有关问题的意见》，滨海新区开发开放上升为国家战略，坐落于环渤海经济圈核心地带的滨海新区成为继深圳特区、浦东新区之后，中国经济区域发展的第三增长极。2009年11月，国务院进一步同意天津市调整部分行政区划，正式设立天津滨海新区。滨海新区的设立标志着国家改革开放战略开始由南向北广泛扩进。

（二）协调布局阶段（2010—2012年）

本阶段共设立了4个国家级新区。本时期，我国区域发展总体规划开始由东部沿海率先发展的模式，转向区域协调、多点布局的统筹风格：随着西部大开发（1999年）、东北振兴（2003年）、中部崛起（2006年）等不同区域板块发展战略的确立和实施，中、西部等区域性中心城市拥有了更多带动周边区域后起赶超，促进东中西部协调发展的实力。2007年，西部地区经济增速首次超过东部地区；随后，以外向贸易为经济支柱的东部沿海地区受到2008年全球经济危机的影响，中西部和东北地区发展增速实现全面赶超，西部地区经济增长领跑全国。2010年，国务院开始支持中西部有条件地区积极承接东部沿海地区产业转移，为进一步激发西部地区发展活力，国务院于2010年5月和2012年8月先后设立了内陆第一个和西北第一个国家级新区——重庆两江新区和兰州新区，提出要把建设重庆两江新区作为应对国际金融危机、落实区域发展总体战略的重要举措，加快推进统筹城乡综合配套改革试验，积极探索内陆开放型经济发展的新路子；把建设兰州新区作为深入实施西部大开发战略的重要举措，积极探索欠发达地区加快推进新型工业化、城镇化和实现跨越式发展的新路子，拓展我国

---

① 曹云：《国家级新区比较研究》，社会科学文献出版社2014年版，第14页。

向西开放的广度和深度。

21 世纪，人类进入了大规模开发利用海洋的时期。海洋在国家经济发展格局和对外开放中的作用更加重要，在维护国家主权、安全、发展利益中的地位更加突出，在国家生态文明建设中的角色更加显著，在国际政治、经济、军事、科技竞争中的战略地位也明显上升[1]。海洋经济逐渐成为拉动国民经济的新亮点，2010 年，我国海洋经济生产总值近 4 万亿元，比"十五"期末翻了一番多，占沿海地区生产总值比重达到 16.1%。为进一步促进海洋经济发展，科学开发海洋资源，培育海洋优势产业，2011 年 6 月，国务院批复设立浙江舟山群岛新区，提出将其打造成为浙江海洋经济发展的先导区、海洋综合开发试验区和长江三角洲地区经济发展重要增长极的发展目标。舟山群岛新区成为我国首个以海洋经济为主题特色的国家级新区。

"十二五"以来，国内区域合作蓬勃发展，京津冀、长三角、珠三角地区等重点地区一体化步伐加快。为全面推动珠三角地区转型发展，进一步深化粤港澳合作，2012 年 9 月，国务院批复设立广州南沙新区，提出把广州南沙新区建设成为粤港澳优质生活圈、新型城市化典范、以生产性服务业为主导的现代产业新高地、具有世界先进水平的综合服务枢纽、社会管理服务创新试验区，打造粤港澳全面合作示范区。

（三）高质量发展阶段（2013 年至今）

本阶段共设立了 12 个国家级新区。党的十八大之后，世界局势愈发复杂多变，国内经济社会发展进入新常态，国家整体工作转向调结构、转方式、提质量的新阶段。新时代以来，中共中央、国务院综合国内外最新研判，作出了"一带一路"倡议、京津冀协同发展、长江经济带、成渝地区双城经济圈等一系列重大战略部署。国家级新区作为我国重大战略的落实载体，在这一时期的设立和管理工作逐步规范，数量有序增加，空间布局进一步拓展优化，支持政策逐渐完善。国家级新区肩负的深化改革扩大开放、辐射带动周

---

[1] 习近平：进一步关心海洋认识海洋经略海洋，新华网，2013 年 7 月 31 日，http://jhsjk.people.cn/article/22399483。

边地区、探索产城融合、协调区域发展等国家重大任务的功能进一步强化。

2014 年 1 月，国务院批复设立陕西西咸新区和贵州贵安新区，作为深入实施西部大开发，拓展西向开放深度和广度的重要举措。为全面实施海洋战略、促进海洋经济发展，国务院于 2014 年 6 月批复设立青岛西海岸新区。为推动东北地区振兴发展，积极扩大面向东北亚开放合作，国务院于 2014 年 6 月、2015 年 12 月和 2016 年 2 月先后批复设立大连金普新区、哈尔滨新区和长春新区。为推动探索发展内陆开放型经济、促进西部地区转型升级，国务院于 2014 年 10 月批复设立四川天府新区。为促进中部地区崛起和长江经济带建设，国务院于 2015 年 4 月和 2016 年 6 月先后批复设立湖南湘江新区和江西赣江新区。为推动苏南现代化建设和长江经济带更好更快发展，国务院于 2015 年 6 月批复设立南京江北新区。为推动福建全面融入"一带一路"倡议，在更高起点、更广范围、更宽领域推进海峡两岸交流合作，国务院于 2015 年 8 月批复设立福州新区。为支撑我国向南亚、东南亚辐射发展，推动西部地区新型城镇化和改革创新，国务院于 2015 年 9 月批复设立云南滇中新区。

在这期间，国家对国家级新区的设立和运行加强了制度规范。针对部分新区存在的规划执行不严、土地等资源节约集约利用程度不高、产业竞争力不强、体制机制创新不足等问题，2014 年 6 月，国家发展改革委制定了《国家级新区设立审核办法》及细则，对国家级新区设立的条件、程序等作出了详细规定，如明确设立地区的基础条件和标准要求，选址布局优先在直辖市、计划单列市和省会城市；2015 年 4 月，与国土资源部、环境保护部和住房城乡建设部联合出台了《关于促进国家级新区健康发展的指导意见》及配套政策文件，进一步阐述了促进国家级新区健康发展的方向、重点和支持措施。2019 年 12 月，国务院办公厅发布了《关于支持国家级新区深化改革创新加快推动高质量发展的指导意见》，对国家级新区高质量发展的基本原则和关键路径指明了方向。

二、国家级新区的空间布局

我国国家级新区的增量提升主要在党的十八大以后，随后整体空间结构趋于稳定，在四大板块之间、内陆—沿海之间、重大战略区域之中皆有分布。表 4-1-1 总结了我国国家级新区的设立时间和空间信息。

表 4-1-1 我国国家级新区的设立时间和空间信息[①]

序号	新区名称	获批时间	批复文件	空间主体	覆盖范围	规划面积（平方千米）
1	浦东新区	1992 年 10 月 11 日	国函〔1992〕145 号	上海	原川沙县，上海县的三林乡，黄浦区、南市区、杨浦区的浦东部分	1210.41
2	滨海新区	2006 年 5 月 26 日	国发〔2006〕20 号	天津	塘沽区、汉沽区、大港区三个行政区和天津经济技术开发区、天津港保税区、天津港区以及东丽区、津南区的部分区域	2270
3	两江新区	2010 年 5 月 5 日	国函〔2010〕36 号	重庆	江北区、北碚区、渝北区三个行政区的部分区域	1200
4	舟山群岛新区	2011 年 6 月 30 日	国函〔2011〕77 号	浙江舟山	舟山市行政区域范围，包括舟山 1390 个岛屿	陆地 1440，海域 20800，总面积 22240
5	兰州新区	2012 年 8 月 20 日	国函〔2012〕104 号	甘肃兰州	永登县中川、秦川、上川、树屏和皋兰县西岔、水阜 6 个乡镇	1744
6	南沙新区	2012 年 9 月 6 日	国函〔2012〕128 号	广东广州	万顷沙镇、黄阁镇、横沥镇、东涌镇、大岗镇、榄核镇、南沙街道、珠江街道、龙穴街道 9 个镇（街道）	803

[①] 覆盖范围和规划面积来源于国务院相关批复文件，属于新区初始设立时的情况。

续表

序号	新区名称	获批时间	批复文件	空间主体	覆盖范围	规划面积（平方千米）
7	西咸新区	2014年1月6日	国函〔2014〕2号	陕西西安、咸阳	西安、咸阳两市所辖7县（区）23个乡镇和街道办事处	882
8	贵安新区	2014年1月6日	国函〔2014〕3号	贵州贵阳、安顺	贵阳、安顺两市所辖4县（市、区）20个乡镇	1795
9	西海岸新区	2014年6月3日	国函〔2014〕71号	山东青岛	青岛市黄岛区（现称西海岸新区）全部行政区域	陆地2096，海域5000，总面积7096
10	金普新区	2014年6月23日	国函〔2014〕76号	辽宁大连	大连市金州区全部行政区域和普兰店市部分地区	2299
11	天府新区	2014年10月2日	国函〔2014〕133号	四川成都、眉山	成都、眉山两市所辖7县（市、区）	1578
12	湘江新区	2015年4月8日	国函〔2015〕66号	湖南长沙	长沙市岳麓区、望城区和宁乡县部分区域	490
13	江北新区	2015年6月27日	国函〔2015〕103号	江苏南京	南京市浦口区、六合区和栖霞区八卦洲街道	788
14	福州新区	2015年8月30日	国函〔2015〕137号	福建福州	马尾区、仓山区、长乐市、福清市部分区域	800
15	滇中新区	2015年9月7日	国函〔2015〕141号	云南昆明	安宁市、嵩明县和官渡区部分区域	482
16	哈尔滨新区	2015年12月16日	国函〔2015〕217号	黑龙江哈尔滨	哈尔滨市松北区、呼兰区、平房区的部分区域	493
17	长春新区	2016年2月3日	国函〔2016〕31号	吉林长春	长春市朝阳区、宽城区、二道区、九台区的部分区域	499
18	赣江新区	2016年6月14日	国函〔2016〕96号	江西南昌、九江	南昌市青山湖区、新建区和共青城市、永修县的部分区域	465

资料来源：中共中央、国务院的相关文件，以及各国家级新区官网。

　　浦东新区位于上海市东部，西靠黄浦江，东临长江入海口，地处中国沿海开放带的中心和长江入海口的交会处，倚靠长三角都市群面向太平洋，地处"海上丝绸之路"与长江经济带地理空间的交会点；覆盖面积1210平方千米，现辖12个街道24个镇。

　　滨海新区位于天津东部沿海，地处环渤海经济带和京津冀城市群的交汇点，是亚欧大陆桥最近的东部起点；行政区划面积2270平方千米，海岸线153千米，海域面积3000平方千米；下辖天津经济技术开发区、天津港保税区、天津滨海高新技术产业开发区、天津东疆保税港区、中新天津生态城5个国家级开发区以及21个街镇。

　　两江新区地处渝新欧铁路和长江经济带的交会点，是"一带一路"建设中的关键节点，水资源丰富，土壤、气候、雨量等自然条件优越；位于重庆主城都市区中心城区长江以北、嘉陵江以东，包括江北区、北碚区、渝北区3个行政区部分区域，以及原北部新区、两路寸滩保税港区、两江工业园区等功能经济区，面积1200平方千米。

　　舟山群岛新区是浙江舟山政治、经济、文化、教育、服务中心，地处我国东南沿海、长江口南侧、杭州湾外缘的东海洋面上，背靠上海、杭州、宁波等大中城市和长江三角洲等辽阔腹地，处在中国南北沿海航线与长江水道交会枢纽，是长江流域和长江三角洲对外开放的海上门户和通道；辖区面积87.6平方千米，建成区面积25平方千米，下辖2个街道，共有16个渔农村社区、7个城市社区、33个行政村。

　　兰州新区位于秦王川盆地，是兰州、白银两市的接合部，地处兰州、西宁、银川3个省会城市共生带的中间位置，也是甘肃对外开放的重要窗口和门户，经河西走廊直通新疆，是丝绸之路经济带和"欧亚大陆桥"的重要连接点；总面积1744平方千米，现托管3镇。

　　南沙新区位于广州市最南端、珠江虎门水道西岸，是西江、北江、东江三江汇集之处，东与东莞市隔江相望，西与中山市、佛山市顺德区接壤，北以沙湾水道为界，与广州市番禺区隔水相连，南濒珠江出海口伶仃洋；地处珠江出海口和粤港澳大湾区地理几何中心，是珠江流域通向海洋的通道，连接珠江口岸城市群和港澳地区的重要枢纽性节点，广州市唯一出海通道；规划总面积803平方千米，下辖6镇3街。

西咸新区位于西安、咸阳两市建成区之间，是中国的地理中心，位于亚欧大陆桥东部中心，是中国通往亚欧大陆地区的门户；西起茂陵及涝河入渭口，东至包茂高速，北至西咸环线，南至京昆高速。西咸新区规划控制面积882平方千米，涉及西安、咸阳两市7县（区）23个乡镇和街道办事处，还包括沣东、沣西、秦汉、空港、泾河5个新城及能源金融贸易区。

贵安新区地处"一带"与"一路"连接的陆海新通道重要节点，是"一带一路"建设中的西南枢纽，位于贵阳市和安顺市接合部、黔中经济区核心地带；规划面积1795平方千米，涉及贵阳市花溪区、清镇市和安顺市的平坝区、西秀区，共2市4区（市）21个乡（镇），有综合保税区1个、省级特色工业园区2个。

青岛西海岸新区位于青岛胶州湾西岸，是青岛三大主城区之一，是青岛市经济、社会发展的龙头，处于山东半岛蓝色经济区和环渤海经济圈内，并坐落在京津冀和长三角两大都市圈之间的核心，与日本、韩国隔海相望，具有贯通东西、连接南北、面向太平洋的战略区位优势，是黄河流域主要出海通道和亚欧大陆桥东部重要端点。目前，西海岸新区陆域面积2128平方千米，海域面积5000平方千米，海岸线282千米，辖23个街镇。

金普新区包括金州区全域和普兰店区部分区域，地处辽东半岛南部、大连市区东北部；地处东北亚地理中心位置，对内是东北地区海陆联运中心，通过哈大运输大通道和东北东部铁路连通整个东北地区，对外是东北亚国际航线的要冲，是我国东北地区走向世界的海空门户，也是与东北亚国家经贸往来和开放合作的重要枢纽；总面积2299平方千米，辖25个街道。

天府新区由成都片区和眉山片区共同组成，涉及2市7区（县、市）31个镇和街道办事处，规划面积为1578平方千米，其中成都市范围内的面积有1484平方千米，约占整个四川天府新区规划面积的94%。天府新区以成都高新技术产业开发区、成都经济技术开发区、成都临空经济示范区、彭山经济开发区、仁寿视高经济开发区，以及龙泉湖、三岔湖和龙泉山脉为主体。

湘江新区位于长沙市湘江西岸，包括岳麓区、望城区和宁乡县部分区域，核心区域为岳麓区岳麓街道等 15 个街道，望城区喻家坡街道等 8 个街道以及宁乡县金洲镇，覆盖长沙高新技术产业开发区、宁乡经济技术开发区和望城经济技术开发区 3 个国家级园区。

江北新区位于江苏省南京市长江以北，规划面积 788 平方千米，包括南京市浦口区、六合区和栖霞区八卦洲街道，以及南京高新区、南京海峡两岸科工园等园区和南京港西坝、七坝 2 个港区；地处我国东部沿海经济带与长江经济带"T"字形交会处，东承长三角城市群核心区域，西联皖江城市带、长江中游城市群，长江黄金水道和京沪铁路大动脉在此交会，连南接北、通江达海，是长三角辐射带动长江中上游地区发展的重要节点。

福州新区位于福州市滨海地区，隔台湾海峡与台湾岛相望，是我国东南沿海地区长期以来对外交流的重要窗口，战略地位不可或缺；规划控制总面积 1892 平方千米，初期规划面积 800 平方千米，涉及福州沿海、沿江 6 个县（市）区的 26 个乡镇（街道）；拥有 7 个国家级、3 个省级、2 个市级开发区。

滇中新区位于昆明市主城区东西两侧，是滇中产业新区的核心区域，初期规划范围包括安宁市、嵩明县和官渡区部分区域，约 482 平方千米；位于云南省地理中心，紧邻昆明市中心城区，交通运输网络完备，多条国家高速公路和国道贯穿新区，拥有国家门户枢纽机场昆明长水国际机场，与珠三角、长三角以及南亚东南亚国家人员货物往来便利。

哈尔滨新区包括哈尔滨市松北区、呼兰区、平房区的部分区域，规划面积 493 平方千米；地处京（北京）哈（哈尔滨）通道和绥（绥芬河）满（满洲里）通道"T"字形交会处，多条干线铁路贯通全域，是连接中蒙俄经济走廊和亚欧国际货物运输大通道的重要节点；依托哈尔滨呼兰港，通过江海联运与俄罗斯远东港口相通，可对接国际陆海联运大通道，区位优势明显。

长春新区紧邻长春市主城区，其主体位于长春东北侧，是长吉图开发开放先导区的重要组成部分，包括长春市朝阳区、宽城区、二道区和九台区部分区域，规划面积约 499 平方千米，下辖 1 个国家级高新区（长春高新技术产业开发区）、2 个省级开发区（长春北湖科技开发区、长春空港经济开发区），包含 1 个乡 7 个街道 40 个社区 39 个行政村。

赣江新区位于南昌市北部的赣江之滨，包括南昌经济技术开发区、南昌临空经济区和九江市共青城市、九江市永修县的部分街道及乡镇，规划范围 465 平方千米；向东向南承接长江三角洲、珠江三角洲和海峡西岸经济区，向西向北联动武汉城市群、长株潭城市群和皖江城市带，在全国区域发展格局中具有承东启西、沟通南北的重要战略地位。

三、国家级新区的目标定位

明确国家级新区的目标定位，有助于提纲挈领指导新区规划建设，发挥比较优势践行新区使命。在批复规划时，国家瞄准全国战略安排，立足地区区位禀赋，在综合配套或专项主题领域确定了各个国家级新区的定位（表4-1-2）。

表 4-1-2　国家级新区的战略定位 [①]

序号	新区名称	战略定位
1	浦东新区	上海建设"五个中心"和国际文化大都市的核心承载区；更高水平改革开放的开路先锋；自主创新发展的时代标杆；全球资源配置的功能高地；扩大国内需求的典范引领；现代城市治理的示范样板
2	滨海新区	我国北方对外开放的门户；高水平的现代制造业和研发转化基地；北方国际航运中心和国际物流中心；经济繁荣、社会和谐、环境优美的宜居生态型新城区；综合实力强劲、人民和谐幸福、具有独特魅力、国际化程度领先的社会主义现代化建设先行区

[①] 主要根据中共中央和国务院的批复文件或新区规划提炼总结。此外，还参考了卢纳熙、苏琳琪、南娜娜：《国家级新区研究报告（2021）》，社会科学文献出版社 2021 年版，第 5—18 页；国家发展和改革委员会：《国家级新区发展报告（2020）》，中国计划出版社 2020 年版，第 772—776 页。

续表

序号	新区名称	战略定位
3	两江新区	统筹城乡综合配套改革试验的先行区；内陆重要的先进制造业和现代服务业基地；长江上游地区的经济中心、金融中心和创新中心等；内陆地区对外开放的重要门户；科学发展的示范窗口
4	舟山群岛新区	浙江海洋经济发展的先导区；海洋综合开发试验区；长江三角洲地区经济发展的重要增长极
5	兰州新区	西北地区重要的经济增长极；国家重要的产业基地；向西开放的重要战略平台和承接产业转移示范区
6	南沙新区	粤港澳优质生活圈和新型城市化典范；以生产性服务业为主导的现代产业新高地；具有世界先进水平的综合服务枢纽；社会管理服务创新试验区；粤港澳全面合作示范区
7	西咸新区	深入实施西部大开发战略的重要举措；探索和实践以人为核心的中国特色新型城镇化道路，推进西安、咸阳一体化进程的重要实践；现代化大西安新中心；西部大开发的新引擎；丝绸之路经济带重要支点；国家创新城市发展方式试验区
8	贵安新区	深入实施西部大开发战略、探索欠发达地区后发赶超路子的重要举措；经济繁荣、社会文明、环境优美的西部地区重要的经济增长极；内陆开放型经济新高地和生态文明示范区
9	西海岸新区	全面实施海洋战略、发展海洋经济的重要举措；海洋科技自主创新领航区；深远海开发战略保障基地；军民融合创新示范区；海洋经济国际合作先导区；陆海统筹发展试验区，为探索全国海洋经济科学发展新路径发挥示范作用
10	金普新区	我国面向东北亚区域开放合作的战略高地；引领东北地区全面振兴的重要增长极；老工业基地转变发展方式的先导区；体制机制创新与自主创新的示范区；新型城镇化和城乡统筹的先行区；东北亚国际航运中心、国际物流中心和区域性金融中心
11	天府新区	以现代制造业为主的国际化现代新区；西部内陆开放经济高地；宜业宜商宜居城市；具有国际竞争力的现代高端产业集聚区；统筹城乡一体化发展示范区
12	湘江新区	高端制造研发转化基地和创新创意产业集聚区；产城融合城乡一体的新型城镇化示范区；全国"两型"社会建设引领区；长江经济带内陆开放高地
13	江北新区	自主创新先导区；新型城镇化示范区；长三角地区现代产业集聚区；长江经济带对外开放合作重要平台

序号	新区名称	战略定位
14	福州新区	两岸交流合作重要承载区；扩大对外开放重要门户；东南沿海重要现代产业基地；改革创新示范区；生态文明先行区
15	滇中新区	实施长江经济带等国家重大战略和区域发展总体战略以及"一带一路"倡议的重要举措；我国面向南亚东南亚辐射中心的重要支点；云南桥头堡建设重要经济增长极；西部地区新型城镇化综合试验区和改革创新先行区
16	哈尔滨新区	推进"一带一路"建设，加快新一轮东北地区等老工业基地振兴的重要举措；中俄全面合作重要承载区；东北地区新的经济增长极；老工业基地转型发展示范区和特色国际文化旅游聚集区
17	长春新区	创新经济发展示范区；新一轮东北振兴的重要引擎；图们江区域合作开发的重要平台；体制机制改革先行区
18	赣江新区	中部地区崛起和推动长江经济带发展的重要支点；长江中游新型城镇化示范区；中部地区先进制造业基地；内陆地区重要开放高地；美丽中国"江西样板"先行区

资料来源：根据中共中央和国务院批复、规划等相关资料整理提炼。

2005 年 6 月，国务院批准浦东新区在全国率先进行综合配套改革试点，要求浦东围绕建设成为上海国际金融中心和国际航运中心核心功能区的战略定位，在强化国际金融中心、国际航运中心的环境优势、创新优势和枢纽功能、服务功能方面积极探索、大胆实践，努力建设成为科学发展的先行区、"四个中心"（国际经济中心、国际金融中心、国际贸易中心、国际航运中心）的核心区、综合改革的试验区、开放和谐的生态区。2021 年 4 月，中共中央、国务院发布《关于支持浦东新区高水平改革开放打造社会主义现代化建设引领区的意见》，赋予浦东打造社会主义现代化建设引领区的重大历史使命，明确了浦东未来发展"五个方面"的战略定位——更高水平改革开放的开路先锋、自主创新发展的时代标杆、全球资源配置的功能高地、扩大国内需求的典范引领、现代城市治理的示范样板。

根据《天津市城市总体规划（2005—2020 年）》，天津滨海新区依托京津冀、服务环渤海、辐射"三北"、面向东北亚，要努力建设成为我国北方对外开放的门户、高水平的现代制造业和研发转化基地、北方国际航运中心和国际物流中心，逐步成为经济繁荣、社会和谐、环境优美的宜居生态型新城区。按照天津滨海新区"十四五"规划，到 2035 年，滨海新区基本建成综合实力强劲、人民和谐幸福、具有独特魅力、国际化程度领先的社会主义现代化建设先行区，"一基地三区"核心区、高质量发展示范区、"双城"发展布局全面形成。

两江新区是内陆设立的第一个国家级新区，发挥着依托重庆及周边省份，服务西南、辐射中西部的作用。作为国家综合配套改革试验区，两江新区肩负着五大功能：统筹城乡综合配套改革试验的先行区，内陆重要的先进制造业和现代服务业基地，长江上游地区的经济中心、金融中心和创新中心等，内陆地区对外开放的重要门户，科学发展的示范窗口。

2011 年 3 月，舟山群岛新区正式写入国家"十二五"规划之中，规划瞄准的是新加坡、中国香港地区的世界一流港口城市，要拉动整个长江流域经济。作为全国首个以海洋经济为主题的国家级新区，舟山群岛新区的定位是浙江海洋经济发展的先导区、海洋综合开发试验区。兰州新区是我国西北地区第一个国家级新区，国务院将兰州新区定位于西北地区重要的经济增长极、国家重要的产业基地、向西开放的重要战略平台和承接产业转移示范区，以兰州新区为抓手带动甘肃及周边地区发展，深入推进西部大开发，促进我国向西开放。

根据国务院批复，南沙新区要立足广州、依托珠三角、连接港澳、服务内地、面向世界，建设成为粤港澳优质生活圈和新型城市化典范、以生产性服务业为主导的现代产业新高地、具有世界先进水平的综合服务枢纽、社会管理服务创新试验区，打造粤港澳全面合作示范区。

2014 年 1 月，国务院同意设立陕西西咸新区，提出要把建设西咸新区作为深入实施西部大开发战略的重要举措，探索和实践以人为核心的中国特色新型城镇化发展道路，推进西安、咸阳一体化进程，为把西安建设成为富有历史文化底蕴特色的现代化城市、拓展我国向西开放的深度和广度发挥积极作用。根据《西咸新区城市总体规划（2016—2030）》，西咸新区具有"现代化大西安新中心、西部大开发的新引擎、丝绸之路经济带重要支点、国家创新城市发展方式试验区"的发展定位。

2014 年 1 月，国务院同意设立贵州贵安新区，提出要把建设贵安新区作为深入实施西部大开发战略、探索欠发达地区后发赶超路子的重要举措，加快推进体制机制创新，发展内陆开放型经济，努力推动贵州经济社会又好又快发展。国家对贵安新区的发展定位是西部地区重要的经济增长极、内陆开放型经济新高地和生态文明示范区。

2014 年 6 月，国务院同意设立青岛西海岸新区，提出要努力将西海岸新区打造成海洋科技自主创新领航区、深远海开发战略保障基地、军民融合创新示范区、海洋经济国际合作先导区、陆海统筹发展试验区，为探索全国海洋经济科学发展新路径发挥示范作用。

2014 年 6 月，国务院同意设立大连金普新区，建设金普新区有利于引领辽宁沿海经济带加速发展，带动东北地区振兴发展，进一步深化与东北亚各国各领域的合作。金普新区的定位是面向东北亚区域开放合作的战略高地、引领东北地区全面振兴的重要增长极、老工业基地转变发展方式的先导区、体制机制创新与自主创新的示范区、新型城镇化和城乡统筹的先行区、东北亚国际航运中心和物流中心。

2014 年 10 月，国务院同意设立成都天府新区，以建设天府新区作为深入实施西部大开发战略、积极稳妥扎实推进新型城镇化、深入实施创新驱动发展战略的重要举措，为发展内陆开放型经济、促进西部地区转型升级、完善国家区域发展格局等发挥示范和带动作用。要努力把天府新区建设成为以现代制造业为主的国际化现代新区，打造成为内陆开放经济高地、宜业宜商宜居城市、现代高端产业集聚区、统筹城乡一体化发展示范区。

2015 年 4 月，国务院同意设立湖南湘江新区，这有利于带动湖南省乃至长江中游地区经济社会发展，为促进中部地区崛起和长江经济带建设发挥更大作用。要努力把湖南湘江新区建设成为高端制造研发转化基地和创新创意产业集聚区、产城融合城乡一体的新型城镇化示范区、全国"两型"社会建设引领区、长江经济带内陆开放高地。

2015 年 6 月，国务院同意设立江苏江北新区，提出要把建设南京江北新区作为实施区域发展总体战略、贯彻落实国务院《关于依托黄金水道推动长江经济带发展的指导意见》的重要举措，充分发挥南京江北新区在创新驱动发展和新型城镇化建设等方面的示范带动作用，推动苏南现代化建设和长江经济带更好更快发展。对江北新区的定位是自主创新先导区、新型城镇化示范区、长三角地区现代产业集聚区、长江经济带对外开放合作重要平台。

2015 年 8 月，国务院同意设立福建福州新区。国务院赋予福建福州新区建设"三区一门户一基地"的发展定位，即两岸交流合作重要承载区、改革创新示范区、生态文明先行区、扩大对外开放重要门户和东南沿海重要现代产业基地。

2015 年 9 月，国务院同意设立云南滇中新区，提出要把建设滇中新区作为实施长江经济带等国家重大战略和区域发展总体战略以及"一带一路"倡议的重要举措，打造我国面向南亚东南亚辐射中心的重要支点、云南桥头堡建设重要经济增长极、西部地区新型城镇化综合试验区和改革创新先行区。

2015 年 12 月，国务院同意设立黑龙江哈尔滨新区。黑龙江哈尔滨新区是国家推进"一带一路"建设的重大举措和战略支点，也是中国唯一的以对俄合作为主题的国家级新区。要努力把哈尔滨新区建设成为中俄全面合作重要承载区、东北地区新的经济增长极、老工业基地转型发展示范区和特色国际文化旅游聚集区。

2016 年 2 月，国务院同意设立吉林长春新区，指出要把建设好长春新区作为推进"一带一路"建设、加快新一轮东北地区等老工业基地振兴的重要举措，为促进吉林省经济发展和东北地区全面振兴发挥重要支撑作用。把长春新区建设成为创新经济发展示范区、新一轮东北振兴的重要引擎、图们江区域合作开发的重要平台、体制机制改革先行区。

2016 年 6 月，国务院同意设立江西赣江新区，把赣江新区定位为"中部地区崛起和推动长江经济带发展的重要支点"。7月，《江西赣江新区总体方案》获国务院同意，将赣江新区定位具体阐述为长江中游新型城镇化示范区、中部地区先进制造业基地、内陆地区重要开放高地、美丽中国"江西样板"先行区。

据此，国家级新区实现了与国家区域发展重大战略布局相衔接（表4-1-3），作为贯彻落实国家重大战略的空间载体，在深入参与"一带一路"建设、加快推动京津冀协同发展、全面推动长江经济带发展、积极稳妥推进粤港澳大湾区建设、提升长三角一体化发展水平、扎实推进黄河流域生态保护和高质量发展、构建成渝地区双城经济圈发展新格局等方面起到了引领先锋作用；在优化区域经济布局，促进区域协调发展，推进西部大开发形成新格局、推动东北振兴取得新突破、开创中部地区崛起新局面、鼓励东部地区加快推进现代化等方面发挥了牵引示范效应。

表4-1-3　国家级新区与我国区域发展重大战略的空间衔接

重大战略	涉及的国家级新区
"一带一路"倡议	浦东新区、滨海新区、两江新区、舟山群岛新区、兰州新区、南沙新区、西咸新区、贵安新区、西海岸新区、天府新区、湘江新区、江北新区、金普新区、福州新区、滇中新区、哈尔滨新区、长春新区、赣江新区
京津冀协同发展	滨海新区
长江经济带发展	浦东新区、两江新区、舟山群岛新区、天府新区、湘江新区、江北新区、滇中新区、赣江新区
粤港澳大湾区建设	南沙新区
长三角一体化	浦东新区、舟山群岛新区、江北新区
黄河流域生态保护和高质量发展	兰州新区、西咸新区、西海岸新区
成渝地区双城经济圈建设	两江新区、天府新区
西部大开发	两江新区、兰州新区、西咸新区、贵安新区、天府新区、滇中新区

续表

重大战略	涉及的国家级新区
东北振兴	金普新区、哈尔滨新区、长春新区
中部崛起	湘江新区、赣江新区
东部率先发展	浦东新区、滨海新区、舟山群岛新区、南沙新区、西海岸新区、江北新区、福州新区

资料来源：根据各规划空间范围自行归纳。

第二节　国家级新区的发展状况 ①

经过 30 年的建设，国家级新区在经济发展、产业形态、城市环境、人民生活等方面取得了卓越的成就。"十三五"（2016—2020 年）时期，各新区坚持以习近平新时代中国特色社会主义思想为指导，扎实推进"五位一体"总体布局和"四个全面"战略布局，按照中共中央和国务院的决策部署，坚持稳中求进工作总基调，坚持新发展理念，坚持推进高质量发展，坚持以供给侧结构性改革为主线，坚持深化市场化改革、扩大高水平开放，积极承接产业转移，提升关键领域科技创新能力，加快推动实体经济高质量发展，示范、引领、带动作用进一步显现。

一、主要经济指标表现稳步提升

面对 2020 年突如其来的新冠肺炎疫情冲击，各个国家级新区认真落实中共中央和国务院关于统筹推进新冠肺炎疫情防控和经济社会发展工作的要求，担当作为，一手抓疫情防控，一手抓经济社会发展，圆满完成阶段性疫情防控任务，有序推进复工复产，做到疫情防控和经济社会发展工作两不

① 本部分的数据覆盖周期为"十三五"（2016—2020 年）时期，数据来源于各国家级新区的统计公报、统计年鉴和"十四五"规划文件，部分数据由作者计算得来。

误。"十三五"时期，国家级新区经济增长继续保持较快发展速度，质量和效益稳步提升，各项经济指标保持了良好的改善态势。图 4-2-1 总结了国家级新区的经济发展状况。从经济总量上看，2020 年，18 个国家级新区的地区生产总值突破了 4.7 万亿元，约占全国经济总量的 4.7%；其中，浦东新区、滨海新区在经济总量上继续领跑，浦东新区生产总值首次闯入 1.3 万亿元大关。从经济增速上看，"十三五"时期，绝大多数国家级新区的生产总值年均增速都超过了所在省（市）或全国平均水平，一共有 8 个新区年均增速超过 10%，特别是以两江新区、兰州新区、贵安新区、天府新区、湘江新区、滇中新区等为代表的中、西部国家级新区增长十分亮眼，而处在东部发达地区的浦东新区、南沙新区、江北新区的发展动力也依旧强劲。

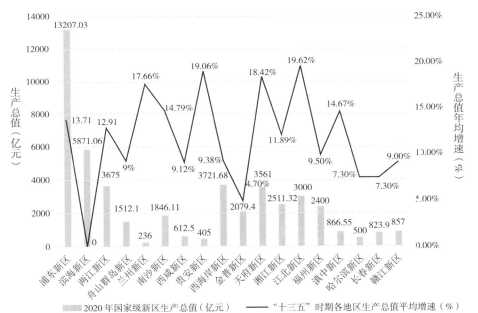

图 4-2-1　国家级新区 2020 年地区生产总值及"十三五"时期生产总值年均增速①
资料来源：根据各国家级新区的统计年鉴和"十四五"规划文件数据计算。

---

① 2018 年，天津滨海新区调整统计口径，自 2016 年后的数据往前不再具备可比性，故天津滨海新区的年均增速记为缺失；国家级新区生产总值数据中，贵安新区为 2019 年数据；计算"十三五"时期生产总值年均增速时，贵安新区、滇中新区和赣江新区的基年数据为 2016 年生产总值。

对区域经济发展的支撑引领作用持续增强。2020 年，有 9 个国家级新区对主体城市地区生产总值贡献率超过 20%，其中浦东新区、滨海新区超过了 1/3；有 7 个国家级新区对所在省（市）地区生产总值贡献率超过 6%（表 4-2-1）。相比 2019 年，绝大多数国家级新区生产总值占主体城市和所在省（市）地区生产总值的比重都有所上升，浦东新区、滨海新区、两江新区和金普新区对本地经济的拉动尤其重要。

表 4-2-1　国家级新区 2020 年地区生产总值对主体城市和所在省（市）的贡献率

国家级新区	主体城市	对主体城市地区生产总值的贡献率	所在省（市）	对所在省（市）地区生产总值的贡献率
浦东新区	上海	34.13%	上海	34.13%
滨海新区	天津	41.69%	天津	41.69%
两江新区	重庆	14.70%	重庆	14.70%
舟山群岛新区	舟山	100.00%	浙江	2.34%
兰州新区	兰州	8.17%	甘肃	2.62%
南沙新区	广州	7.38%	广东	1.67%
西咸新区	西安	6.11%	陕西	2.34%
贵安新区	贵阳	9.39%	贵州	2.27%
西海岸新区	青岛	30.01%	山东	5.09%
金普新区	大连	29.58%	辽宁	8.28%
天府新区	成都	20.10%	四川	7.33%
湘江新区	长沙	20.68%	湖南	6.01%
江北新区	南京	20.25%	江苏	2.92%
福州新区	福州	23.95%	福建	5.47%
滇中新区	昆明	12.87%	云南	3.53%
哈尔滨新区	哈尔滨	9.65%	黑龙江	3.65%
长春新区	长春	12.41%	吉林	6.69%
赣江新区	南昌	14.91%	江西	3.34%

资料来源：根据各国家级新区和各地区的统计年鉴、"十四五"规划文件数据计算。

产业结构向高级化、现代化方向不断优化，第三产业占比过半。2019 年，国家级新区三次产业比重为 2.0∶40.7∶57.6，其中第三产业增加值比重较全国平均水平高出 3.7 个百分点。各国家级新区三次产业比重如表 4-2-2 所示，其中浦东新区、两江新区、西海岸新区、天府新区、贵安新区、舟山群岛新区、南沙新区、湘江新区和哈尔滨新区 9 个新区第三产业增加值比重超过 50%，特别是浦东新区和两江新区第三产业增加值高出第二产业一倍以上。长春新区、赣江新区、西咸新区、福州新区、金普新区、江北新区和滨海新区 7 个新区第二产业增加值比重超过 50%，其中长春新区、赣江新区、西咸新区、福州新区、金普新区的第二产业增加值占比超六成，是典型的工业型新区。

表 4-2-2　国家级新区 2019 年三次产业比重 ①

国家级新区	一产比重（%）	二产比重（%）	三产比重（%）
浦东新区	0.2	22.5	77.3
滨海新区	0.2	51.8	48.1
两江新区	0.5	31.1	68.4
舟山群岛新区	10.7	34.7	54.7
兰州新区	0.8	49.3	49.9
南沙新区	3.3	42.1	54.6
西咸新区	3.6	61.8	34.6
贵安新区	9	35.6	55.4
西海岸新区	2.2	38.1	59.7
金普新区	3.3	60.0	36.7
天府新区	2.4	41.5	56.1
湘江新区	2.3	45.6	52.1

① 因四舍五入，表中个别新区三次产业比重之和会不等于 100%。

续表

国家级新区	一产比重（%）	二产比重（%）	三产比重（%）
江北新区	0.4	56.4	43.2
福州新区	5.2	61.4	33.4
滇中新区	5.2	48.7	46.2
哈尔滨新区	0.4	48.1	51.6
长春新区	0.1	72.3	27.6
赣江新区	2.8	64	33.2

资料来源：《国家级新区发展报告（2020）》，第 50—51 页。

财政实力不断增强，聚力增效作用明显提升。2019 年，18 个国家级新区实现地方一般公共预算收入 4206 亿元，突破 4000 亿元，占全国一般公共预算收入的比重达 2.2%，同比增长 6.2%，高出全国平均水平 2.4 个百分点。财政依存度 8.6%，处于合理区间范围，财政实力较为充足（表 4-2-3）。其中，浦东新区（1071.5 亿元）、滨海新区（502.7 亿元）在总量方面占据前两位，与地区生产总值排位次序保持一致。西咸新区和兰州新区财政收入增速较高，同比增长分别为 38.3% 和 16.0%，居增速前两位。湘江新区和江北新区实现量速齐升，总量分别居第 3 位和第 5 位，增速分别居第 4 位和第 3 位。

表 4-2-3　国家级新区 2017—2019 年一般公共预算收入情况

年份	总量（亿元）	占全国比重（%）	增速（%）	财政依存度（%）
2017	3098	1.8	4.3	7.9
2018	3671	2.0	7.6	8.6
2019	4206	2.2	6.2	8.6

资料来源：《国家级新区发展报告（2020）》，第 52—53 页。

二、产业竞争优势不断加强

工业规模效应和集聚效应进一步加强。浦东新区工业总产值连续4年站稳万亿平台，滨海新区的工业总产值超过万亿元，两江新区、南沙新区和西海岸新区的规上工业总产值也分别超过了4500亿元、3400亿元和3200亿元。一些国家级新区的工业增速势头强劲，兰州新区2020年工业增加值相比2015年翻了一番，舟山群岛新区2019年工业增加值增速达到43.2%。

特色主导产业地位实力愈发提升。浦东新区基本形成以现代服务业为主体、战略性新兴产业为引领、先进制造业为支撑的现代产业体系，战略性新兴产业制造业产值占规模以上工业总产值的48.4%。滨海新区形成新一代信息技术、汽车和机械装备制造、石油化工、新能源新材料等4个千亿级产业集群，工业战略性新兴产业增加值占规模以上工业增加值达到26.4%，高技术制造业增加值占规模以上工业增加值达到17.3%，高技术服务业及以互联网和相关服务业为代表的现代新兴服务业增加值占全区服务业增加值比重达到42.5%。金普新区形成了千亿级石油化工产业集群，汽车整车及零部件、电子信息、装备制造3个500亿级产业集群，以及300亿级生物医药产业集群。

具有前瞻性和系统性、多元发展、多极支撑的现代化产业体系正逐步形成。不少国家级新区着力完善与先进制造业发展相适应的现代服务业体系，金融、科技信息、现代物流、航运服务等功能不断提升。因发展阶段不同，部分新区传统工业中重化工业占比仍然较高，战略性新兴产业还未成规模，产业结构调整正经历转型阵痛期。总之，在推动产业结构调整过程中，各国家级新区都立足实际，各有侧重地加大对产业新兴领域、高端环节和创新业态的关注和发展力度，有针对性地提前布局高成长性新兴产业。

三、对外开放水平持续提高

加速吸收、利用优质外资。浦东新区累计吸引实到外资超过1000亿美元，集聚170个国家和地区的3.63万家外资企业、359家跨国公司地区总部，全球 500 强企业中 346 家在浦东投资兴业。两江新区累计完成进出口总额 9186 亿元、实际利用外资 160 亿美元，均占全市 1/3 左右，落户世界 500强企业数量占全市比重超 1/2。赣江新区构建以南昌综合保税区、南昌昌北国际机场、龙头岗综合码头、昌北铁路物流基地为一体的国际多式联运体系，2020 年出口总额达到 164.8 亿元，实际利用外资年均增长 14.4%。

积极融入"一带一路"建设。西咸新区机场客运航线达到 350 条、货运航线达到 33 条，2020 年货邮吞吐量达到 37.63 万吨、总量跻身全国机场十强，向西开放枢纽功能加速提升，共建"一带一路"大格局不断走深走实。福州新区拓展与"海丝"沿线国家和地区双向投资贸易，在印尼、毛里塔尼亚等国投资兴建 5 个境外远洋渔业综合基地，全市境外投资备案项目 104 个，涉及"一带一路"沿线 22 个国家（地区）、89 家企业，协议投资总额达 37.13亿美元。贵安新区加快推进都拉营国际陆海通物流港建设，努力打造外贸进出口货物集散中心，该项目一期已于 2020 年底投入使用。

四、人民生活环境显著改善

天府新区提出了"公园城市"的理念，2.3 平方千米的天府公园、8 平方千米的兴隆湖和鹿溪河生态区、11 千米长的锦江滨江生态带等都市生态绿地和水域工程均已建成；社区中小学步行 15 分钟覆盖率（78.9%）、社区卫生医疗设施步行 15 分钟覆盖率（53.7%）、社区体育设施步行 15 分钟覆盖率（84.7%）、万人拥有的幼儿园班数（8.5 班 / 万人）、千名老年人拥有养老床位数（19.7 张 / 千人）等水平均接近成都五城区水平。舟山群岛新区坚持建设中国海上花园城市样板区，成功入选全国文明城市、国家森林城市、国家园林城市、全国绿化模范城市，城市生活品质和产城融合水平均有较大提升，基本公共服务均等化实现度全面达标，教育、就业、医疗、养老等公共服务事业在城乡间同步蓬勃推进。西海岸新区主城区建设品质不断提升，老城区有机更新和村庄改造有序推进，"影视之都、音乐之岛、啤酒之城、会展之滨"4张名片熠熠生辉；持续改善生态环境质量，深入开展城乡环境综合整治，获评国家生态区、国家级生态保护与建设示范区。

第三节　国家级新区的未来展望

我国已进入高质量发展阶段，发展具有多方面优势和挑战，同时发展不平衡不充分问题仍然突出。国家级新区要深刻认识我国社会主要矛盾变化带来的新特征新要求，增强机遇意识和风险意识，把握发展规律，发扬斗争精神，善于在危机中育先机、于变局中开新局，抓住机遇，应对挑战，趋利避害，奋勇前进。

一、百年未有之变局中的"危""机"并存

综合分析国内外形势，我国发展面临的机遇和挑战并存。国家级新区作为国家重大改革发展任务的承载者、区域发展排头兵和先行军，必须科学判断形势，才能在新时代把握新机遇、创造新优势、承载新使命。

从国际看，当今世界正处于百年未有之大变局，全球格局深度调整，大国竞争复杂激烈，但和平、发展、合作、共赢的时代潮流没有变。逆全球化浪潮推动国际产业体系重构，外向型经济面临更多风险。欧美发达国家认识到制造业对一国经济长期发展的重要性，纷纷提出了"重振制造业"的发展计划，例如美国的"再工业化""制造业复兴""先进制造业伙伴计划"，德国的"工业4.0"，日本的"再兴战略"等。外部环境不确定性增加，世界经贸关系受到影响，我国对外贸易面临严峻挑战。

从国内看，我国经济正处在转变发展方式、优化经济结构、转换增长动力的攻关期，经济发展前景向好，但也面临着结构性、体制性、周期性问题相互交织所带来的困难和挑战，经济运行面临较大压力。但也要看到，我国经济潜力足、韧性强、回旋空间大、政策工具多的基本特点没有变。我国经济稳中向好、长期向好的基本趋势没有变，我国经济持续增长的良好支撑基

础和条件没有变，我国仍处于发展的重要战略机遇期。

党的十九大报告指出我国已经进入高质量发展阶段，这对国家级新区加快动能转换提出了新要求。推动高质量发展是我国当前和今后一个时期确定发展思路、制定经济政策、实施宏观调控的根本要求，国家正在加快形成推动高质量发展的指标体系、政策体系、标准体系、统计体系以及绩效评估和政绩考核体系，创建和完善制度环境。相对应，也对国家级新区的高质量发展提出了更高的要求——在优势领域上更体现特色，始终在质量和效益上走在全国前列；在时间上先行一步，主动探索新机制、出台新政策、尝试新方法，形成一批具有影响力和带动力的高质量发展新样本；在路径上更加优化，在总结吸收我国改革开放40多年来的经验成果基础上，探索形成比其他地区更先进、更高效的推进路径。

二、国家级新区的新挑战新问题

三十年栉风沐雨，国家级新区为社会主义现代化建设做出了卓越贡献。同时，面对当下国际国内新形势的风云变幻，也更应清醒地认识到时代为国家级新区未来发展提出了新的挑战，部分新区仍存在深刻的矛盾需要化解，一些新区的转型之路尚走得较为艰辛，这些问题都需要在今后下大力气去解决。

（一）挖掘本土优势和集约高效规划的能力需要进一步加强

部分新区远离老城区，城市功能不完善，公共服务设施供给不足，人口数量增长缓慢，工作在新区、住在老城区的情况还普遍存在。个别新区在一定程度上存在土地集约利用水平低、内部功能片区划分细、企业项目落地分散等问题，这种大规模、粗放式的开发建设模式给新区发展带来了融资风险和环境压力。部分新区由于受区位条件、发展基础、建设时间等约束，在所在地区经济发展全局中的分量尚显不足，在引领和支撑区域发展方面的作用还不够突出，以点带面的发展格局有待强化，区域确立的定位目标还不够清晰实际，开辟的实施路径还不够方便落实。

（二）实体产业新旧动能转换的速度有待加快

一些新区经济总量小、结构不合理、产业基础弱、招商引资质量不高的状况没有得到根本性改变。个别新区尚存在产业结构不均衡、制造业基础不牢固、创新研发和转换能力不足、产业附加值和智慧化水平不高等问题，对传统产业的依赖性依旧很强。一些新区存在招商项目落地难度大、转化周期长等问题，还需进一步提升招商工作的力度和精度。有的新区服务意识不足、营商环境缺乏优势，导致社会资本投资意愿不强，项目接续不上，对投资增长形成压力。

（三）重大体制机制的改革进程亟待加速

部分新区在改革探索和制度创新等方面与国家的要求还存在一定差距，改革重点不突出，问题导向不明确，主体责任不清晰，不善于啃"硬骨头"，能在全国层面推广的含金量高的改革成果不足。部分新区因规划范围与行政区域不一致，统计范围不清晰、统计指标体系不完整、统计数据缺乏科学性，影响了国家级新区发展质量评估的准确性和可比性。一些新区存在行政效率不高、企业服务不到位、审批周期过长等问题，行政效能尚待提升。有的新区还缺少在全国叫得响、立得住的体制机制改革创新典型经验和案例，与中共中央、国务院的要求和预期还有一定差距。

三、国家级新区的新使命新担当

在中国共产党坚强领导下，全国各族人民万众一心、齐心协力，胜利实现了第一个百年奋斗目标，朝着全面建成社会主义现代化强国的第二个百年奋斗目标迈进。"十四五"时期正是国家级新区面对的重要窗口期，站在第二个百年奋斗目标的开局，各新区要充分把握党和国家赋予的新的时代使命，坚持新发展理念，坚持用全面、辩证、长远的眼光分析当前经济形势，坚持结构调整的战略方向，更多依靠科技创新转换发展动力，完善经济调控跨周期设计和调节，实现稳增长和防风险长期均衡。

（一）实现改革创新向纵深发展的领路先锋

改革开放是坚持和发展中国特色社会主义、实现中华民族伟大复兴的必由之路。国家级新区要以将改革进行到底的决心和干劲，坚定改革自信，保持改革定力，提高改革本领，汇聚改革合力，依靠改革应对变局、开拓新局，不断在改革中破局开路、克难前行，探索出一系列可复制、可推广的成功模式，为所在省市乃至全国提供改革的经验和样本。

创新是引领发展的第一动力，抓创新就是抓发展，谋创新就是谋未来。在符合中央全面深化改革部署要求的前提下，各新区要大胆先行先试，积极争取更大自主发展权、改革权和创新权，积极营造有利于创新的政策环境和制度环境，加快形成以创新为主要引领和支撑的经济体系和发展模式，增强科技进步对新区经济增长的贡献度，发挥新区创新溢出效应，带动区域经济高质量发展。

（二）加速全方位对外开放的重要窗口

对外开放是我国的基本国策，任何时候都不能动摇。中国发展离不开世界，世界发展也需要中国。当前，经济全球化遇到一些回头浪，但世界决不会退回到相互封闭、彼此分割的状态，开放合作仍然是历史潮流，互利共赢依然是人心所向。

近年来，以习近平同志为核心的党中央总揽战略全局，推进对外开放理论和实践创新，呼唤构建人类命运共同体，实施共建"一带一路"倡议，确立开放发展新理念，加快形成国内国际新发展格局。国家级新区是我国对外开放的重要前沿阵地，不少新区位于"一带一路"重要节点城市，14个新区拥有自贸试验区（片区），绝大多数新区范围内涵盖国家级经济技术开发区、综合保税区等开放平台，各新区要坚持开放引领，充分挖掘区位优势，扩大对外交流合作领域，深度融入"一带一路"建设，以大平台、大通道、大合作构筑对外开放新格局；要充分复制推广自贸试验区好经验、好做法，拓展利用外资方式，优化外商投资导向，提高对外贸易质量，推动新区开放型经济高质量发展。

（三）探索城乡高质量发展的空间载体

我国经济已经从高速增长阶段转向高质量发展阶段，国家级新区作为承担国家重大发展和改革开放战略任务的综合功能平台，要率先实现经济发展从量的扩张转向质的提高，在质的大幅提升中实现量的有效增长，既保持较快的发展速度，同时在发展理念、发展模式、发展方向上发挥引领作用、导向作用，为推动形成优势互补高质量发展的区域经济布局做出应有贡献。

目前，大部分国家级新区已经在经济总量和人均收入水平上有了大幅提升，在工业化、城镇化进程中也取得了突破性进展，完全有能力、有条件在高质量发展上先行一步。各新区要积极探索新一轮科技产业革命带来的新技术、新产业、新业态、新模式，提升供给体系的水平与效益，发展新经济、培育新动能、加快构建现代化经济体系，着力在深化供给侧结构性改革、推动科技创新、防范化解重大风险、污染防治、保障和改善民生等方面率先取得新进展，真正实现结构优化和动力转换，努力将新区建设成为新经济产业的集聚区。2021 年以来，各新区基本都完成了本区"十四五"规划的编制，未来要紧紧围绕规划内容，在改革创新、产业发展、生态治理、科技创新等重点领域和关键环节实现新的突破。

（四）促进区域协调发展的重要引擎

《"十四五"规划纲要》把"优化区域经济布局，促进区域协调发展"作为我国今后应重点开展的十八项工作之一。党的二十大报告中将区域协调发展战略、区域重大战略、主体功能区战略和新型城镇化战略作为促进区域协调发展的战略导向，各项区域发展战略融通补充，共同织成了一张兜起我国各个区域协同互促的大网。对此，需要有条件的地区和平台在重点领域、关键环节先行先试，形成引领示范；需要重点地区率先突破，形成支撑。

18 个国家级新区不仅分布在南方沿海发达地区，还布局在中部、西部和东北的中心城市或省会城市，这些新区往往具有较好的辐射带动效应。各新区要更加积极主动地融入服务区域性重大战略，不断提高对所在地区经济发展的贡献度，与周边地区形成产业、资源等良性互动，成为完善区域经济发

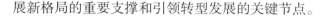

展新格局的重要支撑和引领转型发展的关键节点。

（五）打造优质人居生活的崭新样本

推进以人为核心的新型城镇化，是中共中央、国务院的重大决策部署，彰显了"以人民为中心"的价值理念。新区要创新城市治理理念，坚持人民城市人民建、人民城市为人民，提高城市规划、建设、治理水平，形成规划建设"一张图、一套表、一个系统"。加强城市基础设施建设，在增强城市抗风险韧性上苦下功夫，打造宜居、韧性、智慧城市。

实现人与自然和谐共处是营造优质生活环境的内在要求，要把建设生态文明当成中华民族永续发展的千年大计推进。各国家级新区要深入贯彻全国生态环境保护大会精神，根据自身资源禀赋和生态基础，坚持"绿水青山就是金山银山"，坚持生态惠民、生态利民、生态为民，践行绿色可持续发展，加快构建生态文明体系。

第五章
国家级开发区

开发区在各国的实践深远广泛，其具体名称较为多元，相关定义在学界和业界一直没有达成共识。综合国内外开发区的设立目的和建设过程来看，开发区是一个国家（地区）为了经济发展划定出的一片特定区域。在此，国家（地区）通过实施不同于本国（地区）其他地方的优惠政策（通常包括税收、财政、企业准入等方面），吸引内外部资金、人员、技术等生产要素流入，借由政府干预和市场力量打造经济增长极，从而快速带动周边区域甚至全国（地区）实现经济增长、技术革新和社会进步。

为了规范开发区管理，2006 年我国公布了第一版《中国开发区审核公告目录》，并在 2018 年修订发布了第二版。按等级划分，我国开发区可分为国家级和省级，省（自治区、直辖市）以下的各级人民政府没有设立开发区的审批权限。国家级开发区必须由国务院审核批准，两类等级的开发区在叫法名称上也有不同，例如对于性质相似的经济生产类开发区，绝大多数国家级层面的开发区命名为"经济技术开发区"，而由省级政府批准设立的一般则称作"经济开发区""产业集聚区""经济区"，等等。为了契合全书主题，本章主要讨论国家级开发区。

按类型划分，以 2018 年版目录为准，我国国家级开发区包括经济技术开发区、高新技术产业开发区、海关特殊监管区域、边境/跨境经济合作区和其他类型开发区，其中前两者占到了总体数量的约 68%，构成了国家级开发区的主体部分。本章主要讨论国家级经济技术开发区和国家级高新技术产业开发区。

第一节　中国开发区的发展变迁

广义来说，我国的开发区实践可以追溯至改革开放初期设立的经济特区，经济特区的成功为后续全国范围内铺开种类丰富的开发区打下了良好基础。1984 年，第一批共 14 个国家级经济技术开发区成立，正式拉开了我国设立开发区的浪潮。我国开发区的演变历程可以分为起步探索期、迅速增长期、调整稳定期和提升转型期四个阶段。

一、起步探索期（1984—1991 年）

1984 年，邓小平提出"除现在的特区之外，可以考虑再开放几个点，增加几个港口城市，如大连、青岛，这些地方不叫特区，但可以实行特区的某些政策"[1]，促成了我国改革开放格局的进一步拓展。同年 4 月，国务院批准开放天津、上海、大连、秦皇岛、烟台、青岛、连云港、南通、宁波、温州、福州、广州、湛江和北海 14 个沿海港口城市，并予以宽松政策和优惠措施鼓励发展，其中一个关键内容便是允许当地兴办经济技术开发区。1984 年至1988 年间，我国首批共 14 个经济技术开发区相继成立；1988 年，旨在提高自主科技创新水平的"火炬计划"开始实施，我国第一个高新技术产业开发区于当年 5 月成立。

在这一阶段，中央对开发区的支持主要是政策优惠，涉及外商准入、财税金融、土地使用等方面。1984 年 3 月召开的沿海部分城市座谈会上，提出经济开发区内利用外资项目的审批权限可以进一步放宽，大体比照经济特区的规定执行。1984 年 11 月和 1991 年 3 月，国务院相继对沿海 14 个沿海港

---

[1] 邓小平：《关于经济特区和增加对外开放城市问题》，载于《坚持改革、开放、搞活》，人民出版社 1987 年版，第 192 页。

口城市的经济技术开发区和高新技术产业开发区予以企业所得税、地方所得税等减免优惠。关于土地使用权的有偿出让,1988 年 4 月通过的宪法修正案对此奠定了法理基础,同时上海、天津等地的开发区也成功完成了招标尝试;随后 1990 年 5 月发布的《城镇国有土地使用权出让和转让暂行条例》和《外商投资开发经营成片土地暂行管理办法》,正式把这一安排在沿海开放地区全面推行。

本时期的开发区建设是改革开放事业由初期向深入探索的结晶,在敢想敢为的同时需要兼顾谨慎的步调推动改革有序、平缓开展。因此,最早一批的开发区选址布局仍是集中在南方沿海地带,或是北方已经有一定发展基础的城市;设立数量和增长速度都较为适中;发展模式主要是吸引外来劳动、土地等要素密集型产业,在"干中学"过程中加速缓和国内资本短缺、技术落后、人才匮乏的紧要矛盾。在此过程中,我国的对外开放架构得到丰富,逐步积累起后续发展的资金、制度、人员、经验等基础。1991 年,首批 14 个经济技术开发区共实现工业总产值 145.94 亿元,贡献税收 7.9 亿元,实际利用外资 3.61 亿美元,出口贸易额 11.4 亿美元,累计利用外资 13.74 亿美元。

二、迅速增长期(1992—2002 年)

1992 年以来,在建立社会主义市场经济体制目标确立的激励下,我国迎来了开发区建设的第一波高潮。

这一阶段的开发区建设取得了许多新成就。第一,在地域分布上,由于西部大开发战略的实施,许多中、西部城市(如武汉、重庆、乌鲁木齐、郑州、太原,等等)也开始设立经济技术开发区或高新技术产业开发区,开发区由沿海向内陆推进,这一模式的带动作用开始凸显。第二,在开放水平上,不仅利用外资的数量极大增长,相应质量也显著提升:许多跨国大企业开始替代中小企业成为资本主体,一系列重大工程开始落地,各个项目的技术含量也有所提高;开放领域开始从生产领域到服务领域,特别是 2001 年中国加入世界贸易组织后,深化了我国与世界的交流。第三,在发展实力上,一些成立较早、规模较大的开发区已经拥有了较好的经济基础，部分经济技术开发区开始真正接过经济特区的接力棒，进入招商引资的第一梯队；部分高新技术产业开发区开始更好地发挥高新技术产业化的功能，强化自主创新研发能力。1998年，首批14个经济技术开发区共实现工业总产值1869.09亿元，贡献税收131.16亿元，实际利用外资32.52亿美元，相比1991年的水平分别增长12.8倍、16.6倍和9倍。

不可忽视的是，本阶段开发区飞速跃迁的过程中也伴随着"过热"问题，带来了诸多乱象，主要反映在各省（自治区、直辖市）过度设区、重复建设。据原国家土地管理局统计，1991年底全国有各类、各级开发区共117个，至1992年底这一数目猛增至超过一千。针对此问题，1993年5月，国务院发出了《严格审批和认真清理各类开发区的通知》，开展了开发区首轮整改，明确了国家级开发区的审批权限在国务院，省、自治区、直辖市级人民政府拥有少量批准设立省级开发区的权限，而省、自治区、直辖市以下各级人民政府无任何级别开发区的审批权限。

三、调整稳定期（2003—2009年）

本时期国家的开发区工作集中在结构调整和存量优化方面，在整治部分乱象的基础上实现了开发区发展新的突破。

一方面，进行第二轮全面清理整治。2003年7月，国务院下发《关于暂停审批各类开发区的通知》，同时发布了《关于清理整顿各类开发区加强建设用地管理的通知》，随后陆续出台了多个规范性文件，严格督促各地比照执行。本轮工作按照"布局集中、用地集约、产业集聚"的总体要求，对符合条件和标准的开发区予以公告并确定了四至范围，通过清理整顿和设立审核，核减了全国开发区数量，压缩了规划面积，突出了产业特色，优化了规模布局。经过此轮规范和治理，全国开发区在数量上从6866个减少到1568个，规划面积也从3.86万平方千米减少到9949平方千米；各类开发区在项目准入、单位土地面积投资强度、容积率及生态环境保护等方面的标准明显提高，清理整顿和设立审核工作取得初步成效。

随着 2006 年清理整顿工作收尾，经国务院同意，国家发展改革委、国土资源部、原建设部发布了《中国开发区审核公告目录》（2006 年版），公告了符合条件的 1568 家开发区，对于促进和规范开发区发展发挥了积极作用，我国开发区的审批、命名、管理逐渐走上有章可循的规范道路。

另一方面，强调逐步退出特惠政策、逐步提升管理水平、逐步改善运营质量。国家关于开发区的政策涉及的重点放在规范引导和细化管理上，鼓励开发区进一步扩大对外开放，承接高附加值产业转移，集聚高新技术产业和高素质人才，为推动区域经济协调发展、体制改革和科技创新贡献模范作用。

本时期，国家级开发区在结构调整中重获新生，对全国经济增长的引领作用愈发重要。"十一五"时期（2006—2010 年），56 个国家级开发区地区生产总值年均增长 21.28%，比全国同期水平高 11.1 个百分点。2009 年，56 个国家级开发区地区生产总值 18147.67 亿元，占全国总量 5.41%；工业增加值 12827.17 亿元，为全国总量的 9.53%；出口总额 1892 亿美元，为全国总量的 15.75%；税收总收入达 3237.42 亿元，为全国总量的 5.13%。

四、提升转型期（2010 年至今）

2008 年全球金融危机爆发后，我国经济增速快速回落，出口出现负增长，东部沿海地区的大量开发区受到严重的影响，过于依赖出口和资源初加工的传统发展路径必须加快转型升级。国家于 2008 年 11 月提出进一步扩大内需、促进经济平稳较快增长等较为宽松的宏观政策，开发区迎来了第二波建立高潮。与第一波高潮不同，本轮主要是基于科学评估和全面考核，国家相关部门对达到标准的省级开发区予以升级。

2013 年以来，我国经济面临着增速减缓、结构调整、动力转换的新挑战，需要向高质量发展、内涵式增长、多元化动力的新模式方向调整。作为我国重要的政策空间载体，国家对开发区的发展要求进一步提高，更加关注其在动力转换调整、体制机制创新、绿色节能生产、科技驱动比重等综合发展维度的表现。同时，国家也注意到了开发区发展的一些新现象，一是部分开发区较少的地方根据产业发展需要新建了一批开发区，二是2006年版《中国开发区审核公告目录》中的部分开发区进行了扩区、调区、升级或转型。三是有的开发区与其他开发区进行了整合，或已撤销。为此，有必要开展新一轮的整治清理以摸清本阶段开发区发展的实际情况。

以习近平同志为核心的党中央对开发区工作十分重视。2015年5月，中共中央、国务院发布《关于构建开放型经济新体制的若干意见》，提出要加强各类开发区规划指导、创新发展，发挥开发区引领和带动作用，推动产业升级。2017年2月，国务院办公厅发布了《关于促进开发区改革和创新发展的若干意见》，对新形势下做好开发区工作作出全面部署。这也是我国第一个关于各类开发区的总体指导文件，对开发区的形态布局、转型升级、体制改革、土地利用和管理制度作出了更全面的规范，同时要求完善开发区公告制度，向社会公布符合条件的开发区名称、面积、主导产业。

2012—2016年，国务院联合各部门开展了对开发区的第三轮整改。2018年2月，经国务院同意，国家发展改革委、科技部、国土资源部、住房城乡建设部、商务部、海关总署修订公布了2018年版《中国开发区审核公告目录》，2018年版目录包括2543家开发区，其中国家级开发区552家和省级开发区1991家，同时体现了国家对促进区域协调发展的战略指向——东部地区有964家开发区，比2006年版增加216家；中部地区有625家开发区，比2006年版增加224家；西部地区有714家开发区，比2006年版增加425家；东北地区有240家开发区，比2006年版增加110家。

经过30多年的实践总结，新时期以来我国坚持"科学规划、合理布局、分类管理、因地制宜，整合资源、集约发展"的思路，更加重视对开发区科技创新、制造升级、体制改革等方面的引导，从批复设立各类开发区转变为盘活存量、精细运营，在既有功能区和行政区基础上叠加政策，奖优惩劣，通过制度规范建设，更加明确开发区内鼓励和禁止的行为。我国开发区正朝着质量优先、创新驱动的方向不断改进。

第二节 国家级经开区和国家高新区的基本介绍

我国的经济技术开发区（简称"国家级经开区"）是借助特惠政策和区位优势，在某片特定区域内吸收利用外资，发展对外经济贸易的现代化工业园区，因而又常被称为"小经济特区"。

我国的高新技术产业开发区（简称"国家高新区"）是设立在一些知识、技术密集地区的国家级科技工业园区，常又被称为"创新特区"。国家高新区同样需要借助开放环境和优惠政策吸引内外优质资源，主要依托智力型生产要素，将科学技术创新转换为现实生产力。

国家级经开区和国家高新区都是我国主要的特殊功能平台，对国家经济社会发展和改革开放事业都做出了卓越贡献，二者既有区别也有联系。

一、国家级经开区和国家高新区的比较分析

从共性来看，不同于经济特区已经与所在城市（省份）完全并轨，国家级经开区和国家高新区属于功能区域而非行政区域，即不存在独立的政府管理配置和完整的城市治理权责，而是往往设立在某个行政区的部分区域中。此外，国家级经开区和国家高新区在引领地方经济增长、丰富对外开放格局、加速产业集群优化等方面互为协同，但在诞生背景、目标侧重、部门归属等方面存在区别（表5-2-1）。

表 5-2-1 国家级经开区和国家高新区的主要区别

主要区别	经济技术开发区	高新技术产业开发区
诞生时间	1984 年	1988 年
区位依托	沿海沿港，交通便捷	靠近智力和技术聚集地
侧重导向	吸引外资，发展外贸，拉动总量	创新研发，技术转换，科创成果产业化

续表

主要区别	经济技术开发区	高新技术产业开发区
生产主体	企业	企业、科研院所
主管部门	商务部	科技部

资料来源：作者自制。

国家级经开区诞生于国家深化改革开放格局的背景中，作为经济特区模式的扩大样板，其最初设立在沿海港口城市，主要目的是增强内联外引，利用外资外贸，带动经济增长，由商务部主管。国家高新区是"中国国家高新技术产业化发展计划"的产物，主要目的是以技术、人才等智力型要素为依托，推动产学研结合，实现高新技术产业化，因此对于国家高新区而言，一方面，相对于智力支持，临海临港等自然地理禀赋则不那么重要，另一方面，除了企业，大学、研究所等科研机构同样是重要的"生产"主体。此外，国家高新区由科技部主管。

需要指出的是，随着两区建设和认识的不断深化，双方的本质边界也在不断消融，例如，从产业构成上看，目前两区的主导产业大都分布于高技术和战略性新兴产业上，而非某些误解认为的国家级经开区只重"量"而不看"质"。从资本性质来看，虽然国家级经开区仍是我国引外资创外贸的主力军之一，但国家高新区与海外先进技术、资金、管理经验等方面的合作同样越来越多。

二、国家级经开区和国家高新区的布局情况

表 5-2-2 和表 5-2-3 分别展示了截至 2021 年我国共 230 家国家级经开区和 168 家国家高新区[①]的分布区域、设立时间、核准面积和主导产业。

---

① 作为国家级经开区，苏州工业园也享受国家高新区同等政策，此处没有把苏州工业园区重复计入国家高新区数目中。后续国家高新区的相关经济统计数据都包含了苏州工业园区。

表 5-2-2 截至 2021 年我国国家级经开区的基本情况

国家级经开区名称	批准时间	核准面积[①]（公顷）	主导产业
北京（1 个）			
北京经济技术开发区	1994.08	3980	汽车、电子信息、装备制造
天津（6 个）			
天津经济技术开发区	1984.12	3797.04	汽车、医药、装备制造
西青经济技术开发区	2010.12	1688	电子信息、汽车配套、机械
武清经济技术开发区	2010.12	915.49	生物医药
天津子牙经济技术开发区	2012.12	117.3	再生资源综合利用、新能源
北辰经济技术开发区	2013.03	248.4	装备制造
东丽经济技术开发区	2014.02	721.7	汽车、新能源、新材料
河北（7 个）			
秦皇岛经济技术开发区	1984.01	2298	装备制造、商贸物流
廊坊经济技术开发区	2009.07	1449	信息技术、装备制造
沧州临港经济技术开发区	2010.11	380.58	石化、生物医药、电力
石家庄经济技术开发区	2012.01	828.39	生物医药、装备制造、食品
唐山曹妃甸经济技术开发区	2013.01	1448	港口物流、钢铁、石化
邯郸经济技术开发区	2013.11	350	电子信息、装备制造、新材料
张家口经济技术开发区	2021.06	216.64	冰雪运动、汽车制造、新能源装备制造
山西（4 个）			
太原经济技术开发区	2001.06	960	电子信息、装备制造、新能源
大同经济技术开发区	2010.12	820	医药、汽车、建筑
晋中经济技术开发区	2012.03	520	医药、食品、装备制造、电子信息

[①] 为修订《中国开发区审核公告目录》（2018 年版）时或设立（升级）国家级经开区时的核准面积，并非目前最新的实际利用面积。

续表

国家级经开区名称	批准时间	核准面积（公顷）	主导产业
晋城经济技术开发区	2013.03	400	精密光电、装备制造、新能源
内蒙古（3个）			
呼和浩特经济技术开发区	2000.07	980	食品、电力、生物医药
巴彦淖尔经济技术开发区	2012.12	433	农畜产品加工、生物、建材
呼伦贝尔经济技术开发区	2013.03	120	冶金加工、装备制造、食品
辽宁（9个）			
大连经济技术开发区	1984.09	2000	石化、电子信息、装备制造
营口经济技术开发区	1992.1	560	港航物流、装备制造、钢铁
沈阳经济技术开发区	1993.04	1000	装备制造、医药化工
大连长兴岛经济技术开发区	2010.04	719.98	石化、船舶海工、装备制造
锦州经济技术开发区	2010.04	1200	石化、装备制造、农产品加工
盘锦辽滨沿海经济技术开发区	2013.01	622.5	石化、精细化工、装备制造
沈阳辉山经济技术开发区	2013.01	1200	食品、医药、车辆
铁岭经济技术开发区	2013.11	120	汽车、阀门、橡塑
旅顺经济技术开发区	2013.11	701	船舶、装备制造、轨道交通装备
吉林（5个）			
长春经济技术开发区	1993.04	1000	汽车、农产品加工
吉林经济技术开发区	2010.04	2046.6	化工、新材料、医药
四平红嘴经济技术开发区	2010.11	486	冶金建材、食品、装备制造
长春汽车经济技术开发区	2010.12	599	汽车
松原经济技术开发区	2013.03	846.07	建材、农产品加工、装备制造
黑龙江（8个）			
哈尔滨经济技术开发区	1993.04	1000	装备制造、绿色食品、电子信息
宾西经济技术开发区	2010.06	1856	包装、食品、光电

续表

国家级经开区名称	批准时间	核准面积（公顷）	主导产业
海林经济技术开发区	2010.06	258	林木加工、机械、食品
哈尔滨利民经济技术开发区	2011.04	700	生物医药、食品、商贸物流
大庆经济技术开发区	2012.1	360.23	装备制造、石化、建材
绥化经济技术开发区	2012.12	515	食品、商贸物流、机械电子
牡丹江经济技术开发区	2013.03	691	林木加工、食品、装备制造
双鸭山经济技术开发区	2014.02	467	煤化工、新材料、商贸物流
上海（6个）			
闵行经济技术开发区	1986.08	1638	装备制造、机电、医药
虹桥经济技术开发区	1986.08	65.2	贸易、展览展示、国际仲裁
漕河泾新兴技术开发区	1988.06	1330	电子信息、新材料、生物医药
上海金桥经济技术开发区	2001.09	2738	新能源汽车、机器人
上海化学工业经济技术开发区	2012.03	2940	石化、新材料
松江经济技术开发区	2013.03	5777	装备制造、集成电路、新材料
江苏（27个）			
南通经济技术开发区	1984.12	2429	医药健康、电子信息、精密机械
连云港经济技术开发区	1984.12	1500	医药、装备制造、新材料
昆山经济技术开发区	1992.08	1000	电子信息、光电、装备机械
苏州工业园区	1994.02	8000	电子信息、生物医药、纳米技术
南京经济技术开发区	2002.03	1137	光电显示、智能装备、生物医药
扬州经济技术开发区	2009.08	1110	电子器件、光伏、汽车
徐州经济技术开发区	2010.03	2412	装备制造、新能源、新材料
镇江经济技术开发区	2010.04	873	化工、造纸、装备制造
吴江经济技术开发区	2010.11	392.02	电子设备、机械、通用设备
江宁经济技术开发区	2010.11	3847	汽车、电气机械器材、电子

续表

国家级经开区名称	批准时间	核准面积（公顷）	主导产业
常熟经济技术开发区	2010.11	780	电子设备、装备制造、汽车
淮安经济技术开发区	2010.11	680	电子信息、盐化工、装备制造
盐城经济技术开发区	2010.12	871.57	汽车、光伏、纺织
锡山经济技术开发区	2011.06	920	电子信息、精密机械、纺织
太仓港经济技术开发区	2011.06	1543	石油化工、装备制造、电力
张家港经济技术开发区	2011.09	1190	机械电子、纺织服装、新能源
海安经济技术开发区	2012.07	1000	装备制造、新材料、新能源
靖江经济技术开发区	2012.12	403.59	船舶、金属冶炼加工、设备制造
吴中经济技术开发区	2012.12	381	电子信息、精密机械、纺织
宿迁经济技术开发区	2013.01	395	食品饮料、装备制造
海门经济技术开发区	2013.01	488	装备制造、生物医药、机电
如皋经济技术开发区	2013.01	467	船舶海工、新能源汽车、装备制造
宜兴经济技术开发区	2013.03	210	节能环保、新能源、新材料
苏州浒墅关经济技术开发区	2013.03	813	电子信息、装备制造、精密机械
沭阳经济技术开发区	2013.11	600	服装纺织、装备制造、电子信息
相城经济技术开发区	2014.01	213	电子信息、装备制造、汽车
无锡惠山经济技术开发区	2021.06	424.86	通用设备制造业、专用设备制造业、汽车制造业
浙江（22个）			
宁波经济技术开发区	1984.01	2960	化工、汽车、金属冶炼加工
温州经济技术开发区	1992.03	511	装备制造、鞋服
宁波大榭开发区	1993.03	1613	临港化工、大宗商品国际贸易、港口物流
杭州经济技术开发区	1993.04	1000	装备制造、生物医药、信息技术

续表

国家级经开区名称	批准时间	核准面积（公顷）	主导产业
萧山经济技术开发区	1993.05	920	通用设备、服装纺织
嘉兴经济技术开发区	2010.03	1100	装备制造、汽车零配件、食品
湖州经济技术开发区	2010.03	800	物流装备、节能环保、生物医药
绍兴袍江经济技术开发区	2010.04	3369.3	纺织、新材料、生物医药
金华经济技术开发区	2010.11	885.99	汽车、热力、运输设备
长兴经济技术开发区	2010.11	1900	新能源汽车及零部件、家用电器、装备制造
宁波石化经济技术开发区	2010.12	770	石油加工、核燃料加工、化工
嘉善经济技术开发区	2011.06	1820	通用设备、电子信息、家具
衢州经济技术开发区	2011.06	400	新材料、装备制造、金属制品
义乌经济技术开发区	2012.03	917.3	纺织服装、文教体娱用品
杭州余杭经济技术开发区	2012.07	2746.72	装备制造、医药健康、节能环保
绍兴柯桥经济技术开发区	2012.01	990	石油、印染、化纤
富阳经济技术开发区	2012.01	741	有色金属采冶加工、电气机械器材、纸制品
平湖经济技术开发区	2013.01	1619	光机电、生物技术、特种纺织
杭州湾上虞经济技术开发区	2013.11	1000	化工、新材料、汽车及零部件
宁波杭州湾经济技术开发区	2014.02	1000	汽车及零部件、新材料、电气
丽水经济技术开发区	2014.01	565	生态合成革、日用化工、装备制造
台州湾经济技术开发区	2021.06	712	医药化工、汽车制造
安徽（13个）			
芜湖经济技术开发区	1993.04	1000	汽车及零部件、电子电器、建材
合肥经济技术开发区	2000.02	985	家电、装备制造、电子信息
马鞍山经济技术开发区	2010.03	1144.02	汽车及零部件、食品、机械装备

续表

国家级经开区名称	批准时间	核准面积 （公顷）	主导产业
安庆经济技术开发区	2010.03	1240	化工医药、汽车零部件、装备制造
铜陵经济技术开发区	2011.04	800	铜材加工、电子信息材料、精细化工
滁州经济技术开发区	2011.04	1089	智能家电、汽车、食品
池州经济技术开发区	2011.06	480	电子信息、装备制造
六安经济技术开发区	2013.03	794	装备制造、轻工纺织、建材
淮南经济技术开发区	2013.03	429	专用设备、医药
宁国经济技术开发区	2013.03	137	密封元器件、电子元器件、机械基础件
桐城经济技术开发区	2013.11	1000	轻工电子、机械、新能源、新材料
宣城经济技术开发区	2014.01	725	汽车零部件、装备制造、医药
合肥蜀山经济技术开发区	2021.06	675.05	商贸电商物流、电子商务、电子信息、新一代信息技术及战略性新兴产业、环境科技
福建（10个）			
福州经济技术开发区	1985.01	2300	电子信息、农副食品、电气机械器材
厦门海沧台商投资区	1989.05	6316	港口物流、生物医药、集成电路
福清融侨经济技术开发区	1992.01	1000	电子信息、汽车及零部件、光学
东山经济技术开发区	1993.04	1000	农副食品、食品、非金属矿物
漳州招商局经济技术开发区	2010.04	3140	交通设备、粮油食品、金属制品
泉州经济技术开发区	2010.06	1250	纺织鞋服、金属加工、机械
漳州台商投资区	2012.02	1244	特殊钢铁、造纸及纸制品、食品
泉州台商投资区	2012.01	1500	纺织鞋服、装备制造、纸品印刷
龙岩经济技术开发区	2012.03	300	机械、专用车、环境科技
东侨经济技术开发区	2012.12	393.33	电机电器、食品、生物医药

续表

国家级经开区名称	批准时间	核准面积（公顷）	主导产业
江西（10个）			
南昌经济技术开发区	2000.04	980	电子信息、汽车及零部件、医药
九江经济技术开发区	2010.03	2267	新能源、电子电器、汽车及零部件
赣州经济技术开发区	2010.03	748	新材料、新能源汽车、电子信息
井冈山经济技术开发区	2010.03	1067	电子信息、机械、生物医药
上饶经济技术开发区	2010.11	1481.47	光伏、光学、汽车
萍乡经济技术开发区	2010.12	1655	新材料、装备制造、医药、食品
南昌小蓝经济技术开发区	2012.07	1800	汽车及零部件、食品饮料、生物医药
宜春经济技术开发区	2013.01	1100	机电、医药、新材料
龙南经济技术开发区	2013.03	413.3	新材料、电子信息、轻工
瑞金经济技术开发区	2013.11	200	电气机械器材、食品、服装纺织
山东（16个）			
青岛经济技术开发区	1984.01	1752	家电、石化、汽车
烟台经济技术开发区	1984.01	1000	电子信息、机械、汽车、食品
威海经济技术开发区	1992.01	572	装备制造、电子信息、食品
东营经济技术开发区	2010.03	1735	有色金属、新材料、装备制造
日照经济技术开发区	2010.04	850	汽车及零部件、粮油食品、包装
潍坊滨海经济技术开发区	2010.04	500	石化、盐化、装备制造、物流
邹平经济技术开发区	2010.11	820	服装纺织、铝制品、食品
临沂经济技术开发区	2010.12	488.42	装备制造、生物医药、新材料
招远经济技术开发区	2011.09	363	黄金加工、橡胶轮胎、电子材料
德州经济技术开发区	2012.03	1097	新能源、装备制造、农副产品加工

续表

国家级经开区名称	批准时间	核准面积（公顷）	主导产业
明水经济技术开发区	2012.01	517.13	机械、交通装备、精细化工
胶州经济技术开发区	2012.12	1700	机械电子、电商、物流
聊城经济技术开发区	2013.03	1200	新能源、新能源汽车、金属加工、生物制药
滨州经济技术开发区	2013.11	900	汽车零部件、新材料、纺织家纺
威海临港经济技术开发区	2013.11	500	新材料、汽车零部件、装备制造
滕州经济技术开发区	2021.06	599.73	新材料化工新材料锂电池、高端装备制造、智能制造
河南（9个）			
郑州经济技术开发区	2000.02	1249	汽车、装备制造、物流
漯河经济技术开发区	2010.11	390.5	食品、装备制造、物流
鹤壁经济技术开发区	2010.11	1770	电子信息、镁精加工
开封经济技术开发区	2010.11	681.64	装备制造、汽车及零部件
许昌经济技术开发区	2010.12	255	装备制造、发制品、生物科技
洛阳经济技术开发区	2012.07	420	光伏、装备制造、新材料
新乡经济技术开发区	2012.07	1460.3	装备制造、服装纺织
红旗渠经济技术开发区	2012.01	241	装备制造、钢铁、电子电器
濮阳经济技术开发区	2013.01	500	石化、林纸林板、装备制造
湖北（9个）			
武汉经济技术开发区	1993.04	1000	汽车、电子电器、食品
黄石经济技术开发区	2010.03	1872.57	电子信息、装备制造、生物医药
襄阳经济技术开发区	2010.04	1470	汽车、装备制造、电子信息
武汉临空港经济技术开发区	2010.11	1900	汽车、农副食品
荆州经济技术开发区	2011.06	970.87	装备制造、医药化工、轻纺
鄂州葛店经济技术开发区	2012.07	731.34	生物医药、电商、仓储物流

续表

国家级经开区名称	批准时间	核准面积（公顷）	主导产业
十堰经济技术开发区	2012.12	2002.97	汽车
枣阳经济技术开发区	2021.06	577.89	汽车及高端装备制造、新材料、绿色食品加工、节能环保、生物医药、文化创意
汉川经济技术开发区	2021.06	438.94	电力能源、食品加工、纺织服装、金属制品和印刷包装
湖南（10个）			
长沙经济技术开发区	2000.02	1200	工程机械、汽车及零部件、电子信息
岳阳经济技术开发区	2010.03	800	装备制造、食品、生物医药
常德经济技术开发区	2010.06	1121	机械、新材料
宁乡经济技术开发区	2010.11	580.32	食品饮料、装备制造、新材料
湘潭经济技术开发区	2011.09	1246	汽车及零部件、装备制造、电子信息
浏阳经济技术开发区	2012.03	710	电子信息、生物医药、食品
娄底经济技术开发区	2012.01	1050	黑色金属冶炼压延加工、通用设备
望城经济技术开发区	2014.02	633.3	有色金属加工、食品、电子信息
永州经济技术开发区	2021.06	1301	进装备制造、电子信息和生物医药
邵阳经济技术开发区	2021.06	1611.29	电子信息、先进机械装备制造、新材料、新经济
广东（7个）			
湛江经济技术开发区	1984.11	1920	钢铁、石油化工、特种纸
广州经济技术开发区	1984.12	3857.72	电子及通信设备、化工、汽车
广州南沙经济技术开发区	1993.05	2760	航运物流、高端制造、金融商务
惠州大亚湾经济技术开发区	1993.05	2360	石化、电子、汽车

续表

国家级经开区名称	批准时间	核准面积（公顷）	主导产业
增城经济技术开发区	2010.03	500	汽车及零部件、电子信息、装备制造
珠海经济技术开发区	2012.03	1588	石化、清洁能源
揭东经济技术开发区	2021.06	569.55	金属制品、食品饲料、塑料化工、装备制造、生物医药
广西（5个）			
南宁经济技术开发区	2001.05	1079.6	生物制药、轻工、食品、机电
钦州港经济技术开发区	2010.11	1000	石化、粮油、林浆纸
中国—马来西亚钦州产业园区	2012.03	1500	装备制造、生物医药、新能源
广西—东盟经济技术开发区	2013.03	312.9	食品、生物医药、机械装备
北海经济技术开发区	2021.06	1344.36	电子信息、现代信息服务业、食品药品、机械制造、新能源新材料
海南（1个）			
海南洋浦经济开发区	1992.03	3000	油气化工、林浆纸
重庆（3个）			
重庆经济技术开发区	1993.04	960	电子信息、装备制造
万州经济技术开发区	2010.06	582	化工、能源建材、照明电气
长寿经济技术开发区	2010.11	1000	综合化工、钢铁冶金、装备制造
四川（10个）			
成都经济技术开发区	2000.02	994	汽车、工程机械、食品饮料
广安经济技术开发区	2010.06	419.97	电子机械、建材、医药
德阳经济技术开发区	2010.06	856.53	装备制造、新能源、新材料
遂宁经济技术开发区	2012.07	1096	电子信息、食品、纺织、机械
绵阳经济技术开发区	2012.01	1047	电子信息、化工环保、生物医药

续表

国家级经开区名称	批准时间	核准面积（公顷）	主导产业
广元经济技术开发区	2012.12	858.67	电子机械、食品饮料、有色金属
宜宾临港经济技术开发区	2013.01	1200	食品饮料、装备制造、新材料
内江经济技术开发区	2013.11	935.09	机械汽配、电子信息、生物医药
成都国际铁路港经济技术开发区	2021.06	1224	通用设备制造业、土木工程建筑业
雅安经济技术开发区	2021.06	646.02	大数据、先进材料、装备制造、大健康
贵州（2个）			
贵阳经济技术开发区	2000.02	955	装备制造、大数据、医药
遵义经济技术开发区	2010.06	1253	茶叶加工、粮油、农副产品
云南（5个）			
昆明经济技术开发区	2000.02	980	装备制造、生物医药、食品饮料
曲靖经济技术开发区	2010.06	1000	煤化工
蒙自经济技术开发区	2013.01	422.8	冶金、钢铁、化工
嵩明杨林经济技术开发区	2013.01	511.04	食品饮料、装备制造、精细化工
大理经济技术开发区	2014.02	593	机械装备、食品饮料
西藏（1个）			
拉萨经济技术开发区	2001.09	546	食品饮料、医药
陕西（5个）			
西安经济技术开发区	2000.02	988	汽车、专用通用设备、新材料
陕西航空经济技术开发区	2010.06	460	航空
陕西航天经济技术开发区	2010.06	374	民用航天、太阳能光伏、卫星及卫星应用
汉中经济技术开发区	2012.01	812.05	航空设备、装备制造、食品、中药
榆林经济技术开发区	2013.01	1200	煤电、化工

续表

国家级经开区名称	批准时间	核准面积（公顷）	主导产业
甘肃（4个）			
兰州经济技术开发区	2002.03	953	装备制造、有色冶金、生物医药
金昌经济技术开发区	2010.03	700	有色金属加工、化工循环、新能源
天水经济技术开发区	2010.04	319.7	装备制造、医药、食品
张掖经济技术开发区	2013.03	760	农副产品加工、生物制药、有色冶金
青海（2个）			
西宁经济技术开发区	2000.07	440	机械加工、特色资源开发、中藏药
格尔木昆仑经济技术开发区	2012.01	1555	盐湖化工、新能源、冶金
宁夏（1个）			
银川经济技术开发区	2001.07	750	装备制造、新材料
新疆（9个）			
乌鲁木齐经济技术开发区	1994.08	1566	先进制造、商贸物流
石河子经济技术开发区	2000.04	2110	食品饮料、纺织
库尔勒经济技术开发区	2011.04	1800	服装纺织、石化
新疆奎屯—独山子经济技术开发区	2011.04	605.89	石化、纺织、冶金
阿拉尔经济技术开发区	2012.08	1350	纺织、食品、天然气化工
新疆五家渠经济技术开发区	2012.08	1480	农副产品加工、服装纺织、建材
新疆准东经济技术开发区	2012.09	981.34	煤电、煤化工、煤电冶
乌鲁木齐甘泉堡经济技术开发区	2012.09	756	新能源、新材料、商贸物流
库车经济技术开发区	2015.04	912	石化、电力、建材

资料来源：以《中国开发区审核公告目录》（2018年版）为基准，结合中国开发区协会、各国家级经开区官网以及商务部数据补充更新。

表 5-2-3 截至 2021 年我国国家高新区的基本情况

国家高新区名称	批准时间	核准面积（公顷）①	主导产业
北京（1个）			
中关村科技园区	1988.05	23252.29	电子信息、智能制造、节能环保
天津（1个）			
天津滨海高新技术产业开发区	1991.03	5524	新能源汽车、信息技术、节能环保
河北（5个）			
石家庄高新技术产业开发区	1991.03	1553	生物医药、电子信息、先进制造
保定高新技术产业开发区	1992.11	1223	新能源、能源设备、光机电一体化
唐山高新技术产业开发区	2010.11	450	装备制造、汽车零部件、新材料
燕郊高新技术产业开发区	2010.11	1531	电子信息、新材料、装备制造
承德高新技术产业开发区	2012.08	620	装备制造、食品饮料、生物医药
山西（2个）			
太原高新技术产业开发区	1992.11	800	光机电一体化、新材料、新能源
长治高新技术产业开发区	2015.02	753.01	煤化工、装备制造、生物医药
内蒙古（3个）			
包头稀土高新技术产业开发区	1992.11	956	稀土材料及应用、铝铜镁及加工、装备制造
呼和浩特金山高新技术产业开发区	2013.12	500	乳产品、化工
鄂尔多斯高新技术产业开发区	2017.02	1000	生物制药、节能环保、云计算
辽宁（8个）			
沈阳高新技术产业开发区	1991.03	2750	信息技术、智能制造、生物医药
大连高新技术产业园区	1991.03	1300	软件

---

① 为修订《中国开发区审核公告目录》（2018 年版）时或设立（升级）国家高新区时的核准面积，而非目前最新的实际利用面积。

续表

国家高新区名称	批准时间	核准面积（公顷）	主导产业
鞍山高新技术产业开发区	1992.11	790	工业自动化、系统控制、激光
营口高新技术产业开发区	2010.09	500	装备制造、新材料、信息技术
辽阳高新技术产业开发区	2010.11	437	芳烃及精细化工、工业铝材
本溪高新技术产业开发区	2012.08	865.4	生物医药
阜新高新技术产业开发区	2013.12	756.29	液压装备、农产品加工、电子信息
锦州高新技术产业开发区	2015.02	372	汽车零部件、精细化工、食品
吉林（5个）			
长春高新技术产业开发区	1991.03	1911	汽车、装备制造、生物医药
延吉高新技术产业开发区	2010.11	533	医药、食品
吉林高新技术产业开发区	1992.11	436	化工、汽车及零部件、电子
长春净月高新技术产业开发区	2012.08	2246	高技术、文化
通化医药高新技术产业开发区	2013.12	1270.82	医药
黑龙江（3个）			
哈尔滨高新技术产业开发区	1991.03	2370	装备制造、电子信息、新材料
大庆高新技术产业开发区	1992.11	1430	石化、汽车、装备制造
齐齐哈尔高新技术产业开发区	2010.11	331	装备制造、食品
上海（2个）			
上海张江高新技术产业开发区	1991.03	4211.7	电子信息、生物医药、光机电一体化
上海紫竹高新技术产业开发区	2011.06	868.18	集成电路、软件、新能源、航空
江苏（17个）			
南京高新技术产业开发区	1991.03	1650	软件、电子信息、生物医药
苏州高新技术产业开发区	1992.11	680	电子信息、装备制造、新能源
无锡高新技术产业开发区	1992.11	945	电子设备、电气机械器材

国家高新区名称	批准时间	核准面积（公顷）	主导产业
常州高新技术产业开发区	1992.11	563	装备制造、新材料、光伏
泰州医药高新技术产业开发区	2009.03	880	化工、电子信息、生物医药
昆山高新技术产业开发区	2010.09	786	电子信息、机器人、装备制造
江阴高新技术产业开发区	2011.06	660	新材料、微电子集成电路、医药
徐州高新技术产业开发区	2012.08	700	通用设备、电子设备、汽车
武进高新技术产业开发区	2012.08	340	电子设备、电气机械器材、通用设备
南通高新技术产业开发区	2013.12	550	通用设备、交通运输设备、纺织服装鞋帽
镇江高新技术产业开发区	2014.01	400	船舶及配套、通用设备、电气机械器材
连云港高新技术产业开发区	2015.02	300	装备制造、软件及信息服务
盐城高新技术产业开发区	2015.02	400	智能终端、装备制造、新能源
常熟高新技术产业开发区	2015.09	352	通用设备、计算机、电子设备
扬州高新技术产业开发区	2015.09	418	数控装备、生物技术、光电
淮安高新技术产业开发区	2017.02	234	电子信息、新能源汽车及零部件、装备制造
宿迁高新技术产业开发区	2017.02	500	新材料、装备制造、电子信息
浙江（8个）			
杭州高新技术产业开发区	1991.03	1212	信息技术、生命健康、节能环保
宁波高新技术产业开发区	2007.01	970.63	电子信息、新能源、节能环保、新材料
绍兴高新技术产业开发区	2010.11	1044.24	新材料、电子信息、环保
温州高新技术产业开发区	2012.08	442.45	激光及光电、电商、软件
衢州高新技术产业开发区	2013.12	353.88	氟硅钴新材料
萧山临江高新技术产业开发区	2015.02	355	装备制造、汽车、新能源、新材料

续表

国家高新区名称	批准时间	核准面积（公顷）	主导产业
嘉兴秀洲高新技术产业开发区	2015.09	572	智能制造、新能源、新材料
湖州莫干山高新技术产业开发区	2015.09	665	生物医药、装备制造、地理信息
安徽（6个）			
合肥高新技术产业开发区	1991.03	1850	家电及配套、汽车、电子信息
芜湖高新技术产业开发区	2010.09	650	装备制造、汽配、新材料、医药
蚌埠高新技术产业开发区	2010.11	674	汽车零部件、装备制造、电子信息
马鞍山慈湖高新技术产业开发区	2012.08	1120	新材料、节能环保、化工
铜陵狮子山高新技术产业开发区	2017.02	255	光电光伏、装备制造、铜材加工
淮南高新技术产业开发区	2018.02	564	大数据、新能源、生命健康、先进装备制造
福建（7个）			
福州高新技术产业开发区	1991.03	550	电子信息、光机电、新材料
厦门火炬高技术产业开发区	1991.03	1375	电子信息、半导体及集成电路、软件
泉州高新技术产业开发区	2010.11	807.12	电子信息、纺织鞋服、机械汽配
莆田高新技术产业开发区	2012.08	1105	电子信息、机械
漳州高新技术产业开发区	2013.12	329	电子信息、装备制造、生物医药
三明高新技术产业开发区	2015.02	1278	机械装备、林产加工、纺织轻工
龙岩高新技术产业开发区	2015.02	200	机械、专用车、环境科技
江西（9个）			
南昌高新技术产业开发区	1992.11	680	生物医药、电子信息、新材料
新余高新技术产业开发区	2010.11	1333.3	新能源、钢铁装备、新材料
景德镇高新技术产业开发区	2010.11	1500	航空、家电、化工

国家高新区名称	批准时间	核准面积（公顷）	主导产业
鹰潭高新技术产业开发区	2012.08	1113.3	铜基新材料、绿色水工、智能终端
抚州高新技术产业开发区	2015.02	1333.33	汽车及零部件、生物制药、电子信息
赣州高新技术产业开发区	2015.09	200	钨新材料、稀土、食品
吉安高新技术产业开发区	2015.09	231	电子信息、精密机械、绿色食品
九江共青城高新技术产业开发区	2018.02	293.1	大医药、新材料、电子信息
宜春丰城高新技术产业开发区	2018.02	428	精品陶瓷、新型能源、机械电子、再生金属、生物食品
山东（13个）			
济南高新技术产业开发区	1991.03	1590	电子信息、生物医药、智能装备
威海火炬高技术产业开发区	1991.03	1510	医疗器械、医药、电子信息、新材料
青岛高新技术产业开发区	1992.11	1975	软件信息、医药、智能制造
潍坊高新技术产业开发区	1992.11	860	动力装备、声学光学、生命健康
淄博高新技术产业开发区	1992.11	704	新材料、生物医药、装备制造
济宁高新技术产业开发区	2010.09	960	工程机械、生物制药、新材料
烟台高新技术产业开发区	2010.09	1464.77	信息技术、汽车零部件、海洋生物及制药
临沂高新技术产业开发区	2011.06	1137	电子信息、装备制造、新材料
泰安高新技术产业开发区	2012.08	1375.75	输变电设备、矿山装备、汽车及零部件
枣庄高新技术产业开发区	2015.02	761	新信息、新能源、新医药
莱芜高新技术产业开发区	2015.09	653	汽车及零部件、电子信息、新材料
德州高新技术产业开发区	2015.09	689	生物、机械、新材料
黄河三角洲农业高新技术产业示范区	2015.01	296	农业生物、食品、农业服务

续表

国家高新区名称	批准时间	核准面积（公顷）	主导产业
河南（7个）			
郑州高新技术产业开发区	1991.03	1132	电子信息、装备制造
洛阳高新技术产业开发区	1992.11	547.9	装备制造、新材料、高技术服务
安阳高新技术产业开发区	2010.09	526	装备制造、电子信息、生物医药
南阳高新技术产业开发区	2010.09	920	装备制造、新材料、光电
新乡高新技术产业开发区	2012.08	400	电子电器、生物医药、装备制造
平顶山高新技术产业开发区	2015.02	410	机电装备、新材料
焦作高新技术产业开发区	2015.09	715	装备制造、新材料、电子信息
湖北（12个）			
武汉东湖新技术开发区	1991.03	2400	光电子信息、生物、装备制造
襄阳高新技术产业开发区	1992.11	750	汽车、装备制造、新能源、新材料
宜昌高新技术产业开发区	2010.11	620	新材料、先进制造、精细化工
孝感高新技术产业开发区	2012.08	1300	光机电、先进制造、纸制品、盐化工
荆门高新技术产业开发区	2013.12	2302	再生资源利用、环保、装备制造、生物
随州高新技术产业开发区	2015.09	413	汽车及零部件、农产品深加工、电子信息
仙桃高新技术产业开发区	2015.09	509	新材料、生物医药、电子信息
咸宁高新技术产业开发区	2017.02	668	食品饮料、先进制造、新材料
黄冈高新技术产业开发区	2017.02	1095	装备制造、食品饮料、生物医药
荆州高新技术产业开发区	2018.02	131	农业、农副食品加工业绿色食品加工、高端装备制造智能制造
黄石大冶湖高新技术产业开发区	2018.02	744	新材料化工新材料锂电池、生物及生物医药、高端装备制造智能制造、新一代信息技术

国家高新区名称	批准时间	核准面积（公顷）	主导产业
潜江高新技术产业开发区	2018.02	402	石油、煤炭及其他燃料加工业、新材料化工新材料锂电池、生物及生物医药
湖南（8个）			
长沙高新技术产业开发区	1991.03	1733.5	装备制造、电子信息、新材料
株洲高新技术产业开发区	1992.11	858	轨道交通装备、汽车、生物医药
湘潭高新技术产业开发区	2009.03	1170.28	新能源装备、钢材加工、智能装备
益阳高新技术产业开发区	2011.06	1978	电子信息、装备制造、新材料
衡阳高新技术产业开发区	2012.08	600	电子信息、电气机械器材、通用设备
郴州高新技术产业开发区	2015.02	479	有色金属精深加工、电子信息、装备制造
常德高新技术产业开发区	2017.02	378	设备制造、非金属矿制品
怀化高新技术产业开发区	2018.02	400	新材料、电子信息与智能装备制造、医药健康
广东（14个）			
广州高新技术产业开发区	1991.03	3734	电子信息、生物医药、新材料
深圳市高新技术产业园区	1991.03	1150	电子信息、光机电一体化、生物医药
中山火炬高技术产业开发区	1991.03	1710	电子信息、生物医药、装备制造
佛山高新技术产业开发区	1992.11	1000	装备制造、智能家电、汽车零部件
惠州仲恺高新技术产业开发区	1992.11	706	移动互联网、平板显示、新能源
珠海高新技术产业开发区	1992.11	980	电子信息、生物医药、光机电一体化技术
东莞松山湖高新技术产业开发区	2010.09	1000	电子信息、生物技术、新能源
肇庆高新技术产业开发区	2010.09	2252.04	新材料、电子信息、装备制造

国家高新区名称	批准时间	核准面积（公顷）	主导产业
江门高新技术产业开发区	2010.11	1221	机电、电子、化工
源城高新技术产业开发区	2015.02	919.8	电子信息、机械、光伏
清远高新技术产业开发区	2015.09	1911	机械装备、新材料、电子信息
汕头高新技术产业开发区	2017.02	300.05	印刷包装、化工塑料、食品
湛江高新技术产业开发区	2018.02	1502	钢铁、石油化工、特种纸业、生物医药、机械电器、海洋高新
茂名高新技术产业开发区	2018.02	981	石油石化、新材料、新能源、新一代信息技术、生物医药、食品制造、高端装配、
广西（4个）			
南宁高新技术产业开发区	1992.11	850	电子信息、生命健康、智能制造
桂林高新技术产业开发区	1991.03	1207	电子信息、生物医药
柳州高新技术产业开发区	2010.09	110	汽车、装备制造、新材料
北海高新技术产业开发区	2015.02	120.34	电子信息、海洋生物、软件服务
海南（1个）			
海口高新技术产业开发区	1991.03	277	医药、汽车及零部件、食品
重庆（4个）			
重庆高新技术产业开发区	1991.03	2000	汽摩、电子及通信设备、新材料
璧山高新技术产业开发区	2015.09	140	装备制造、互联网
荣昌高新技术产业开发区	2018.02	1705	农牧高新产业、智能装备制造、食品医药、轻工陶瓷
永川高新技术产业开发区	2018.02	139	智能装备、汽车及零部件、电子信息、特色轻工、能源及新材料
四川（8个）			
成都高新技术产业开发区	1991.03	2150	信息技术、装备制造、生物

国家高新区名称	批准时间	核准面积（公顷）	主导产业
绵阳高新技术产业开发区	1992.11	579.9	电子信息、汽车及零部件、新材料
自贡高新技术产业开发区	2011.06	824.5	节能环保、装备制造、新材料
乐山高新技术产业开发区	2012.08	406	新能源装备、电子信息、生物医药
泸州高新技术产业开发区	2015.02	462.91	装备制造、新能源、新材料、医药
攀枝花钒钛高新技术产业开发区	2015.09	301	钒钛钢铁、化工、有色金属加工
德阳高新技术产业开发区	2015.09	786	通用航空、医药、食品
内江高新技术产业开发区	2017.02	557.89	医药、装备制造、新材料
贵州（2个）			
贵阳高新技术产业开发区	1992.11	533	装备制造、电子信息、生物医药
安顺高新技术产业开发区	2017.02	422	装备制造、医药、航空机械
云南（3个）			
昆明高新技术产业开发区	1992.11	900	生物医药、新材料、装备制造
玉溪高新技术产业开发区	2012.08	1312	装备制造
楚雄高新技术产业开发区	2018.02	716	农副食品加工业绿色食品加工、生物及生物医药
陕西（7个）			
西安高新技术产业开发区	1991.03	2235	半导体、智能终端、装备制造
宝鸡高新技术产业开发区	1992.11	577	先进制造、新材料、电子信息
杨凌农业高新技术产业示范区	1997.07	2212	绿色食品、生物医药、涉农装备
渭南高新技术产业开发区	2010.09	1423.09	精细化工、装备制造、新能源、新材料
榆林高新技术产业开发区	2012.08	1320	煤化工
咸阳高新技术产业开发区	2012.08	2037.45	电子信息、生物制药、合成材料
安康高新技术产业开发区	2015.09	213	富硒食品、生物医药、新材料

续表

国家高新区名称	批准时间	核准面积（公顷）	主导产业
甘肃（2个）			
兰州高新技术产业开发区	1991.03	1496	生物医药、电子信息、新材料、新能源
白银高新技术产业开发区	2010.09	805.05	精细化工、有色金属、生物医药
宁夏（2个）			
银川高新技术产业开发区	2010.11	106.7	羊绒及亚麻纺织、食品、再生资源循环利用
石嘴山高新技术产业开发区	2013.12	890	新材料、装备制造、纺织
青海（1个）			
青海高新技术产业开发区	2010.11	403	装备制造、中藏医药、食品
新疆（3个）			
乌鲁木齐高新技术产业开发区	1992.11	980	新材料、电子信息、生物医药
昌吉高新技术产业开发区	2010.09	1125.7	装备制造、生物科技、新材料
新疆生产建设兵团石河子高新技术产业开发区	2013.12	25.96	信息技术、通用航空、节能环保

资料来源：以《中国开发区审核公告目录》（2018 年版）为基准，结合中国开发区协会、各个国家高新区官网以及科技部数据补充更新。

从数量来看，国家级经开区多于国家高新区；从平均面积来看，国家级经开区（1132.97 公顷）也大于国家高新区（1099.15 公顷）。从产业结构来看，经过数轮的外部清理整顿和内部产业升级，国家级经开区和国家高新区的主导产业都主要集中于生物医药、电子信息、新材料、高端制造等高技术产业或战略性新兴产业，两区主导产业的本质差异已经没有那么大，甚至有过两区融合的案例：2004 年，张家口省级的经济开发区与省级的国家高新区合并；2015 年，张家口国家高新区又更名为张家口国家级经开区；2021 年 6 月，经国务院批准，张家口经济开发区升级为国家级张家口经济技术开发区。

从设立趋势来看（图5-2-1），国家级经开区和国家高新区在1991年和2009年后经历了两次增长高峰，这也与前文所述的两次开发区设立高潮相符。2009年以来，相比国家高新区，国家级经开区的新增数量更多，逐渐成为国家级开发区的主要增量。

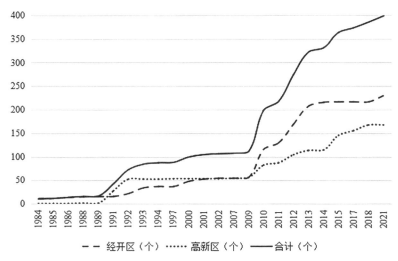

图5-2-1 国家级经开区和国家高新区的成立个数（1984—2021年）

资料来源：以《中国开发区审核公告目录》（2018年版）为基准，结合中国开发区协会、各国家级经开区和国家高新区官网以及商务部、科技部数据补充更新。

从空间分布来看（图5-2-2），国家级经开区和国家高新区的数量基本与当地经济发展水平、科技创新实力正相关，拥有两区最多的前三个省份分别是江苏（44）、浙江（30）和山东（29），其中最少的西藏仅拥有拉萨经济技术开发区1家国家级经开区。需要指出的是，虽然上海、天津、北京等地区内两区数量较少，但胜在规划面积大，集聚效应强。例如，仅北京一家中关村科技园区，便覆盖了48800公顷的空间规模，拥有"1区16园"的空间布局，远远超过了许多省（区）所有国家级经开区和国家高新区面积的总和。

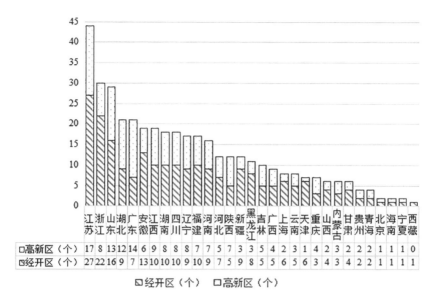

省份	高新区（个）	经开区（个）
江苏	17	27
浙江	8	22
山东	13	16
湖北	12	9
广东	14	7
安徽	6	13
江西	4	10
湖南	4	10
四川	6	10
辽宁	4	9
福建	3	10
河南	3	9
河北	3	7
陕西	5	5
新疆	3	9
黑龙江	5	5
吉林	3	7
广西	4	5
上海	2	6
云南	3	3
天津	1	4
重庆	4	3
西	2	4
内蒙古	3	2
甘肃	2	2
贵州	2	1
青海	2	1
北京	1	1
海南	1	1
宁夏	1	1
西藏	0	

图 5-2-2　截至 2021 年国家级经开区和国家高新区的空间分布

资料来源：以《中国开发区审核公告目录》（2018 年版）为基准，结合中国开发区协会、各国家级经开区和国家高新区官网以及商务部、科技部数据补充更新。

第三节　国家级经开区的发展状况及未来展望

国家级经开区诞生于我国改革开放的初期，现已发展成我国吸引利用外资、拉动外贸经济、探索产业转型的重要承载地。

一、建设过程

国家级经开区的建设脉络可以通过其发展定位的演化这一主线来梳理。1984 年，作为兴办沿海开放港口的重要举措之一，国家级经开区被首次提出，1984 年至 1988 年间，国务院相继批准设立了首批共 14 个国家级经开区[①]。

[①] 需要说明的是，首批 14 个国家级经开区并不是与首批 14 个沿海港口城市一一对应的关系，其中温州和北海没有建立国家级经开区，而上海设立了 3 个国家级经开区：闵行经济技术开发区（1986）、虹桥经济技术开发区（1986）和漕河泾新兴技术开发区（1988）。

从设立初期的各类国家文件措辞来看，国家对国家级经开区寄予的功能是扩大开放层次、更好利用外资、引进先进技术和发展现代工业。1987 年 2 月，第二次全国经济技术开发区座谈会上总结出了开发区"以工业为主，以利用外资为主，以出口创汇为主"更为务实、准确的"三为主"指导方针，并得到了国务院的肯定，正式确立为国家级经开区的发展方针。1989 年，在上海召开的全国经济技术开发区工作会议又进一步确立了"三为主，一致力"的发展原则，即开发区应"以发展工业为主、利用外资为主、出口创汇为主、致力于发展高新技术"。这更多地体现了当时对国家级经开区未来走向的期盼，实际上从引进项目的情况看，当时大多数开发区仍以劳动密集型为主、中小企业为主，技术含量低，技术转让和重大创新很少发生。

经过了国内的结构调整和国外亚洲金融危机的冲击，传统粗放型、简单式的增长模式已经不再适应时代的需求，国家级开发区面临着"第二次创业"的新任务。1999 年，时任国务院副总理吴仪在庆祝开发区 15 周年座谈会上，比较系统地阐述了开发区"第二次创业"的理念内涵，即一是优化产业结构，不断提高开放型经济水平；二是坚定不移地走以内涵为主的发展道路；三是充分发挥开发区的示范和辐射作用，带动区外特别是中西部地区的发展；四是建立和完善社会主义市场经济新体制。总之，开发区二次创业就是要从依靠政策优惠，转为依靠已经形成和进一步完善的投资环境，特别是社会主义市场机制、人才培训、服务和效率等因素构成的投资环境吸引外商。2004 年 12 月，国家级经开区"三为主，一致力"的发展方针升级为"三为主，二致力，一促进"，即"以提高吸收外资质量为主，以发展现代制造业为主，以优化出口结构为主，致力于发展高新技术产业，致力于发展高附加值服务业，促进国家级经济技术开发区向多功能综合性产业区转变"。这个发展方针，为国家级经开区进一步发展指明了新的方向，为国家级经开区的承载使命注入了新的内涵。

为适应新的形势和任务，进一步促进国家级经开区转型升级、创新发展，2014 年 10 月，国务院办公厅发布《关于促进国家级经济技术开发区转型升级创新发展的若干意见》，其中明确了新形势下国家级经开区的发展地位，即"努力把国家级经开区建设成为带动地区经济发展和实施区域发展战略的重要载体，成为构建开放型经济新体制和培育吸引外资新优势的排头兵，成为科技创新驱动和绿色集约发展的示范区"。

为了完善国家级经开区考核制度，2016年3月，国务院办公厅发布《关于完善国家级经济技术开发区考核制度促进创新驱动发展的指导意见》，一方面对国家级经开区的发展定位补充了"成为大众创业万众创新的落脚地"这一内容，另一方面要求商务部建立起考评奖惩制度，动态评估，奖优、罚劣、助新：对发展好的国家级经开区要在金融、土地、人才等方面给予激励政策，更要鼓励其输出管理经验，带动其他国家级经开区协同发展。对发展水平滞后的国家级经开区予以警告和通报，对连续两次考核处于最后5名的，按程序报国务院批准后降为省级经济开发区。对申请新设立或升级为国家级经开区的，给予2年培育期，待培育期满后进行实地考察，经综合评价其各项指标在被培育的省级经济开发区中位居前列的，启动新设或升级办理程序。

据此，商务部于2016年5月制定颁布了《国家级经济技术开发区综合发展水平考核评价办法》（2016年版），并自2016年起每年开展国家级经开区综合发展水平考核评价工作，倒逼各国家级经开区形成你追我赶、加压奋进、创新提升的发展格局，较好地发挥了"指挥棒""警示器"作用。从"奖优"方面看，2021年6月，经考核评估，国务院批准了13个省级开发区升级为国家级经济技术开发区。① 从"罚劣"方面看，6年考核以来，已经有两家国家级

---

① 具体包括河北张家口经济开发区、江苏无锡惠山经济开发区、浙江头门港经济开发区、安徽合肥蜀山经济开发区、山东滕州经济开发区、湖北枣阳经济开发区、湖北汉川经济开发区、湖南永州经济技术开发区、湖南邵阳经济开发区、广东揭东经济开发区、广西北海工业园区、四川成都青白江经济开发区和四川雅安经济开发区，分别定名为张家口经济技术开发区、无锡惠山经济技术开发区、台州湾经济技术开发区、合肥蜀山经济技术开发区、滕州经济技术开发区、枣阳经济技术开发区、汉川经济技术开发区、永州经济技术开发区、邵阳经济技术开发区、揭东经济技术开发区、北海经济技术开发区、成都国际铁路港经济技术开发区和雅安经济技术开发区。《国务院办公厅关于河北张家口经济开发区等13个省级开发区升级为国家级经济技术开发区的复函》，国办函〔2021〕64号，2021年6月17日。

经开区由于连续两年排名最后 5 名而退出国家级经开区序列。①

2019 年 5 月，国务院印发《关于推进国家级经济技术开发区创新提升打造改革开放新高地的意见》，明确了国家级经开区今后工作的目标方向和重点任务，为新时代国家级经开区高质量发展提供了政策保障，同时对国家级经开区寄予了"打造改革开放新高地"的更高期望。为更好促进国家级经开区高质量发展，发挥开放平台示范带动作用，商务部于 2021 年 11 月修订发布了《国家级经济技术开发区综合发展水平考核评价办法》（2021 年版），将用于考核国家级经开区 2022 年之后的发展水平。新的考核评价办法设置了对外开放、科技创新、绿色发展、统筹协调和发展质量五大类一级指标，二级指标数量由 53 项精简为 30 项，进一步强化发展开放型经济的定位和导向，引导国家级经开区为稳住外贸外资基本盘发挥更大作用，为服务构建新发展格局做出更大贡献。

二、取得成就②

国家级经开区作为我国改革开放事业的排头兵，在经济发展、产业转型、对外开放中发挥了示范带动作用，为我国全面建成小康社会做出了重要贡献。"十三五"时期，国家级经开区总体呈现稳中提质、加快发展的良好态势。与 2016 年相比，2020 年国家级经开区的地区生产总值、进出口总额和利用外资金额，分别增长 40%、36% 和 23%。截至 2020 年底，国家级经开区内高新技术企业超过 3 万家，比 2016 年增加 1 倍；绿色低碳发展取得成效，国家级经开区有 51 家获批国家生态工业示范园区、58 家国家循环化改造试点示范园区、71 家国家绿色园区、18 家国家低碳工业园区，分别占全国各类试点总数的 55%、45%、42%、33%，区内单位工业增加值主要污染物排放显著下降。

① 分别是甘肃酒泉经开区（2020 年退出）和宁夏石嘴山经开区（2021 年退出）。
② 本部分数据来源于商务部统计公报和《中国商务年鉴》。

（一）主要经济表现持续向好

2020 年，全国 217 家[①] 国家级经开区统筹疫情防控和经济社会发展，总体取得了明显成效（表 5–3–1）。地区生产总值 11.6 万亿元，同比增长 6.4%，增幅高于同期全国平均水平 4.1 个百分点，占同期国内生产总值比重为 11.5%，对全国经济的拉动引擎作用显著。区内企业数量和注册资本双双实现超过 19% 的增长，贡献了 2600 多万个就业岗位。

区域带动作用不断增强。2020 年，217 家国家级经开区税收收入占所在地级市比重为 17.6%，比上年提高 1.9 个百分点；中部、西部的国家高新区在地区生产总值、固定资产投资、从业人员等方面的增长表现强劲。东、中、西部地区国家级经开区按照市场化原则建立合作园区，积极开展与边（跨）境经济合作区对口帮扶，促进产业有序转移、协调发展。截至 2020 年末，国家级经开区参与共建园区 99 个，对口援疆、援藏、援助边（跨）境经济合作区 192 个。

表 5–3–1　国家级经开区 2020 年主要经济指标

经济指标	217 家国家级经开区		东部地区（107 家）		中部地区（63 家）		西部地区（47 家）	
	2020 年	同比增长率（%）	2020 年	同比增长率（%）	2020 年	同比增长率（%）	2020 年	同比增长率（%）
地区生产总值（百亿元）	1164.97	6.4	740.02	6.3	265.79	6.7	159.16	6.2
工业总产值（百亿元）	2429.41	4.1	1572.06	3.3	577.46	6.6	279.88	3.5
固定资产投资（不含农户）（百亿元）	439.87	7.4	264.54	6.9	108.06	6.1	67.27	11.8

---

① 不包括 2021 年 6 月新升级的 13 家国家级经开区，下同。

续表

经济指标	217 家国家级经开区		东部地区（107 家）		中部地区（63 家）		西部地区（47 家）	
	2020 年	同比增长率（%）	2020 年	同比增长率（%）	2020 年	同比增长率（%）	2020 年	同比增长率（%）
财政收入（百亿元）	214.39	2.8	152.18	2.6	37.62	1.8	24.59	5.7
税收收入（百亿元）	190.85	2.3	133.96	1.4	33.71	2.8	23.18	7
年末全区从业人员（百万人）	26.19	4.5	16.84	3.6	5.96	6.6	3.4	5.2
期末实有内资企业注册资本（百亿元）	3105.1	19.6	2208.19	20.2	474.51	14.5	422.41	22.5
期末实有企业数（百万个）	2.769714	19.9	1.963615	20.3	0.518611	20.2	0.287488	17.1

资料来源：根据《中国商务年鉴（2021 年）》整理计算。

（二）稳外资稳外贸功能进一步强化

在稳定外资，拉动外贸上发挥了更核心的作用（表 5-3-2）。2020 年，国家级开发区实际使用外资和外商投资企业再投资金额 611 亿美元，同比增长 17.5%，占全国各地利用外资（含再投资）比重为 23.1%；进出口总额 6.7 万亿元，同比增长 4.8%，占全国进出口总额比重为 20.8%。

中、西部地区的国家级经开区发展潜力愈发凸显，有利于促进区域协调发展，优化增长极布局。2020 年，中、西部地区国家级经开区在进出口和外资利用的增长表现整体优于东部地区，出口总额上，中部地区国家级经开区同比增长 19.2%，高于东部地区增长率 13.4 个百分点；西部地区国家级经开区同比增长 30.2%，高于东部地区增长率 24.4 个百分点。

表 5-3-2 国家级经开区 2020 年国际贸易和利用外资表现

经济指标	217 家国家级经开区		东部地区（107 家）		中部地区（63 家）		西部地区（47 家）	
	2020 年	同比增长率（%）	2020 年	同比增长率（%）	2020 年	同比增长率（%）	2020 年	同比增长率（%）
出口总额（百亿元）	386.36	7.9	328.9	5.8	42.06	19.2	15.4	30.2
进口总额（百亿元）	282.51	0.8	241.81	−0.1	29.94	3.8	10.76	13.6
实际使用外资及外商投资企业再投资金额（百亿美元）	6.11	17.5	3.59	14.8	1.91	25.1	0.61	11.9
历年累计实际使用外资金额（百亿美元）	87.94	7.4	62.11	6.8	20.05	8.1	5.78	12

资料来源：根据《中国商务年鉴（2021 年）》整理计算。

（三）产业形态向高级化、现代化不断提升

从单一工业生产区，演进成以现代工业为主体，以配套服务业为特色的综合型先进功能区（表 5-3-3）。2020 年，国家级经开区的第二、第三产业的合计生产总值比重达到 98.5%，其中第二产业占比超过六成，第三产业生产总值增速达到 10.9%。

表 5-3-3 国家级经开区 2020 年产业结构和增速

经开区	经济指标（%）	第二产业	工业	第三产业
217 家国家级经开区	占生产总值比重	60.3	54.5	38.2
	2020 年增长率	3.9	4.4	10.9
东部地区（107 家）	占生产总值比重	57.5	52.7	41.2
	2020 年增长率	3.1	3	11.3

续表

经开区	经济指标（%）	第二产业	工业	第三产业
中部地区（63家）	占生产总值比重	66.6	59.2	32.5
	2020年增长率	6	9.1	10.1
西部地区（47家）	占生产总值比重	63.0	55.0	33.9
	2020年增长率	3.9	2.8	10

资料来源：根据《中国商务年鉴（2021年）》整理计算。

从具体行业来看（表5-3-4），国家级经开区的主导产业技术含量较高，创新驱动较强，产业链条较长，产品附加值较高，大都是符合未来发展趋势的朝阳行业。2020年，按规模以上工业总产值从高到低排序，前10项行业中有7项行业属于先进制造领域，10项行业规模以上工业总产值达到16.43万亿元，占到全区总量的68.9%。

表5-3-4　国家级经开区2020年规模以上工业总产值前10项行业

行业	规模以上工业总产值（百亿元）	比重（%）
汽车制造业	350.30	14.7
计算机、通信和其他电子设备制造业	288.47	12.1
化学原料和化学制品制造业	209.46	8.8
电气机械和器材制造业	182.03	7.6
通用设备制造业	128.82	5.4
专用设备制造业	105.83	4.4
有色金属冶炼和压延加工业	102.16	4.3
石油加工、炼焦和核燃料加工业	101.74	4.3
黑色金属冶炼和压延加工业	99.68	4.2
医药制造业	75.16	3.2
总计	1643.65	68.9

资料来源：根据《中国商务年鉴（2021年）》整理计算。

三、未来展望

为更好践行国家级开发区"一重要载体，一排头兵，一示范区，一落脚地，一新高地"的时代使命，2021年10月8日，商务部印发了《关于进一步推进国家级经开区创新提升更好发挥开放平台作用的通知》，明确了未来进一步发展国家级经开区的主要路径。

一是强化稳外贸稳外资示范带动作用。发挥国家级经开区开放平台示范带动作用，健全招商引资工作机制，创新招商引资方式，加大招商引资力度。围绕主导产业和优势产业，开展产业链精准招商，着力引进外资大项目和龙头企业，加快形成更具国际竞争力的外资集聚区，在稳外贸稳外资中发挥更大作用。

二是积极有序引导绿色低碳发展。强化国家级经开区科技创新支撑，促进创新要素聚集。引导国家级经开区绿色低碳可持续发展，鼓励有条件的国家级经开区在碳达峰、碳中和方面先行先试，推动国家级经开区经济社会发展有序绿色转型。

三是维护产业链、供应链稳定。发挥国家级经开区产业集聚优势，鼓励有条件的国家级经开区推行产业链"链长制"，聚焦重点产业培育产业集群。引导东中西部地区国家级经开加强产业对接，深化产业链配套合作。

四是加大财政金融支持。加大外经贸发展专项资金对中西部和东北地区国家级经开区支持力度。落实好商务部与国家开发银行、进出口银行签署的合作协议，加强合作项目对接，支持国家级经开区及区内企业提升发展质量和效益。

五是深化体制机制改革。加快国家级经开区体制机制创新，坚持市场化改革方向，突出经济高质量发展主责主业。持续推动地方政府加大向国家级经开区赋权力度，大力发展"互联网＋政务服务"，全面实现"一网通办""不见面"办事，进一步提升行政效能，提升外贸外资企业服务水平，打造市场化、法治化、国际化营商环境。

六是加强经验复制推广和宣传工作。及时总结各地及国家级经开区改革开放实践案例，加强对海南自贸港、自贸试验区等经验做法的复制推广。大力宣传好经验、好做法，展现国家级经开区良好精神风貌和高质量发展成果。促进国家级经开区协同发展，推动产业向中西部和东北地区转移、在高质量发展中促进共同富裕。

七是扎实做好基础工作。商务部作为主管部门，要继续完善国家级经开区统计调查制度，严把统计质量关，严格落实相应机构和人员统计职责，加强经济运行监测分析。全面落实开发区安全生产责任制，保持安全生产形势持续稳定。同时各相关省级商务主管部门要切实发挥牵头部门作用，结合各地实际情况，加强指导协调，完善配套措施，确保国家出台的各项政策措施落到实处、发挥实效，督促国家级经开区加快转型升级。

第四节　国家高新区的发展状况及未来展望

建设国家高新区是中共中央、国务院为推进我国改革开放和社会主义现代化建设，加快经济体制和科技体制改革，迎接世界新技术革命挑战作出的重大战略部署。在30多年的艰苦奋斗中，国家高新区走出了一条具有中国特色的高新技术产业化道路，成功探索出了科技与经济紧密结合的有效途径，积累了促进高新技术产业发展的宝贵经验，在体制机制创新、科技创新、产业发展、创新创业等方面取得了显著成就。

一、建设过程

国家高新区的发展经历了3次艰苦创业，其肩负的时代使命随着国情演变不断调整。其间，国家一系列关键政策为国家高新区发展注入了强大动力，激励其在科技成果转移转化、科技金融、人才引进和培养、包容审慎监管等方面开展政策创新和先行先试。

　　国家高新区第一次创业期处于 20 世纪 80 年代末至 21 世纪初。为迎接新技术革命带来的挑战，提升我国经济增长的技术内涵和创新实力，1984 年，国家科学技术委员会在《关于迎接新技术革命挑战和机遇的对策》中讨论要制定新技术园区和企业孵化器。1985 年，中共中央发布《关于科学技术体制改革的决定》，首次提出要在全国选择若干智力资源密集的地区建设新兴产业开发区。1988 年 5 月 20 日，北京市宣布以中关村为中心建立新技术产业开发试验区，我国首个国家高新区（中关村科技园区）的前身就此诞生。同年 8 月，我国国家高新技术产业化发展计划（火炬计划）开始实施，创办高新技术产业区是其中的重要组成部分，标志着我国国家高新区建设以国家专题战略的形式正式拉开帷幕。火炬计划对国家高新区的发展影响深远，目前一些成立较早的国家高新区在命名上仍然体现了这一特点，如厦门火炬高技术产业开发区、中山火炬高技术产业开发区。

　　1988 年至 2001 年间，共有 53 家国家高新区成立，初步构建起一次创业期内国家高新区体系的生产基础。在 1991 年和 1999 年，国家分别发布了《关于深化高技术产业开发区改革，推进高技术产业发展的决定》和《关于加强国家高新技术产业开发区发展的若干意见》阐述工作任务，给予政策支持。

　　国家高新区第二次创业期处于 2002 年至 2011 年。一次创业期，国家高新区实际工作重点主要还围绕在基础设施建设、招商引资规划和生产能力提升上，而对于科技成果转移转化、技术经济价值挖掘和内生式发展模式探索等方面有所欠缺。为此，科技部于 2001 年适时提出了国家高新区"二次创业"的口号，并提出二次创业的高新区建设要重点推进"五个转变"①。2002 年 1 月，科技部印发了《关于进一步支持国家高新技术产业开发区发展的决定》，提出今后 5 到 10 年，国家高新区将进入以科技创新和体制创新为动力，

---

① 一是要加快实现从主要依靠土地、资金等要素驱动向主要依靠技术创新驱动的发展模式转变；二是要从主要依靠优惠政策、注重招商引资向更加注重优化创新创业环境、培育内生动力的发展模式转变；三是要推动产业发展由大而全、小而全向集中优势发展特色产业、主导产业转变；四是要从注重硬环境建设向注重优化配置科技资源和提供优质服务的软环境转变；五是要从注重引进来、面向国内市场为主向注重引进来与走出去相结合、大力开拓国际市场转变。

以培养高新技术产业为主要任务的二次创业阶段。

在本阶段，以促进产业的价值链升级和以技术创新为本的内涵发展为主要目标，国家高新区的主要工作集中在引进研发机构和科教资源、营造园区的知识氛围以及搭建创新平台、促进科技成果转化和建设孵化器，等等。2005 年 6 月，国务院提出了国家高新区"四位一体"的发展定位，即高新区成为促进技术进步和增强自主创新能力的重要载体，成为带动区域经济结构调整和经济增长方式转变的强大引擎，成为高新技术企业"走出去"参与国际竞争的服务平台，成为抢占世界高新技术产业制高点的前沿阵地。

国家高新区第三次创业期处于 2012 年至今。党的十八大以来，国际国内的大环境都发生了重大变化，创新成为我国五大发展理念之首，创新的性质和范畴也在发生改变，习近平总书记特别指出"推动以科技创新为核心的全面创新"，国家高新区的队伍数量、空间范围、经济体量也都急剧放大，需要承载引领创新驱动发展的时代新任务。

2013 年 3 月，科技部印发《国家高新技术产业开发区创新驱动战略提升行动实施方案》，对国家高新区创新驱动战略提升行动的内涵、目标、重点任务和组织实施等方面进行了全面部署；指出国家高新区的建设和发展经过 10 年的初创发展阶段和 10 年的"二次创业"发展阶段，正迈入新的发展阶段，这个阶段的总体要求是创新驱动、战略提升；要以加快转变经济发展方式为主线，以增强自主创新能力为核心，以深化改革开放为动力，以促进科技与经济社会发展紧密结合为重点，全力提升国家高新区的科学发展水平，最终实现"四个跨越"①。

2017 年 4 月，科技部发布《国家高新技术产业开发区"十三五"发展规划》，明确了"十三五"期间国家高新区的战略定位，着力推动国家高

① 从前期探索、自我发展向建立起创新示范和战略引领的使命跨越；从立足区域、集约发展的资源配置方式，向面向全球、协同创新的产业组织方式跨越；从要素集中、企业集聚的产业基地，向打造有国际竞争力、国际影响力的创新型产业集群跨越；从工业经济、产业园区向知识经济、创新文化、现代生态文明、和谐社区的高科技产业增长极的跨越。

新区创新示范和战略引领，将国家高新区建设成为具有重大引领作用和全球影响力的创新高地，培育和发展战略性新兴产业的关键载体，转变发展方式和调整经济结构的重大引擎，建设创新型国家和世界科技强国的重要支点。

2020 年 7 月，《国务院关于促进国家高新技术产业开发区高质量发展的若干意见》提出要牢固树立新发展理念，继续坚持"发展高科技、实现产业化"方向，以深化体制机制改革和营造良好创新创业生态为抓手，以培育发展具有国际竞争力的企业和产业为重点，以科技创新为核心着力提升自主创新能力，围绕产业链部署创新链，围绕创新链布局产业链，培育发展新动能，提升产业发展现代化水平，将国家高新区建设成为创新驱动发展示范区和高质量发展先行区。

2021 年 1 月，科技部印发《国家高新区绿色发展专项行动实施方案》，围绕把国家高新区建设成为"创新驱动发展示范区和高质量发展先行区"的目标定位，提出要强化底线思维，把绿色发展理念贯彻到一切工作之中，推动国家高新区加强绿色技术供给、构建绿色产业体系、实施绿色制造工程、提升绿色生态环境、健全绿色发展机制，进一步探索和形成科技创新引领绿色崛起的高质量发展路径，将国家高新区打造成为引领科技创新、经济发展与绿色生态深度融合、协调发展、全面支撑生态文明建设和美丽中国建设的示范区。

为了在新形势下更好监督评估国家高新区发展动态，2021 年 4 月，科技部修订印发了《国家高新技术产业开发区综合评价指标体系》，这也是继 1993 年、1999 年、2004 年、2008 年和 2013 年后，科技部第六次丰富完善国家高新区评价指标体系。本次修改重点围绕国家高新区高质量发展的发展动力、发展支撑、发展环境、发展路径、发展绩效五大方面，形成了"创新能力和创业活跃度""绿色发展和宜居包容性""结构优化和产业价值链""开放创新和国际竞争力""综合质效和持续创新力"5 个一级指标。这些一级指标内容与新发展理念形成呼应对照，如"创新能力和创业活跃度"

对应"创新发展","结构优化和产业价值链"对应"协调发展","绿色发展和宜居包容性"对应"绿色发展"和"共享发展","开放创新和国际竞争力"对应"开放发展","综合质效和持续创新力"反映创新驱动发展的综合质效。

二、取得成就

经过 30 多年的发展,国家高新区紧紧围绕"发展高科技,实现产业化"这一宗旨,以促进科技与经济紧密结合为核心,在支撑经济发展、优化创新创业环境、提升自主创新能力、促进体制机制改革、培育新兴产业方面取得显著成绩,成功探索了一条中国特色创新驱动发展的道路,成为区域经济发展的强大引擎。

(一)保障国家经济平稳高质量增长

面对突如其来的全球公共卫生危机,国家高新区顶住压力,逆势而上,持续保持中高速增长。"十三五"期间,按照 2015 年 147 家国家高新区同比计算,高新区企业营业收入、净利润、出口总额较"十二五"末分别实现年复合增长率 10.1%、12.6% 和 7.0%。

成为支撑国民经济发展的压舱石,推进地方区域动能持续优化升级。2020 年,169 家国家高新区园区生产总值达到 1355.66 百亿元,占全国总量比重达 13.3%,其中高新区的园区生产总值占所在城市地区生产总值比重达到 50% 以上的为 8 家,30% 以上的为 31 家,比重达到 20% 以上的为 58 家;区内企业实际上缴税费总额为 186.26 百亿元,占全国税收收入比重达 12.1%。

主要经济指标全面优化,实现发展速度和运营质量双丰收。2020 年,国家高新区统筹疫情防控和经济社会发展,实现营业收入 4279.98 百亿元、工业总产值 2563.56 百亿元、净利润 304.42 百亿元、实际上缴税费 186.26 百亿元、出口总额 447.27 百亿元,同比分别增长 11%、6.7%、16.6%、0.2% 和 8.1%(表5-4-1)。

表 5-4-1　国家高新区 2020 年主要经济指标和同比增速

经济指标	2020 年	同比增速（%）
营业收入（百亿元）	4279.98	11
工业总产值（百亿元）	2563.56	6.7
净利润（百亿元）	304.42	16.6
实际上缴税费（百亿元）	186.26	0.2
出口总额（百亿元）	447.27	8.1

资料来源：科技部火炬中心。

（二）持续强化科技创新内生驱动能力

国家高新区坚持以"发展高科技、实现产业化"为使命，不断加强技术创新，把科学技术转变为现实生产力，实现高新区产业发展的多样化和高端化，把高新区建设成产业高地。以高技术制造业和高技术服务业[1]共同构成的高技术产业已经成为国家高新区产业的重要构成部分。2020 年，169 家国家高新区中属于高技术产业的企业达 90129 家，占高新区企业总数的 54.5%；从业人员达 1059.3 万人，占高新区从业人员总数的 44.4%。2020 年高技术产业创造的营业收入、工业总产值、净利润、上缴税费和出口总额分别为 1495.48 百亿元、834.64 百亿元、135.98 百亿元、57.57 百亿元和 288.21 百亿元，占高新区总体经济指标的比重均超过 30%，其中出口总额占高新区企业比重达 64.4%（表 5-4-2）。

表 5-4-2　国家高新区 2020 年高技术产业主要经济指标

经济指标	2020 年	同比增长（%）	占高新区比重（%）
企业数量（家）	90129	22.3	54.5
从业人员（万人）	1059.3	13.7	44.4

---

[1] 高技术制造业和高技术服务业的识别分别以《国民经济行业分类》（GB/T4754-2017）和《国民经济行业分类》（GB/T4754-2017）为参照。

经济指标	2020 年	同比增长（%）	占高新区比重（%）
营业收入（百亿元）	1495.48	17.2	34.9
工业总产值（百亿元）	834.64	11.7	32.6
净利润（百亿元）	135.98	37.9	44.7
上缴税费（百亿元）	57.57	6.2	30.9
出口总额（百亿元）	288.21	13.9	64.4

资料来源：科技部火炬中心。

从企业数量上看，在国家高新区高技术产业中，高技术制造业企业为
20578 家，高技术服务业企业共 69551 家，是前者的 3 倍多。从创收体量上
看，高技术制造业依然是贡献关键指标总量的主力军，集聚优势突出，以较
低的资源投入创造了更大回报；而高技术服务业增长更快，除出口总额外，
高技术服务业主要指标增速均高于高技术制造业的增长率，正在成长为支撑
高新区发展的重要力量（表 5-4-3）。

表 5-4-3　国家高新区 2020 年高技术制造业和高技术服务业主要指标

指　标	高技术制造业	高技术服务业	高技术制造业同比增速（%）	高技术服务业同比增速（%）
企业数量（个）	20578	69551	13.3	25.3
从业人员（万人）	517.8	541.5	11.0	16.4
营业收入（百亿元）	842.79	652.69	14.0	21.6
净利润（百亿元）	62.52	73.47	18.7	59.9
上缴税费（百亿元）	31.16	26.42	4.1	8.7
出口总额（百亿元）	265.41	22.80	14.6	6.1

资料来源：科技部火炬中心。

（三）推动生产转向集约绿色高效模式

坚持科技创新的发展方式，促进生产效率不断提升，人均享有的社会经济资源和成果持续维持在较高水平。2020 年，国家高新区的劳动生产率为36.6 万元 / 人，是全国全员劳动生产率的 2.7 倍；人均营业收入和人均净利润分别是 179.6 万元和 12.8 万元，同比分别增长 3.1% 和 8.5%。

积极践行新发展理念，坚持走创新、协调、绿色发展的新型工业化道路，实现了从科技价值到经济价值、再到社会价值的转变，集约式发展成为普遍形态。区内工业企业万元增加值综合能耗为 0.451 吨标准煤，平均能耗较2019 年继续降低；区内平均绿化覆盖率达到 41.3%，PM2.5 低于 50 的天数平均为 256.7 天。

（四）加快融入全球开放协同创新体系

积极构建双循环发展格局，加快形成以国内大循环为主体、国内国际双循环相互促进的新发展格局。国家高新区鼓励企业积极开拓和利用国际市场，加快调整和优化企业出口贸易结构，重点发展高附加值的高新技术产品和技术服务出口。区内企业高新技术产品出口总额占全国高新技术产品出口比重为 50.4%，同比提升 3.8 个百分点；技术服务出口总额占全国服务出口比重为 15.1%，同比提高 2.1 个百分点；高新技术产品出口和技术服务出口占高新区出口总额比重分别为 60.4% 和 6.5%（表 5-4-4）。

表 5-4-4　国家高新区 2020 年高新技术产品出口和技术服务出口相关指标

指　标	高新技术产品出口	技术服务出口
出口总额（百亿元）	270.02	29.16
同比增长（%）	14.8	14.3
占高新区出口总额比重（%）	60.4	6.5
占全国同类出口比重（%）	50.4	15.1

资料来源：科技部火炬中心。

引导企业开展境外投资，鼓励企业建立海外分支机构，支持企业通过获取境外知识产权、境外收购等方式，培育国际化品牌，帮助企业塑造全球竞争优势。2020 年，国家高新区纳入统计企业共实现对外直接投资额 1439.7 亿元，虽然较 2019 年同比下降 7.1%，但占全国同期对外非金融类直接投资额比重达到 18.9%；区内企业共设立境外营销服务机构 7656 家，设立境外研究开发机构 2061 家，设立境外生产制造基地 1033 家，其中当年在境外设立的分支机构 1779 家。

三、未来展望

站在新的历史起点，面临全新发展形势，国家高新区要牢固树立新发展理念，坚持习近平总书记"又要高又要新"的嘱托，按照建设"创新驱动发展示范区和高质量发展先行区"的新定位，深入推动科技创新与经济社会融合发展，加快推进现代化经济体系建设，争当新时代创新驱动高质量发展的排头兵，为实现第二个百年奋斗目标做出新的更大贡献。

2020 年 7 月发布的《关于促进国家高新技术产业开发区高质量发展的若干意见》，对新时代国家高新区的高质量发展作出了战略部署和目标展望。到2025 年，国家高新区布局更加优化，自主创新能力明显增强，体制机制持续创新，创新创业环境明显改善，高新技术产业体系基本形成，建立高新技术成果产出、转化和产业化机制，攻克一批支撑产业和区域发展的关键核心技术，形成一批自主可控、国际领先的产品，涌现一批具有国际竞争力的创新型企业和产业集群，建成若干具有世界影响力的高科技园区和一批创新型特色园区。到 2035 年，建成一大批具有全球影响力的高科技园区，主要产业进入全球价值链中高端，实现园区治理体系和治理能力现代化。

为此，一是要着力提升自主创新能力。大力集聚高端创新资源，面向国家战略和产业发展需求，积极引入境内外高等学校、科研院所等创新资源；以骨干企业为主体，联合高等学校、科研院所建设市场化运行的高水平实验设施、创新基地；积极培育新型研发机构等产业技术创新组织。吸引培育一流创新人才，面向全球招才引智，以宽松政策引凤筑巢。加强关键核心技术创新和成果转移转化，加大基础和应用研究投入，加强关键共性技术、前沿引领技术、现代工程技术、颠覆性技术联合攻关和产业化应用，推动技术创新、标准化、知识产权和产业化深度融合，加强专业化技术转移机构和技术成果交易平台建设，培育科技咨询师、技术经纪人等专业人才。

二是进一步激发企业创新发展活力。支持高新技术企业发展壮大，引导国家高新区内企业进一步加大研发投入，建立健全研发和知识产权管理体系，加强商标品牌建设，提升创新能力；持续扩大高新技术企业数量，培育一批具有国际竞争力的创新型企业；进一步发挥高新区的发展潜力，培育一批"独角兽"企业。积极培育科技型中小企业，支持科技人员携带科技成果在国家高新区内创新创业，通过众创、众包、众扶、众筹等途径，孵化和培育科技型创业团队和初创企业。加强对科技创新创业的服务支持，强化科技资源开放和共享，鼓励园区内各类主体加强开放式创新，围绕优势专业领域建设专业化众创空间和科技企业孵化器；发展研究开发、技术转移、检验检测认证、创业孵化、知识产权、科技咨询等科技服务机构，提升专业化服务能力。

三是推进产业迈向中高端。大力培育发展新兴产业，加强战略前沿领域部署，实施一批引领型重大项目和新技术应用示范工程，构建多元化应用场景，发展新技术、新产品、新业态、新模式。推动数字经济、平台经济、智能经济和分享经济持续壮大发展，引领新旧动能转换，促进产业向智能化、高端化、绿色化发展；探索实行包容审慎的新兴产业市场准入和行业监管模式。做大做强特色主导产业，立足区域资源禀赋和本地基础条件，发挥比较优势，因地制宜、因园施策，聚焦特色主导产业，加强区域内创新资源配置和产业发展统筹；发挥主导产业战略引领作用，带动关联产业协同发展，形成各具特色的产业生态。支持以领军企业为龙头，以产业链关键产品、创新链关键技术为核心，推动建立专利导航产业发展工作机制，集成大中小企业、研发和服务机构等，加强资源高效配置，培育若干世界级创新型产业集群。

四是加大开放创新力度。推动区域协同发展，支持国家高新区发挥区域创新的重要节点作用，更好服务于国家重大区域发展战略实施；鼓励东部国家高新区按照市场导向原则，加强与中西部国家高新区对口合作和交流，探索异地孵化、飞地经济、伙伴园区等多种合作机制。打造区域创新增长极，鼓励以国家高新区为主体整合或托管区位相邻、产业互补的省级高新区或各类工业园区等，打造更多集中连片、协同互补、联合发展的创新共同体。融入全球创新体系，面向未来发展和国际市场竞争，在符合国际规则和通行惯例的前提下，支持国家高新区通过共建海外创新中心、海外创业基地和国际合作园区等方式，加强与国际创新产业高地联动发展，加快引进集聚国际高端创新资源，深度融合国际产业链、供应链、价值链。

五是营造高质量发展环境。深化管理体制机制改革，建立授权事项清单制度，赋予国家高新区相应的科技创新、产业促进、人才引进、市场准入、项目审批、财政金融等省级和市级经济管理权限。优化内部管理架构，实行扁平化管理；鼓励有条件的国家高新区探索岗位管理制度，实行聘用制。优化营商环境。进一步深化"放管服"改革，加快国家高新区投资项目审批改革，实行企业投资项目承诺制、容缺受理制，减少不必要的行政干预和审批备案事项；进一步深化商事制度改革，放宽市场准入，简化审批程序，加快推进企业简易注销登记改革；在国家高新区复制推广自由贸易试验区、国家自主创新示范区等相关改革试点政策，加强创新政策先行先试。加强金融服务，鼓励商业银行在国家高新区设立科技支行。

六是加强分类指导和组织管理。加强组织领导，坚持党对国家高新区工作的统一领导；国务院科技行政部门要会同有关部门，做好国家高新区规划引导、布局优化和政策支持等相关工作。省级人民政府要将国家高新区作为实施创新驱动发展战略的重要载体，加强对省内国家高新区规划建设、产业发展和创新资源配置的统筹。所在地市级人民政府要切实承担国家高新区建设的主体责任，加强国家高新区领导班子配备和干部队伍建设，并给予国家高新区充分的财政、土地等政策保障。加强分类指导，坚持高质量发展标准，根据不同地区、不同阶段、不同发展基础和创新资源等情况，对符合条件、有优势、有特色的省级高新区加快"以升促建"。强化动态管理，制定国家高新区高质量发展评价指标体系，突出研发经费投入、成果转移转化、创新创业质量、科技型企业培育发展、经济运行效率、产业竞争能力、单位产出能耗等内容，加强国家高新区数据统计、运行监测和绩效评价。建立国家高新区动态管理机制，对评价考核结果好的国家高新区予以通报表扬，统筹各类资金、政策等加大支持力度；对评价考核结果较差的通过约谈、通报等方式予以警告；对整改不力的予以撤销，退出国家高新区序列。

第六章

海关特殊监管区域和自由贸易试验区

1990 年 6 月,我国第一个海关特殊监管区域——上海外高桥保税区经国务院批准成立,而第一个自由贸易试验区(简称"自贸试验区")中国(上海)自由贸易试验区则诞生于 2013 年。海关特殊监管区域和自贸试验区都是我国联系和发展国内、国外两个市场的重要特殊功能平台,本质上都是在"境内关外"开辟一片特殊区域,着重在税收、审批、贸易等方面实施优惠政策,以便利加工贸易的发展,更好地吸引境内外投资,最终达到深化改革,扩大开放的目的。从这个角度来看,广义而言,某些研究也把自贸试验区归为一类海关特殊监管区域,然而二者在诞生背景、承载功能等方面实际存在着一定的区别和联系,不宜将二者简单混为一谈。简单来说,相比海关特殊监管区域,自贸试验区代表的是一种内部功能更综合、发展情况更高阶的形态;同时,在自贸试验区之上,又存在着自由贸易港这一目前象征着全球最高开放水平的特殊功能区域。总之,在开放程度上,海关特殊监管区域、自贸试验区和自由贸易港是层层递进的关系,在我国区域发展重大战略功能平台体系中,三者构成了一脉相承的实践步伐和目标链条。

本章首先介绍了海关特殊监管区域和自贸试验区的演变历程、空间分布、功能定位等基本情况,接着对海关特殊监管区域和自贸试验区进行对比分析,最后以海南为例介绍我国建设自由贸易港的探索过程、取得成就和未来安排。

第一节　海关特殊监管区域基本介绍

海关特殊监管区域是经国务院批准，设立在中华人民共和国境内，以保税为基本功能，针对货物实施视同"境内关外"进出口税收政策，由海关实行封闭监管的特定经济功能区域。为适应我国不同时期对外开放和经济发展需要，国务院先后批准设立了保税区、出口加工区、保税物流园区、跨境工业区、保税港区、综合保税区等6类海关特殊监管区域。

一、发展历程

从最初的保税区到保税港区和综合保税区，海关特殊监管区域的功能和政策在不断规范和完善。不同的海关特殊监管区域产生的背景不同，直接决定了不同区域在功能定位和政策设计上存在一定差异。综合保税区是我国目前开放程度最高、政策最优惠、手续最简便、功能最齐全的海关特殊监管区域。

在区域功能方面，目前，除保税物流园区外，其他海关特殊监管区域都具备保税加工和保税物流功能。在税收政策方面，海关特殊监管区域与区外之间已形成一定的政策落差，实行以"免税、退税、保税"为主要内容的政策。

（一）保税区

保税区是经国务院批准，设立在我国境内，具备保税加工、保税仓储、进出口贸易和进出口商品展示等功能的海关特殊监管区域。保税区的功能定位较为单一，主要是转口贸易、保税加工、保税仓储等。

20世纪80年代后期，为进一步促进和加快沿海地区的外向型经济发展，为国内企业创造直接与国际经济接轨的生产经营环境，在借鉴国际上自由贸易园区和出口加工区成功经验的基础上，保税区应运而生。我国第一个保税区——上海外高桥保税区于 1990 年 6 月由国务院批准设立，同年 9 月正式启动，是目前全国经济总量最大的保税区。此后，国务院又陆续批准在天津、深圳、广州、厦门、青岛等 13 个沿海开放城市设立了 14 个保税区。目前，15 个保税区中已有 7 个整合优化为综合保税区。

（二）出口加工区

出口加工区是为了方便利用外资、发展外向型经济而设立的以制造、加工或装配出口产品为主要模式的海关特殊监管区域。为规范加工贸易管理，2000 年 4 月，国务院在江苏、辽宁、天津、上海、浙江、北京、山东、广东等省（市）批准设立了首批 15 个出口加工区，按照优化存量、控制增量、规范管理、提高水平的方针，逐步实现对加工贸易企业集中规范管理。同年 10 月，江苏昆山出口加工区率先封关运作，成为中国第一个正式的出口加工区。出口加工区主要功能有保税加工，保税物流以及研发、检测、维修等。

出口加工区的主要税收政策包括：除法律、法规和现行政策另有规定外，境外货物入区保税或免税；货物出区进入境内区外销售，按货物进口的有关规定办理报关手续，并按货物实际状态征税；境内区外货物入区视同出口，实行退税；区内企业之间的货物交易免征增值税和消费税。

目前，仅有广州出口加工区尚未完成向综合保税区的整合转换。

（三）保税物流园区

保税物流园区是指经国务院批准，在保税区规划面积内或者毗邻保税区的特定港区内设置的，专门发展现代国际物流的海关特殊监管区域。在保税物流园区这一模式下，有专门闸口连通保税区和港区，可以做到区港联动，统一监管，解决了从前保税区、出口加工区分属两个海关监管，转关方式监管衔接不畅的问题。为充分发挥保税区政策优势和港口区位优势，促进现代国际物流业的发展，我国自 2003 年开始设立保税物流园区——2003 年 12 月，上海外高桥保税物流园区经国务院批准设立，是我国第一家保税物流园区。

保税物流园区以发展国际中转、国际配送、国际采购和转口贸易等仓储物流产业为主，具体可开展存储进出口货物及其他未办结海关手续货物，对所存货物开展流通性简单加工和增值服务，包括国际转口贸易，国际采购、分销和配送，国际中转，检测、维修，商品展示等业务，不得开展商业零售、加工制造、翻新、拆解及其他与园区无关的业务。保税物流园区主要税收政策与出口加工区基本相同。

2020 年 8 月，经国务院批准，上海外高桥保税物流园区整合优化为上海外高桥港综合保税区。至此，我国所有的保税物流园区已全部整合优化为综合保税区。

（四）跨境工业区

目前，我国属于海关特殊监管区域性质的跨境工业区即珠澳跨境工业区珠海园区。为加强内地与澳门的经济合作，2003 年 12 月，国务院批准设立珠澳跨境工业区。珠澳跨境工业区设在珠海拱北茂盛围与澳门西北区的青洲之间，分为珠海、澳门两个园区，其中珠海园区面积 0.29 平方千米。珠澳跨境工业区以发展工业为主，兼顾物流、中转贸易、产品展销等功能。珠海园区作为珠海保税区的延伸区，实行"保税区 + 出口加工区出口退税政策 +24 小时通关专用口岸"管理模式。珠澳跨境工业区珠海园区的税收政策与出口加工区相同。

（五）保税港区

保税港区是指经国务院批准，设立在国家对外开放的口岸港区和与之相连的特定区域内，具有口岸、物流、加工等功能的海关特殊监管区域。2005 年 6 月，为实施国家建设东北亚枢纽港和国际航运中心的战略，上海洋山保税港区正式经国务院批准设立，成为中国第一个保税港区。

除了港口的功能外，保税港区还整合了原来保税区、保税物流园区、出口加工区等功能，具体包括仓储物流，对外贸易，国际采购，分销和配送，国际中转，检测和售后服务维修，商品展示，研发、加工、制造，港口作业 9 项功能。保税港区享受保税区、出口加工区相关的税收政策。截至 2022 年 3 月，我国共有张家港保税港区和海南洋浦保税港区 2 个保税港区。

（六）综合保税区

综合保税区是具有保税港区功能但设立条件更为宽松的海关特殊监管区域，综合保税区和保税港区的功能和税收政策相似，不同之处在于保税港区仅仅毗邻港区，而综合保税区具备"无水港"特征，能够布局在内陆地区。

综合保税区是国家开放金融、贸易、投资、运输等领域的试验先行区。综合保税区内可发展保税加工、保税物流、保税服务等业务；区内企业生产、加工并销往境内区外的货物，根据企业申请，可选择按其对应的进口料件或按实际报验状态征收关税，进口环节增值税、消费税照章征收。截至2022年3月，我国共有156个综合保税区。

总之，我国海关特殊监管区域经历了从功能比较单一的区域到功能比较完备的区域的发展。保税区、出口加工区、保税物流园区是功能相对比较单一的海关特殊监管区域，而保税港区和综合保税区是最晚出现的，也是目前为止功能最完备的海关特殊监管区域，它们复合了保税区、出口加工区和保税物流园区的功能。与功能的复合性相适应，保税港区和综合保税区的政策还具有叠加性。同时，每种形式的海关特殊监管区域自身功能也在不断拓展。

针对各类海关特殊监管区域存在的新老模式并存、命名不统一、功能重合、政策重叠、重申请轻建设等问题，自2012年起，国家开始推进海关特殊监管区域的统一整合优化。2012年10月，国务院在《关于促进海关特殊监管区域科学发展的指导意见》中指出要稳步推进整合工作，逐步将现有出口加工区、保税物流园区、跨境工业区、保税港区及符合条件的保税区整合为综合保税区。2015年8月，国务院办公厅在《关于印发加快海关特殊监管区域整合优化方案的通知》中要求新设立的海关特殊监管区域统一命名为综合保税区，并在整合功能、整合政策、整合管理方面作了具体要求。

面对国内外更加复杂的发展形势，国家对促进综合保税区高水平开放高质量发展提出了更高要求。2019年1月，国务院在《关于促进综合保税区高水平开放高质量发展的若干意见》中赋予了综合保税区要加快创新升级、打造对外开放新高地的历史使命，首次明确了综合保税区"五个中心"的战略定位：推动综合保税区发展成为具有全球影响力和竞争力的加工制造中心、研发设计中心、物流分拨中心、检测维修中心、销售服务中心；并推出了 21 项各领域政策举措。

为了规范海关对综合保税区的管理，2022 年 1 月，《中华人民共和国海关综合保税区管理办法》（简称《综保区管理办法》）颁布，自 2022 年 4 月 1 日开始实施。《综保区管理办法》在原保税港区管理暂行办法的基础上，优化了综合保税区的政策措施，体现了机构改革后海关新职能，预留了灵活创新发展空间，强调了部门间协同治理，体现了更强的科学性和可实施性。

二、总体分布

截至 2022 年 3 月，我国共有 8 个保税区，1 个出口加工区，1 个跨境工业区，2 个保税港区，156 个综合保税区，共计 168 个海关特殊监管区域（表6-1-1），其中综合保税区占到了 92.9%。目前，我国内地 31 个省（自治区、直辖市）均设立了海关特殊监管区域，其数量与当地综合发展水平和对外区位优势正相关，排名前三的省份分别是江苏（21 个）、广东（16 个）、山东（14 个）。

表 6-1-1　我国海关特殊监管区域的基本信息

省（区、市）	名称	批准时间	面积（公顷）	主要业务和主导产业
北京（2 个）	北京天竺综合保税区	2008.07	594.4	航空贸易、医药贸易、文化贸易
	北京大兴国际机场综合保税区	2020.11	435	商贸电商物流电子商务、电子信息
天津（4 个）	天津东疆综合保税区	2020.05	1029	保税维修再制造、保税研发检测、跨境电商进出口分拨、智慧冷链物流、文化贸易
	天津滨海新区综合保税区	2008.03	159.9	民用航空、物流

续表

省（区、市）	名称	批准时间	面积（公顷）	主要业务和主导产业
	天津港综合保税区	2022.02	292	临港加工、国际贸易、物流
	天津泰达综合保税区	2019.12	106	家具制造、保税维修、物流
河北（4个）	曹妃甸综合保税区	2012.07	459	国际贸易、国际物流、出口加工
	秦皇岛综合保税区	2019.10	204	汽车及零部件、粮油食品精深加工、高端重型装备制造、精密电子信息技术、医养健康
	廊坊综合保税区	2018.01	50	物流、光机电一体化、精密机械
	石家庄综合保税区	2014.09	286	高端制造、物流、国际贸易
山西（1个）	太原武宿综合保税区	2012.08	294	加工贸易、保税物流、保税服务
内蒙古（3个）	呼和浩特综合保税区	2018.09	88	加工制造、商贸物流、加工贸易、配套服务
	鄂尔多斯综合保税区	2017.02	121	保税物流、保税服务、保税加工
	满洲里综合保税区	2015.03	144	物流、保税仓储、保税加工
辽宁（5个）	大连大窑湾综合保税区	2020.08	182	保税加工、物流仓储
	大连湾里综合保税区	2020.05	233	保税加工
	大连保税区	1992.05	125	国际贸易、加工贸易、物流仓储
	营口综合保税区	2017.12	185	跨境电商、物流仓储
	沈阳综合保税区	2011.09	619.82	物流、加工
吉林（2个）	长春兴隆综合保税区	2011.12	489	高端制造、物流、保税展示
	珲春综合保税区	2018.04	104	海产品加工贸易、木制品加工贸易、跨境电商、汽车整车出口

续表

省（区、市）	名称	批准时间	面积（公顷）	主要业务和主导产业
黑龙江（2个）	绥芬河综合保税区	2009.04	180	进出口贸易、进出口加工、物流仓储
	哈尔滨综合保税区	2016.03	329	国际贸易、加工贸易、物流仓储
上海（10个）	洋山特殊综合保税区	2020.05	2236	服务贸易、货物贸易、高端制造
	上海浦东机场综合保税区	2009.11	359	物流、贸易
	上海外高桥港综合保税区	2020.08	103	出口加工、物流仓储、保税商品展示交易
	上海外高桥保税区	1990.06	1103	出口加工、物流仓储、保税商品展示交易
	松江综合保税区	2018.09	410	机电设备、进口食品、生物医药、检测维修、物流分拨
	金桥综合保税区	2018.11	152	汽车零配件、物流中心、新能源、5G智能工厂、医药与医疗器械
	青浦综合保税区	2019.09	158	航空维修、保税加工、保税物流、跨境电子商务
	漕河泾综合保税区	2018.04	80.7	保税贸易、保税展示、保税物流、跨境电商
	奉贤综合保税区	2018.04	188	保税加工、保税物流、保税研发、保税检测
	嘉定综合保税区	2020.05	95	汽车"新四化"、智能传感器及物联网、高性能医疗设备、精准医疗
江苏（21个）	张家港保税港区	2008.11	410	精细化工、新材料、商贸物流
	苏州工业园综合保税区	2006.12	528	电子、机械、新材料、贸易物流
	昆山综合保税区	2009.12	586	电子信息、光电、精密机械
	苏州高新技术产业开发区综合保税区	2010.08	351	电子信息、物流配送、电商

续表

省（区、市）	名称	批准时间	面积（公顷）	主要业务和主导产业
	无锡高新区综合保税区	2012.04	349.7	集成电路、电子、精密设备
	盐城综合保税区	2012.06	228	汽车零部件、光电、电子
	淮安综合保税区	2012.07	492	电子信息、高档色纺、商贸物流
	南京综合保税区	2012.09	503	物流、保税展示交易、电子信息
	连云港综合保税区	2018.05	297	保税仓储、保税加工、国际采购、国际贸易、国际配送、集装箱物流
	镇江综合保税区	2015.01	253	电子信息、新材料、保税物流
	常州综合保税区	2015.01	166	精密机械、新能源、新材料
	吴中综合保税区	2015.01	300	加工贸易、保税物流
	吴江综合保税区	2015.01	100	电子信息、精密机械、保税物流
	扬州综合保税区	2016.01	220	新光源、新能源、保税物流
	常熟综合保税区	2015.01	94	保税加工、保税物流
	武进综合保税区	2015.01	115	电子信息、新光源、新材料
	泰州综合保税区	2015.05	176	装备制造、电子信息、汽车零配件
	南通综合保税区	2013.01	529	生物医药、电子信息、精密机械
	太仓港综合保税区	2013.05	207	物流贸易
	江阴综合保税区	2016.01	360	研发设计、整车进口、封装检测、跨境电商
	徐州综合保税区	2017.12	190	保税加工、保税物流、国际贸易、科技研发、金融服务
浙江（12个）	宁波梅山综合保税区	2008.02	770	国际贸易服务、出口加工、保税仓储
	宁波保税区	1992.11	230	贸易、电子信息、加工制造
	宁波北仑港综合保税区	2020.04	300	信息家电、集成电路、精密机械

续表

省（区、市）	名称	批准时间	面积（公顷）	主要业务和主导产业
	宁波前湾综合保税区	2020.04	71	跨境电商、保税仓储、智能家电
	舟山港综合保税区	2012.09	585	批发和零售、租赁和商务服务、交通运输
	杭州综合保税区	2018.02	200.7	电子信息、汽车配件、跨境电商
	嘉兴综合保税区	2015.01	298	电子信息、制冷剂、轴承
	金义综合保税区	2015.01	179	跨境贸易、科技制造、展示交易
	温州综合保税区	2020.03	144	加工制造、销售服务、物流分拨
	义乌综合保税区	2020.03	134	数字贸易、保税物流、保税加工、保税服务
	绍兴综合保税区	2020.09	172	电路制造、生物医药、跨境电商
	台州综合保税区	2021.12	177	智能制造、新材料、高端生物医药
安徽（5个）	芜湖综合保税区	2015.09	217	电子电器、汽车零部件
	合肥经济技术开发区综合保税区	2019.05	142	电子信息
	合肥综合保税区	2014.03	260	电子信息、装备制造、新材料
	马鞍山综合保税区	2016.08	200.1	电子信息、保税仓储物流、跨境电商
	安庆综合保税区	2020.06	223	口岸通关、保税加工、保税物流、保税服务
福建（7个）	厦门海沧港综合保税区	2020.09	627	航运物流、保税物流、加工制造
	泉州综合保税区	2016.01	204.72	金属加工、航空维修、新材料
	厦门象屿综合保税区	2020.05	19	物流分拨、保税服务、保税维修
	厦门象屿保税区	1992.01	60	物流贸易
	福州保税区	1992.11	60	仓储物流、国际贸易、先进制造

续表

省（区、市）	名称	批准时间	面积（公顷）	主要业务和主导产业
	福州综合保税区	2020.01	65.9	光学加工制造、跨境电商、航运贸易、仓储物流、冷链物流
	福州江阴港综合保税区	2020.06	264	跨境电商、饲料加工、保税仓储、展示交易、保税仓储
江西（4个）	九江综合保税区	2018.09	181	电子电器、高端装备制造、新能源新材料、跨境电商、仓储物流
	南昌综合保税区	2016.02	200	电子通信、商贸物流、生物医药
	赣州综合保税区	2014.01	400	智能终端、进境粮谷、跨境电商
	井冈山综合保税区	2020.04	48	保税加工、保税物流、保税服务
山东（14个）	潍坊综合保税区	2011.01	517	电子信息、机械、新材料
	济南综合保税区	2012.05	522	电子信息、国际物流贸易、跨境电商
	东营综合保税区	2015.05	310	进口食品及加工、新材料、石油装备、供应链管理、创新服务
	章锦综合保税区	2020.06	152	软件研发设计及配套、医药研发与制造、检验检测、国际贸易、跨境电商、供应链金融
	淄博综合保税区	2020.08	184	加工制造、研发设计、物流分拨、检测维修、销售服务
	青岛前湾综合保税区	2019.08	11998	现代海洋、国际贸易、航运物流、现代金融、先进制造
	烟台综合保税区	2020.04	618	汽车和手机部件加工、仓储物流、跨境电商、外贸综合服务
	威海综合保税区	2016.05	229	物流、先进制造、电子信息
	青岛胶州湾综合保税区	2019.10	158	电子信息、精密机械、新材料
	青岛西海岸综合保税区	2018.12	201	电子信息、纺织、机械装备
	临沂综合保税区	2014.08	370	新材料、装备制造、国际物流贸易

续表

省（区、市）	名称	批准时间	面积（公顷）	主要业务和主导产业
	日照综合保税区	2018.05	288	大宗商品贸易和物流、新一代信息技术
	青岛即墨综合保税区	2020.01	120	通用航空、汽车零部件、跨境电商
	青岛空港综合保税区	2022.03	144	航空保税研发及维修、航空器材保税物流、特色冷链、跨境电商
河南（5个）	郑州新郑综合保税区	2010.01	507.3	电子信息
	郑州经开综合保税区	2016.12	320.4	电子信息、跨境贸易、电商
	南阳卧龙综合保税区	2014.11	303	电子信息、装备制造、保税物流
	洛阳综合保税区	2020.05	137	保税物流、保税加工、保税研发、跨境电商、现代服务业
	开封综合保税区	2020.12	178	加工贸易、文化产业、保税研发、现代物流、国际贸易、创新服务
湖北（6个）	武汉东湖综合保税区	2011.08	541	加工贸易、跨境电商、保税物流
	武汉经开综合保税区	2018.11	126	保税加工、保税物流、保税服务、综合服务
	武汉新港空港综合保税区	2016.03	405	仓储、物流
	宜昌综合保税区	2020.01	139	保税加工、物流仓储、口岸作业、综合配套
	襄阳综合保税区	2021.01	200	保税加工、保税物流、保税服务
	黄石棋盘洲综合保税区	2021.08	96.4	加工制造、物流分拨、销售服务
湖南（5个）	衡阳综合保税区	2012.01	257	电子信息
	郴州综合保税区	2016.12	106.61	有色金属加工、电子信息、装备制造

省（区、市）	名称	批准时间	面积（公顷）	主要业务和主导产业
	湘潭综合保税区	2013.09	312	保税加工、国际贸易、物流
	岳阳城陵矶综合保税区	2014.07	298	进口产品加工、电子主板
	长沙黄花综合保税区	2016.05	199	保税加工、国际贸易、物流
广东（16个）	广州南沙综合保税区	2020.07	499	跨境电商、车辆贸易、仓储分拨
	广州白云机场综合保税区	2010.07	294.3	仓储物流
	深圳前海综合保税区	2020.07	290	航运服务、供应链物流、国际贸易、创新金融
	深圳盐田综合保税区	2014.01	217	物流、黄金珠宝、电子信息
	福田保税区	1991.05	135	电子信息、物流、国际贸易
	深圳坪山综合保税区	2020.05	191	电子信息、保税物流、检测维修
	广州黄埔综合保税区	2020.05	49	跨境电商、保税物流、保税维修
	广州保税区	1992.05	140	国际贸易、保税物流、出口加工
	广东广州出口加工区	2000.04	94.74	汽车、物流
	东莞虎门港综合保税区	2018.10	223.7	保税展示、跨境电商、保税物流、保税维修
	珠海保税区	1996.11	300	航天航空、电子信息
	珠澳跨境工业区珠海园区	2003.12	29	保税物流、仓储
	珠海高栏港综合保税区	2018.02	251.4	高端制造业、现代物流业、国际贸易产业、创新服务业

续表

省（区、市）	名称	批准时间	面积（公顷）	主要业务和主导产业
	汕头综合保税区	2020.03	269	保税加工、保税物流、保税服务
	梅州综合保税区	2020.06	253	先进制造、综合物流、国际贸易、现代服务
	湛江综合保税区	2020.12	209	保税加工、保税物流、保税服务
广西（5个）	钦州综合保税区	2020.05	456	航运物流、国际贸易、大宗商品交易、保税期货交割、多类型加工、汽车保税贸易
	广西凭祥综合保税区	2008.12	101	国际中转、保税加工
	北海综合保税区	2018.02	228	电子信息、精密机械、生物制药
	南宁综合保税区	2015.09	237	加工贸易、跨境电商、保税物流
	梧州综合保税区	2021.08	102	保税加工、保税物流、保税服务
海南（3个）	海南洋浦保税港区	2007.09	225.84	冷链物流、粮食加工、游艇
	海口综合保税区	2008.12	193	加工制造、融资租赁、国际商品展示展销
	海口空港综合保税区	2021.05	44	保税维修、保税物流
重庆（6个）	重庆西永综合保税区	2010.02	832	计算机、电子
	重庆两路果园港综合保税区	2022.02	649	国际分拨、创新研发、大宗贸易、维修检测
	重庆江津综合保税区	2017.01	221	保税加工、保税物流、保税服务
	重庆涪陵综合保税区	2018.10	270	保税加工、保税物流、保税服务
	重庆万州综合保税区	2021.01	185	保税加工、保税物流、保税服务
	重庆永川综合保税区	2021.07	111	汽车零部件、高端数控机床、医疗器械等保税加工制造、保税研发设计、保税物流分拨

省（区、市）	名称	批准时间	面积（公顷）	主要业务和主导产业
四川（6个）	成都高新综合保税区	2010.10 2012.01（双流园区）	868	信息技术、装备制造
	成都高新西园综合保税区	2018.01	139	电子信息
	绵阳综合保税区	2020.05	14	加工制造、研发设计、销售服务
	成都国际铁路港综合保税区	2019.12	103	先进制造、国际贸易、保税物流、保税服务
	泸州综合保税区	2019.12	100	保税加工制造、保税研发设计、保税物流分拨、保税检测维修、保税销售服务
	宜宾综合保税区	2019.12	89	保税加工、保税物流、保税仓储
贵州（3个）	贵阳综合保税区	2013.09	301	国际贸易
	贵安综合保税区	2015.01	220	保税加工、保税物流仓储、保税贸易
	遵义综合保税区	2017.07	111	装备制造、特色轻工制造、跨境电商
云南（2个）	昆明综合保税区	2016.02	200	保税加工、保税物流、保税服务
	红河综合保税区	2013.12	329	电子信息、装备制造、新能源、新材料
陕西（7个）	西安综合保税区	2011.02	467	转口贸易、物流、展览展示
	西安关中综合保税区	2020.05	154	航空及零部件制造、仓储物流、半导体设备研发、芯片测试与封装、机械加工
	西安高新综合保税区	2012.09	364	电子信息、国际物流、保税维修
	西安航空基地综合保税区	2018.01	150	飞机装配和维修改装、研发设计、对外贸易
	宝鸡综合保税区	2019.12	322	跨境电商、保税加工
	陕西西咸空港综合保税区	2020.01	172	国际物流、保税服务、航空制造

续表

省（区、市）	名称	批准时间	面积（公顷）	主要业务和主导产业
	陕西杨凌综合保税区	2021.02	88	保税加工、生物科技、跨境电商
甘肃（1个）	兰州新区综合保税区	2014.07	286	进出口贸易、生产加工、跨境电商
宁夏（1个）	银川综合保税区	2012.09	400	物流服务、加工贸易
新疆（4个）	阿拉山口综合保税区	2011.05	560.8	农副产品加工、油气加工、木材加工
	乌鲁木齐综合保税区	2015.07	241	国际贸易、保税物流、出口加工
	霍尔果斯综合保税区	2021.03	361	保税加工、仓储物流、跨境电商、进出口贸易、检测维修、融资租赁
	喀什综合保税区	2014.09	356	跨境电商、国际贸易、保税物流
青海（1个）	西宁综合保税区	2019.12	92	新材料、藏毯绒纺、高原动植物精深加工、现代物流、新型服务业
西藏（1个）	拉萨综合保税区	2020.04	632	羊毛加工业、汽车及机械装配业、净土健康产业、民族手工业、现代物流、现代服务业

资料来源：在《中国开发区审核公告目录》（2018年版）基础上，根据国务院批复文件和各地政府公开报道整理更新。

从功能和产业来看，各地的海关特殊监管区域基本已经完成向综合保税区整合的任务，普遍具备保税加工、保税物流、保税服务等一体化业务功能，并根据立足本土、错位发展的原则，在电子信息、装备制造、跨境电商等不同产业广泛布局。

第二节　自贸试验区基本介绍

自贸试验区是富有中国特色社会主义的重大实践，建设自贸试验区是以习近平同志为核心的党中央在新时代推进改革开放的重要战略举措。其主要功能定位是以制度创新为核心，以可复制可推广为基本要求，在加快政府职能转变、促进投资贸易自由化便利化、金融开放创新服务实体经济等方面先行先试，为全面深化改革和扩大开放探索新途径、积累新经验。同时，各个自贸试验区又立足自身特殊区位禀赋兼顾了地方特色的改革重任。因此，不同于单一属性的经济功能平台，自贸试验区是一类肩负众多改革创新使命的综合性试验田和压力测试区。

目前，海南在建设自贸试验区的同时又开始着手探索建设自由贸易港，是我国在相关领域改革步子迈得最大的地区：一方面，海南自贸试验区的开放力度最大、授权最灵活，其改革措施涉及调整现行法律或行政法规的，经全国人大或国务院统一授权后实施；中央有关部门根据海南发展改革需求，及时下放相关管理权限，给予充分的改革自主权；其他自贸试验区已探索的改革措施，海南可根据需要施行。另一方面，自由贸易港本身就是代表着世界上最高开放水平的自由经济区。

党的十八大以来，自贸试验区的实践开始落地推进。2013 年 9 月，上海自贸试验区挂牌运行，随后为在更广领域、更大范围进行对比试验、互补试验，中共中央、国务院先后部署了广东、辽宁、海南、山东、北京等自贸试验区，增设上海自贸试验区临港新片区，扩展浙江自贸试验区区域。目前，全国共有 21 个自贸试验区和海南自由贸易港，形成了覆盖东西南北中的改革开放创新格局。

一、发展历程

自 2013 年以来至 2021 年底，我国设立了 6 批共 21 个自贸试验区，总面积达 36531.82 平方千米（表 6-2-1）。

表 6-2-1　我国 21 个自贸试验区的基本情况

批次	成立时间	名称	面积（平方千米）	分布片区
第 1 批	2013 年 9 月	中国（上海）自由贸易试验区	28.78	上海外高桥保税区
				上海外高桥保税物流园区
				洋山保税港区
				上海浦东机场综合保税区
	2015 年 4 月		扩展至 120.72	陆家嘴金融片区
				金桥开发片区
				张江高科技片区
	2019 年 7 月		扩展至 240.22	临港新片区
第 2 批	2015 年 4 月	中国（广东）自由贸易试验区	116.2	广州南沙新区片区
				深圳前海蛇口片区
				珠海横琴新区片区
	2015 年 4 月	中国（天津）自由贸易试验区	119.9	天津港片区
				天津机场片区
				滨海新区中心商务片区
	2015 年 4 月	中国（福建）自由贸易试验区	118.04	平潭片区
				厦门片区
				福州片区
第 3 批	2017 年 3 月	中国（辽宁）自由贸易试验区	119.89	大连片区
				沈阳片区
				营口片区

续表

批次	成立时间	名称	面积（平方千米）	分布片区
第3批	2017年3月	中国（浙江）自由贸易试验区	119.95	舟山离岛片区
				舟山岛北部片区
				舟山岛南部片区
	2020年9月		扩展至239	宁波片区
				杭州片区
				金义片区
	2017年3月	中国（河南）自由贸易试验区	119.77	郑州片区
				开封片区
				洛阳片区
	2017年3月	中国（湖北）自由贸易试验区	119.96	武汉片区
				襄阳片区
				宜昌片区
	2017年3月	中国（重庆）自由贸易试验区	119.98	两江片区
				西永片区
				果园港片区
	2017年3月	中国（四川）自由贸易试验区	119.99	成都天府新区片区
				成都青白江铁路港片区
				川南临港片区
	2017年3月	中国（陕西）自由贸易试验区	119.95	中心片区
				西安国际港务区片区
				杨凌示范区片区
第4批	2018年10月	中国（海南）自由贸易试验区	3.39万	海南岛全岛
第5批	2019年8月	中国（山东）自由贸易试验区	119.98	济南片区
				青岛片区
				烟台片区

续表

批次	成立时间	名称	面积（平方千米）	分布片区
第5批	2019年8月	中国（江苏）自由贸易试验区	119.97	南京片区
				苏州片区
				连云港片区
	2019年8月	中国（广西）自由贸易试验区	119.99	南宁片区
				钦州港片区
				崇左片区
	2019年8月	中国（河北）自由贸易试验区	119.97	雄安片区
				正定片区
				曹妃甸片区
				大兴机场片区
	2019年8月	中国（云南）自由贸易试验区	119.86	昆明片区
				红河片区
				德宏片区
	2019年8月	中国（黑龙江）自由贸易试验区	119.85	哈尔滨片区
				黑河片区
				绥芬河片区
第6批	2020年9月	中国（北京）自由贸易试验区	119.68	科技创新片区
				国际商务服务片区
				高端产业片区
	2020年9月	中国（湖南）自由贸易试验区	119.76	长沙片区
				岳阳片区
				郴州片区
	2020年9月	中国（安徽）自由贸易试验区	119.86	合肥片区
				芜湖片区
				蚌埠片区

资料来源：根据国务院相关文件整理得来。

第 1 批：2013 年 9 月，国务院正式批准设立上海自贸试验区。最初由 4 个海关特殊监管区域组合而成。经过初期探索，国家又分别在 2015 年和 2019 年发布《关于印发进一步深化中国（上海）自由贸易试验区改革开放方案的通知》和《关于印发中国（上海）自由贸易试验区临港新片区总体方案的通知》，两次扩容上海自贸试验区。

第 2 批：2015 年 4 月，国务院批复设立广东、天津、福建自贸试验区，开始依托现有新区和海关特殊监管区域设立自贸试验区，首次采取"圈网内 + 围网外"的划区方式。至此自贸试验区内部结构可划分为海关特殊监管区域和非海关特殊监管区域。

第 3 批：2017 年 3 月，国务院批复设立辽宁、浙江、河南、湖北、重庆、四川、陕西自贸试验区。第 3 批自贸试验区开始注重将前两批的可行经验向全国复制推广，注重区域协调发展，向东北、中西部地区和内陆地区布局。

第 4 批：2018 年 4 月，习近平总书记在庆祝海南建省办经济特区 30 周年大会上宣布"党中央决定支持海南全岛建设自由贸易试验区"[①]；10 月，国务院同意设立海南自贸试验区，实施范围为海南岛全岛。海南自贸试验区是目前我国唯一的全岛型和面积最大的自贸试验区。

2018 年 11 月，国务院发布了《关于支持自由贸易试验区深化改革创新若干措施的通知》，在营造优良投资环境、提升贸易便利化水平、推动金融创新服务实体经济、推进人力资源领域先行先试等方面，加大改革授权和开放力度，给予政策扶持，体现特色定位，提出了 53 项切口小、见效快的工作措施，着力打通有关工作的"堵点"和"难点"，推动自贸试验区更好发挥示范引领作用。

第 5 批：2019 年 8 月，国务院批复设立山东、河北、江苏、广西、云南、黑龙江自贸试验区。第 5 批次不仅注重东、西部协调分布，还引入了沿

[①] 习近平：在庆祝海南建省办经济特区 30 周年大会上的讲话，人民网，2018 年 4 月 13 日，http://jhsjk.people.cn/article/29925838。

边地区，将周边更广阔的国家（地区）合作版图纳入我国改革开放格局。

第 6 批：2020 年 9 月，国务院批复设立北京、湖南、安徽自贸试验区，进一步完善我国自贸试验区的分布结构，推广各方面的成功经验。截至 2020 年底，21 个自贸试验区已经为全国范围或特定区域贡献了共 6 批可复制推广的改革试点经验，覆盖投资管理、贸易便利化、金融开放创新事中事后监管、人力资源等各个领域。[①]

二、战略定位

自贸试验区自成立之初，就具有"制度创新高地，而非政策洼地"的定位，因而较少涉及税收等优惠政策，而是重点在更大范围、更广领域、更多层次持续推进差别化的制度创新探索。目前，21 个自贸试验区立足自身区位禀赋，在错位发展的思路下，已形成不同的战略定位和发展目标，彼此之间协同互鉴，共同促进对外开放新格局的形成和全方位改革事业的深化（表6-2-2）。

表 6-2-2 自贸试验区的区位特色、战略定位和发展目标

批次	自贸试验区	区位特色	战略定位	发展目标
第 1 批	上海	东部沿海	率先建立符合国际化和法治化要求的跨境投资和贸易规则体系，使试验区成为中国进一步融入经济全球化的重要载体，打造中国经济升级版，为实现中华民族伟大复兴的中国梦做出贡献	国际高标准自由贸易园区，率先形成法治化、国际化、便利化的营商环境和公平、统一、高效的市场环境
第 2 批	广东	东部沿海	粤港澳深度合作示范区、21世纪海上丝绸之路重要枢纽和全国新一轮改革开放先行地	实现粤港澳深度合作，形成国际经济合作竞争新优势

---

① 各批次复制推广工作的详细内容可见商务部自贸区港建设协调司，http://zmqgs.mofcom.gov.cn/。

续表

批次	自贸试验区	区位特色	战略定位	发展目标
第2批	天津	东部沿海	京津冀协同发展高水平对外开放平台、全国改革开放先行区和制度创新试验田、面向世界的高水平自由贸易园区	国际一流自由贸易园区，在京津冀协同发展和经济转型发展中发挥示范引领作用
	福建	东部沿海	深化两岸经济合作的示范区和21世纪海上丝绸之路核心区	拓展与21世纪海上丝绸之路沿线国家和地区交流合作的深度和广度
第3批	辽宁	东部沿海	建设成为提升东北老工业基地发展整体竞争力和对外开放水平的新引擎	引领东北地区转变经济发展方式、提高经济发展质量和水平
	浙江	东部沿海	东部地区重要海上开放门户示范区、国际大宗商品贸易自由化先导区和具有国际影响力的资源配置基地	以油品为核心的大宗商品全球配置能力显著提升，对接国际标准初步建成自由贸易港区先行区
	河南	中部内陆	服务于"一带一路"建设的现代综合交通枢纽、全面改革开放试验田和内陆开放型经济示范区	引领内陆经济转型发展，推动构建全方位对外开放新格局
	湖北	中部内陆	中部有序承接产业转移示范区、战略性新兴产业和高技术产业集聚区、全面改革开放试验田和内陆对外开放新高地	在实施中部崛起战略和准进长江经济带发展中发挥示范作用
	重庆	西部内陆	"一带一路"和长江经济带互联互通重要枢纽、西部大开发战略重要支点	服务于"一带一路"建设和长江经济带发展的国际物流枢纽和口岸高地，推动构建西部地区门户城市全方位开放新格局，带动西部大开发战略深入实施
	四川	西部内陆	西部门户城市开发开放引领区、内陆开放战略支撑带先导区、国际开放通道枢纽区、内陆开放型经济新高地、内陆与沿海沿边沿江协同开放示范区	在打造内陆开放型经济高地、深入推进西部大开发和长江经济带发展中发挥示范作用

批次	自贸试验区	区位特色	战略定位	发展目标
第3批	陕西	西部内陆	全面改革开放试验田、内陆型改革开放新高地、"一带一路"经济合作和人文交流重要支点	推动"一带一路"建设和西部大开发战略的深入实施
第4批	海南	东部沿海，全岛	围绕建设全面深化改革开放试验区、国家生态文明试验区、国际旅游消费中心和国家重大战略服务保障区，把海南打造成为我国面向太平洋和印度洋的重要对外开放门户	建成投资贸易便利、法治环境规范、金融服务完善、监管安全高效、生态环境质量一流、辐射带动作用突出的高标准高质量自贸试验区，为逐步探索、稳步推进海南自由贸易港建设，分步骤、分阶段建立自由贸易港政策体系打好坚实基础
第5批	山东	东部沿海	加快推进新旧发展动能接续转换、发展海洋经济，形成对外开放新高地	基本建成贸易投资便利、金融服务完善、监管安全高效、辐射带动作用突出的高标准高质量自由贸易园区
	河北	东部沿海	全面落实中央关于京津冀协同发展战略和高标准高质量建设雄安新区要求，积极承接北京非首都功能疏解和京津科技成果转化，着力建设国际商贸物流重要枢纽、新型工业化基地、全球创新高地和开放发展先行区	努力建成贸易投资自由便利、高端高新产业集聚、金融服务开放创新、政府治理包容审慎、区域发展高度协同的高标准高质量自由贸易园区
	江苏	东部沿海	加快"一带一路"交汇点建设，着力打造开放型经济发展先行区、实体经济创新发展和产业转型升级示范区	努力建成贸易投资便利、高端产业集聚、金融服务完善、监管安全高效、辐射带动作用突出的高标准高质量自由贸易园区
	广西	西部沿边	着力建设西南中南西北出海口、面向东盟的国际陆海贸易新通道，形成21世纪海上丝绸之路和丝绸之路经济带有机衔接的重要门户	努力建成贸易投资便利、金融服务完善、监管安全高效、辐射带动作用突出、引领中国—东盟开放合作的高标准高质量自由贸易园区

批次	自贸试验区	区位特色	战略定位	发展目标
第5批	云南	西部沿边	着力打造"一带一路"和长江经济带互联互通的重要通道，建设连接南亚东南亚大通道的重要节点，推动形成我国面向南亚东南亚辐射中心、开放前沿	努力建成贸易投资便利、交通物流通达、要素流动自由、金融服务创新完善、监管安全高效、生态环境质量一流、辐射带动作用突出的高标准高质量自由贸易园区
	黑龙江	东部沿边	建成向北开放重要窗口，着力深化产业结构调整，打造对俄罗斯及东北亚区域合作的中心枢纽	努力建成营商环境优良、贸易投资便利、高端产业集聚、服务体系完善、监管安全高效的高标准高质量自由贸易园区
第6批	北京	东部	建设具有全球影响力的科技创新中心，加快打造服务业扩大开放先行区、数字经济试验区，着力构建京津冀协同发展的高水平对外开放平台	努力建成贸易投资便利、营商环境优异、创新生态一流、高端产业集聚、金融服务完善、国际经济交往活跃、监管安全高效、辐射带动作用突出的高标准高质量自由贸易园区
	湖南	中部内陆	发挥东部沿海地区和中西部地区过渡带、长江经济带和沿海开放经济带结合部的区位优势，着力打造世界级先进制造业集群、联通长江经济带和粤港澳大湾区的国际投资贸易走廊、中非经贸深度合作先行区和内陆开放新高地	推动先进制造业高质量发展，提升关键领域创新能力和水平，形成中非经贸合作新路径新机制，努力建成贸易投资便利、产业布局优化、金融服务完善、监管安全高效、辐射带动作用突出的高标准高质量自由贸易园区
	安徽	中部内陆	发挥在推进"一带一路"建设和长江经济带发展中的重要节点作用，推动科技创新和实体经济发展深度融合，加快推进科技创新策源地建设、先进制造业和战略性新兴产业集聚发展，形成内陆开放新高地	推进开放大通道大平台大通关建设，努力建成贸易投资便利、创新活跃强劲、高端产业集聚、金融服务完善、监管安全高效、辐射带动作用突出的高标准高质量自由贸易园区

资料来源：根据各自贸试验区总体方案内容整理归纳。

在自贸试验区近 10 年的实践中，中共中央、国务院高度重视自贸试验区差异化发展，对于不同自贸试验区赋予相应的战略定位，并在试点共性改革任务的同时，根据每个自贸试验区特点明确特色化的试点任务。各部门和地方充分发挥自贸试验区独特优势，积极开展对比试验和互补试验，从东部沿海到中西部再到沿边地区，服务国家战略的广度和深度不断拓展。各自贸试验区也结合自身战略定位、区位条件、产业基础，深入开展差别化探索，丰富了改革实践，挖掘了改革潜力，辐射带动作用充分发挥。例如，上海自贸试验区搭建长三角资本市场服务基地，服务对接 3000 多家企业，助推长三角企业到科创板上市融资。广东、天津、福建等自贸试验区结合粤港澳深度合作、京津冀协同发展，深化两岸经济合作。河南自贸试验区深入开展跨境电商监管创新，推出跨境电商网购保税进口等新模式，推动跨境电商快速发展。辽宁、湖北、陕西、广西等自贸试验区分别围绕东北老工业基地国有企业改革、中部地区有序承接产业转移、西部大开发、沿边开放等进行探索，取得了初步成果。四川、重庆自贸试验区深入推动多式联运"一单制"改革，推进铁路运单物权化创新，探索陆上贸易新规则，服务"一带一路"建设。

三、建设成效[①]

党的十八大以来，各自贸试验区大胆探索、勇于突破，充分发挥改革开放试验田作用，多点开花、硕果累累，推出了一大批高水平制度创新成果，建成了一批世界领先的产业集群，为我国构建更高水平开放型经济新体制和实现高质量发展奠定了良好基础。

（一）体量飞速发展，制度创新成果不断涌现

近年来，自贸试验区顶住了国内国外复杂局势压力，建设步伐持续加快，为外贸外资基本盘的稳定做出了卓越贡献。2021 年，21 个自贸试验区实际使用外资 2130 亿元，同比增长 19%，比全国高出 4.1 个百分点。进出口总额

---

① 相关数据来源于中国政府网和商务部官网。

6.8 万亿元，同比增长 29.5%，比全国高出 8.1 个百分点。自贸试验区以不到 4‰ 的国土面积创造了全国利用外资总额的 18.5%，全国进出口总额的 17.3%。

同时，自贸试验区从要素开放上升到国际贸易投资规则开放，是新时期我国在投资、贸易、金融、外商投资服务和管理等方面不断进行制度创新和扩大开放的高地。如在投资领域，自贸试验区率先实施外资准入前国民待遇加负面清单管理模式，推动外商投资管理方式由"逐案审批"向信息报告制的重大变革。自贸试验区外资准入负面清单由最初的 190 项压减到 2021 年的 27 项，开放领域涉及第一、二、三的各个产业，开放度、透明度大幅提升。

在贸易领域，2021 年 7 月中共中央、国务院发布《海南自由贸易港跨境服务贸易特别管理措施（负面清单）》（2021 年版）。这是我国在跨境服务贸易领域公布的第一张负面清单，是对现有服务贸易管理模式的重大突破，是我国主动推进高水平制度型开放的又一重要举措，对于推动海南自由贸易港高质量发展、为我国更大范围对外开放进行压力测试、建设更高水平开放型经济，都具有重要意义。

"十三五"时期，自贸试验区探索形成 173 项制度创新成果向全国复制推广，累计达到了 260 项。2021 年，又形成新一批 18 个最佳实践案例，自贸试验区累计推广的制度创新成果达到 278 项。

（二）坚持特色发育，差别化探索持续深化

各自贸试验区始终坚持围绕自身战略定位和区位优势，差别化探索推进国家战略深入实施，打造对外开放新高地。尤其是持续深化差别化探索，加大压力测试，有力地推动了自贸试验区的深化改革创新，有利于在全国形成更多可复制推广经验。在东部，各自贸试验区加速集聚优质要素资源，带动新产业、新模式发展。在中、西部，各自贸试验区着力打造内陆对外开放门户，通过内陆畅通对外开放通道，服务"一带一路"建设。沿边地区找准与周边国家和地区的互补优势，探索跨境贸易、跨境物流、双向投资，服务"一带一路"倡议。

浙江自贸试验区推进长三角一体化发展，积极参与组建长三角自贸试区联盟，实现浙沪跨港区供油、助推海事服务一体化，发布中国舟山低硫燃料油保税船供报价，推动期现联动合作构建一体化油气交易市场。北京自贸试验区围绕京津冀协同发展需要，建设京津冀国家技术创新中心，打造京津冀联动的全球化协同创新服务模式。湖南自贸试验区立足中部崛起战略，着力打造联通长江经济带和粤港澳大湾区的国际投资贸易走廊，发展湘港澳直通物流链，打造郴州国际内陆港和粤港澳大湾区保税货物中西部集散第一站。安徽自贸试验区积极服务"一带一路"建设，在"一带一路"沿线国家布局投资项目，通过核心技术和成套生物设备输出，带动国际产能合作。

海南自贸港建设虽然起步晚，但取得的成绩显著。2018年以来，我国重点加快构建自贸港政策制度体系，出台实施了放宽市场准入特别措施、外商投资准入负面清单、跨境服务贸易负面清单、两个15%所得税等政策，配合编制出台了《中华人民共和国海南自由贸易港法》；稳步推进极简行政审批改革、行政管理体制改革、人才发展体制机制改革等领域的改革，着力推动制度集成创新等措施。

（三）加强顶层设计，政策制度框架基本构建

在自贸试验区建设过程中，中共中央、国务院批准出台28个总体方案、深化方案和扩展区域方案，以及支持自贸试验区进一步创新发展的相关文件，部署3400余项改革试点任务。改革任务涉及贸易自由化便利化、投资自由化便利化、金融服务实体经济、政府职能转变等，初步构建了自贸试验区政策制度的基本框架。各地也向自贸试验区下放省级管理权限近4000项，支持自贸试验区大胆试、大胆闯，形成了一大批制度创新成果向全国复制推广，推动各地开放水平、改革意识、行政效率、发展动能、经济活力进一步提升，形成了改革红利共享、开放成果普惠的良好局面。

与此同时，国家推出了一批含金量比较高的专项政策文件，以解决自贸试验区建设中遇到的一些专业问题，拓展自贸试验区探索的深度和广度。2018年，《国务院关于支持自由贸易试验区深化改革创新若干措施的通知》出台，推出了53项改革措施，加大赋权力度。2019年，《国务院关于在自由贸

易试验区开展"证照分离"改革全覆盖试点的通知》出台。2020年,《国务院关于支持中国(浙江)自由贸易试验区油气全产业链开放发展若干措施的批复》印发。2021年,《关于推进自由贸易试验区贸易投资便利化改革创新的若干措施》出台。这些政策文件在进一步加大自贸试验区改革创新力度的同时,助力加快构建以国内大循环为主体、国内国际双循环相互促进的新发展格局。措施实施后,也推动了各自贸试验区外向型经济、外向型产业的高质量发展。

第三节　海关特殊监管区域和自贸试验区的对比联系

从发展背景来看,一方面,自贸试验区是以海关特殊监管区域为基础建立的,其保税区域的监管制度如账册管理等与海关特殊监管区域一致,其创新制度也是基于海关特殊监管区域政策发展而来,因而海关特殊监管区域为自贸试验区的实践积累了宝贵经验。另一方面,自贸试验区的战略定位又要高于海关特殊监管区域,其目的是加快推动政府职能和行政体制的创新改革,培育有利于中国面向全球的竞争优势。随着自贸试验区建设的不断深化,其为现存海关特殊监管区域带来了诸多改革动力,尤其是倒逼海关特殊监管区域积极顺应全球经济发展新趋势,加快转型整合升级的步伐。

从功能等级来看,海关特殊监管区域是由海关为主实施封闭监管的特定经济功能区域,而自贸试验区不限于传统海关特殊监管区域的做法与内容框架,是中共中央、国务院在新形势下全面深化改革和扩大开放的战略举措,以建设国际最高标准、最好水平的自由贸易区为目标,以制度创新为核心,通过带动投资、金融、贸易、政府管理等制度创新,建立与国际通行规则相衔接的投资贸易制度体系,加快政府职能转变、构建开放型经济新体制,形成可复制、可推广经验辐射全国,实质上超越了海关特殊监管区域的功能定位,是一种更高级、更开放、更综合的特殊功能平台。

从组成结构来看，海关特殊监管区域和自贸试验区经常是以制度政策叠加、后者嵌套前者的形态出现。例如，上海自贸试验区既包括了外高桥保税区、浦东机场综合保税区等 4 种海关特殊监管区域，也包括了其他片区内非海关特殊监管区域。此外，在自贸试验区建设中，不仅需要发挥海关特殊监管区域的保税监管功能，还经常需要借助经开区吸收外资、发展经济和高新区科技研发、产业转换的功能，因此一些自贸试验区会与更丰富的特殊功能平台多重协同，如北京自贸试验区还覆盖了中关村科技园的市场主体。被囊括的综合保税区、经开区等在功能等级上更次一级的特殊功能平台，也能搭上自贸试验区的快车，加快实现自身的转型升级。

从部门管理来看，海关特殊监管区域和自贸试验区的设立都需要由国务院批准，而相关政策文件往往涉及海关总署、商务部、财政部、国家发展改革委等很多部门主体。在实际工作中，综合保税区和自贸试验区一般分别由海关总署和商务部负责考核推进；具体来看，由海关总署自贸区和特殊区域发展司牵头拟订自由贸易区等海关特殊监管区域发展规划、监管制度，承担自由贸易区等海关特殊监管区域的设立和事中事后监督工作；由商务部自贸区港建设协调司协调推进自由贸易试验区和自由贸易港建设有关工作，组织开展制度体系研究，提出相关政策建议，组织拟订并推动实施自由贸易试验区和自由贸易港总体建设方案，承担有关部际协调机制具体工作。

为推动海关特殊监管区域与自贸试验区立足新发展阶段，进一步发挥海关特殊监管区域政策功能优势和自贸试验区改革开放试验田作用，促进两类区域优势互补、协同发展，共同打造更优营商环境，开拓更大发展空间，2021 年 11 月，商务部、海关总署等 8 部门联合印发了《关于推动海关特殊监管区域与自贸试验区统筹发展若干措施的通知》，从统筹完善两类区域布局、统筹优化两类区域管理、统筹用好两类区域政策、统筹推动两类区域产业发展、统筹推进两类区域改革创新、加强组织实施等方面明确了 20 条具体措施，为海关特殊监管区域与自贸试验区的统筹发展、融合发展、创新发展提供了有力的政策支持。可以预见，海关特殊监管区域和自贸试验区在未来将进一步打破体制机制沟通壁垒，朝着高度一体化、广度协同化、深度融合化的趋势一同迈进。

第四节　建设海南自由贸易港

自由贸易港是设在一国（地区）境内关外，货物资金人员进出自由，绝大多数商品免征关税的特定区域，是目前全球开放水平最高的特殊经济功能区。2017 年 10 月，党的十九大报告提出"探索建设自由贸易港"[①]，以自由贸易港为抓手推动形成全面开放新格局。

建设海南自由贸易港是习近平总书记亲自谋划、亲自部署、亲自推动的重大国家战略，是中共中央着眼国内国际两个大局，深入研究、统筹考虑、科学谋划作出的战略决策。海南自由贸易港作为目前我国唯一的中国特色自由贸易港，需要站在更全局的视野担起国家发展的重大战略任务。自由贸易港的建设重点包括赋予地方政府更大的改革自主权，在特定区域特定行业大胆放开，审慎监管；探索形成更灵活的外资准入"负面清单"；以贸易便利化促进贸易转型升级；逐步探索实行低税收政策；开展离岸金融业务；通过制度红利引领高端要素集聚，等等。

一、发展历程

作为我国最大的经济特区，海南地理位置独特，地缘意义突出，北以琼州海峡与广东省划界，其他三面隔海，与菲律宾、文莱、印度尼西亚和马来西亚为邻，是往来印度洋和太平洋的海上要冲，也是连接东北亚和东南亚的区域中心；拥有全国最好的生态环境，同时又是相对独立的地理单元，具有

[①] 习近平：决胜全面建成小康社会 夺取新时代中国特色社会主义伟大胜利——在中国共产党第十九次全国代表大会上的报告，新华网，2017 年 10 月 18 日，http://www.gov.cn/zhuant./2017-10/27/content_5234876.htm。

成为全国改革开放试验田的独特优势，在我国改革开放和社会主义现代化建设大局中具有特殊地位和重要作用。

2018 年 4 月，习近平总书记在庆祝海南建省办经济特区 30 周年大会上宣布"支持海南全岛建设自由贸易试验区，支持海南逐步探索、稳步推进中国特色自由贸易港建设，分步骤、分阶段建立自由贸易港政策和制度体系。这是党中央着眼于国际国内发展大局，深入研究、统筹考虑、科学谋划作出的重大决策，是彰显我国扩大对外开放、积极推动经济全球化决心的重大举措"[①]。由此拉开了海南筹办自由贸易港的序幕。

海南建设和发展自由贸易港需要注意以下几个方面：第一，要体现中国特色，符合中国国情，符合海南发展定位，学习借鉴国际自由贸易港的先进经营方式、管理方法；以开放的环境欢迎全世界投资者到海南投资兴业，积极参与海南自由贸易港建设，共享中国发展机遇、共享中国改革成果。第二，不能以转口贸易和加工制造为重点，而要以发展旅游业、现代服务业、高新技术产业为主导，更加注重通过人的全面发展充分激发发展活力和创造力；在内外贸、投融资、财政税务、金融创新、入出境等方面，探索更加灵活的政策体系、监管模式、管理体制，加强风险防控体系建设，打造开放层次更高、营商环境更优、辐射作用更强的开放新高地。第三，要利用建设自由贸易港的契机，加强同"一带一路"沿线国家和地区开展多层次、多领域的务实合作，在建设 21 世纪海上丝绸之路重要战略支点上迈出更加坚实的步伐。

2018 年 4 月，中共中央、国务院发布《关于支持海南全面深化改革开放的指导意见》，首次明确了海南"三区一中心"（全面深化改革开放试验区、国家生态文明试验区、国际旅游消费中心、国家重大战略服务保障区）的战略定位。要按照先行先试、风险可控、分步推进、突出特色的原则，第一步，先在海南全境以高标准高质量建设自由贸易试验区，赋予其现行自由贸易试验区试点政策；第二步，再探索实行符合中国特色和海南发展定位的自由贸易港政

---

① 习近平：在庆祝海南建省办经济特区 30 周年大会上的讲话，人民网，2018 年 4 月 13 日，http://jhsjk.people.cn/article/29925838。

策。总之，建设海南自由贸易试验区最终目标是建设中国特色自由贸易港。

在上述指导意见指引下，为逐步探索、稳步推进海南自由贸易港建设，为分步骤、分阶段建立自由贸易港政策体系打好坚实基础，2018 年 10 月，《中国（海南）自由贸易试验区总体方案》先行发布，将海南岛全岛划分为自贸试验区，以发展旅游业、现代服务业、高新技术产业为主导，科学安排海南岛产业布局；按发展需要增设海关特殊监管区域，在海关特殊监管区域开展以投资贸易自由化便利化为主要内容的制度创新，主要开展国际投资贸易、保税物流、保税维修等业务；在三亚选址增设海关监管隔离区域，开展全球动植物种质资源引进和中转等业务。2019 年 11 月，商务部等 18 个部门联合印发《关于在中国（海南）自由贸易试验区试点其他自贸试验区施行政策的通知》，在投资贸易、金融开放、航运等领域为海南自贸试验区提供了 30 项宽松的政策内容。

2020 年 6 月，经过前期酝酿和海南自贸试验区的先行验证，中共中央、国务院正式印发《海南自由贸易港建设总体方案》（简称《总体方案》），标志着海南已有贸易港建设整体进入全面实施期。

《总体方案》发布后，习近平总书记先后作出一系列重要指示批示。2021 年 4 月，习近平在博鳌亚洲论坛 2021 年年会开幕式主旨演讲中指出，"中国将积极参与贸易和投资领域多边合作，全面实施《外商投资法》和相关配套法规，继续缩减外资准入负面清单，推进海南自由贸易港建设，推动建设更高水平开放型经济新体制。欢迎各方分享中国市场的巨大机遇"[1]。2021 年 5 月，习近平在致首届中国国际消费品博览会的贺信中指出，"中国愿发挥海南自由贸易港全面深化改革和试验最高水平开放政策的优势，深化双边、多边、区域合作，同各方一道，携手共创人类更加美好的未来"[2]。

在习近平总书记的亲自推动下，中央全面深化改革委员会先后审议通过

---

[1] 习近平：在博鳌亚洲论坛 2021 年年会开幕式上的视频主旨演讲，新华网，2021 年 4 月 20 日，http://jhsjk.people.cn/article/32082690。

[2] 习近平：向首届中国国际消费品博览会致贺信，新华网，2021 年 5 月 6 日，http://jhsjk.people.cn/article/32096116。

一系列配套改革方案，为海南全面深化改革开放和自由贸易港建设作出科学的顶层设计。2021年6月10日，第十三届全国人民代表大会常务委员会第二十九次会议通过《中华人民共和国海南自由贸易港法》，为海南自由贸易港建设提供坚实法律保障。中共中央成立了推进海南全面深化改革开放领导小组，领导小组办公室设在国家发展改革委，构建起"中央统筹、部门支持、省抓落实"的工作机制。在贸易领域，中共中央、国务院批准于2021年7月发布《海南自由贸易港跨境服务贸易特别管理措施（负面清单）》（2021年版）。这是我国在跨境服务贸易领域公布的第一张负面清单，是对现有服务贸易管理模式的重大突破，是我国主动推进高水平制度型开放的又一重要举措，对于推动海南自由贸易港高质量发展、为我国更大范围对外开放进行压力测试、建设更高水平开放型经济，都具有重要意义。

二、取得成就①

自2020年《总体方案》正式发布以来，海南认真贯彻中共中央重大战略部署，高举改革开放旗帜，把准方向、勇于担当、主动作为，争创中国特色社会主义生动范例迈出坚实步伐，海南自由贸易港建设取得了一系列早期成果。

（一）一批核心政策落地实施

离岛免税"新政"成效明显。自2020年7月新政实施至2021年5月，海口海关监管离岛免税购物金额431亿元、购物5531万件、购物旅客611万人次，同比分别增长219%、239%、101%。2021年"五一"期间，离岛免税销售额9.93亿元、购物人数12.1万人、购物件数134.5万件，同比分别增长248%、141%、229%。

实施鼓励类产业企业所得税和高端紧缺人才个人所得税两个15%所得税优惠政策。政府主动送政策上门，向符合条件的人才和企业致信解释如何享受所得税优惠政策。2020年6月1日至12月31日，全省共引进人才11万多

---

① 数据来源于海南自由贸易港官网，https://www.hnftp.gov.cn/。

人，同口径增长 1730%，两年多来引进各类人才 20.8 万人。

贸易投资便利化水平进一步提升。原辅料"零关税"政策、交通工具及游艇"零关税"政策发布实施，海南自由贸易港外商投资准入特别管理措施出台实施。出台洋浦保税港区海关监管办法，实行"一线放开、二线管住"进出口管理制度，2020 年进出口总额和产值分别增长 1.3 倍和 1.96 倍。

金融服务实体经济能力不断增强。启动本外币合一银行账户体系试点，2020 年全口径跨境融资杠杆率提高至 2.5 倍。出台开展合格境外有限合伙人境内股权投资暂行办法，首只落地的合格境外有限合伙人基金已汇入投资基金 1.49 亿美元。2020 年全省离岸新型国际贸易结算量是上年度的 9 倍。

航运、航空新政作用显现。21 艘"中国洋浦港"国际货轮命名交付，集装箱班轮航线不断加密，开通了首条洲际越洋航线，外贸航线增加到 14 条。试点开放客运、货运第七航权，保税航油销售价格实现国内最低，国内多家知名公务机企业落户江东新区，博鳌机场即将开放国际口岸。

跨境数据安全有序流动取得新进展。工信部批准设置海口区域性国际通信业务出入口局，同意在 9 个重点园区建设国际互联网数据专用通道。

（二）法治建设扎实推进

全力配合开展自贸港立法工作。成立自贸港法协助调研工作组，全力协助全国人大常委会做好自贸港法立法工作。十三届全国人大常委会第 24 次会议已经审议了海南自由贸易港法草案的议案，目前正面向社会公开征求意见。

加快地方立法。海南省人大常委会先后审议通过反走私暂行条例、热带雨林国家公园条例等 10 件法规，修改红树林保护规定等 4 项法规，正在加快研究出台海南自贸港公平竞争条例、破产条例等地方性法规。

探索建立与国际接轨的仲裁规则。成立中国国际经济贸易仲裁委员会海南仲裁中心、中国海事仲裁委员会海南仲裁中心，海南自由贸易港知识产权法院已于 2020 年 12 月 31 日揭牌。

（三）重大功能平台发展势头良好

重点园区管理体制改革取得积极进展。11 个自贸港重点园区同步挂牌，种类覆盖经济开发区、高新技术产业开发区、综合保税区、生态软件园等各有侧重、互补协同的功能平台（表6-4-1）；相继实施园区管理体制改革，11个园区内的企业数约占全省总量1/10。

表6-4-1　海南自由贸易港的11个园区载体和特色定位

园区载体	特色定位
洋浦经济开发区	我国第一个由外商成片开发、享受保税区政策的国家级开发区，国家首批新型工业化产业示范基地、国家循环化改造示范试点园区和国家首批绿色园区
博鳌乐城国际医疗旅游先行区	海南自贸区（港）建设的先行区，中国内地唯一真实世界数据应用的先行区
海口江东新区	生态环境本底资源优越独特，具备打造国际化滨江滨海花园城市的高水平生态优势
海口国家高新技术产业开发区	海南唯一的国家级高新技术产业开发区，重点发展医药与医疗器械、高端低碳制造业、智能传感器及信息技术等高新技术产业，是海南省、海口市高新技术产业发展的主体承载区
陵水黎安国际教育创新试验区	国家级教育创新发展示范区，高素质、国际化、创新型人才培养基地，"一带一路"沿线国家学生留学重要目的地，新时代中国教育对外开放新标杆的集中展示窗口
文昌国际航天城	中国首个滨海发射基地，航天领域重大科技创新产业基地、空间科技创新战略产业基地、融合创新示范产业基地、航天国际合作产业基地和航天超算中心
三亚中央商务区	旨在更好地统筹和推动三亚总部经济和中央商务及三亚邮轮游艇产业园的建设管理工作
海口复兴城互联网信息产业园	数字经济总部集聚区、国际离岸创新创业基地，围绕智能物联、数字贸易、科技金融和国际离岸创新创业四大产业方向
海口综合保税区	海南唯一的综合保税区及2个海关特殊监管区域之一，目前海南开放层次最高、外向经济集聚度较强的园区，具有口岸、物流、加工等功能的海关特殊监管区域
三亚崖州湾科技城	陆海统筹、开放创新、产业繁荣、文化自信、绿色节能的先导科技新城
生态软件园	海南互联网信息产业主要载体和平台，国家级科技企业孵化器、国家新型工业化产业示范基地

资料来源：海南自由贸易港官网。

洋浦率先试行"一线放开、二线管住"的进出口管理制度。进出境通关手续大幅简化。2020 年港口吞吐量达到 5664 万吨,同比增长 12.95%;集装箱突破 100 万标箱,同比增长 44.02%。

博鳌乐城制定实施园区制度集成创新改革方案。国外已上市而国内未上市的临床急需特许药械审批效率提升 90% 以上,吸引 12 家医疗机构、51 个院士专家团队进驻。使用创新药械超过 110 种,可用抗肿瘤新药、罕见药达100 种。初步实现医疗技术、设备、药品与国际先进水平"三同步"。

国际旅游消费中心建设加快推进。成功举办第三届海南岛国际电影节、国际旅游消费年等活动,2020 年全年新评 8 家 A 级旅游景区,其中 AAAA 级景区 3 家,游艇产业加快集聚,新增游艇相关服务企业 40 家。

(四)对外开放水平全面提升

组织举办各类高层次对外交流活动,不断提升海南自贸港的国际影响力。2020 年 8 月 12 日至 15 日,37 国 73 位驻华大使以及驻穗、驻沪领事官员集中访琼,是海南建省办经济特区以来规模最大、规格最高的驻华使节集体来访活动。9 月 28 日,出席第 13 届中国绿公司年会的 22 位驻华大使、公使、驻穗总领事等官员与海南省座谈,深入交流海南自贸港政策、探讨合作发展项目。11 月 26 日,中国贸促会邀请近 20 位外国在华贸促机构、商协会代表访问海南自贸港。

2020 年,海南全年实际利用外资约 30 亿美元,实现连续 3 年翻番目标;在海南设立外资企业的国家和地区比 2018 年增加 40 多个,经济小省迈向利用外资新高地。

(五)营商环境明显改善

制度创新取得积极进展。制定出台《海南自由贸易港制度集成创新行动方案(2020—2022)》。截至 2020 年,累计发布了 10 批 103 项制度创新案例,发挥了以制度创新破解体制机制障碍的示范作用。

政府审批与服务效率明显提升。设立行政审批、国际投资、国际贸易、人才服务等"单一窗口",压缩审批时限 7 至 8 成。海关审批事项全部实现

"一个窗口"和网上办理,出口整体通关时间与 2019 年同期相比下降 40.5%。国际船舶登记申请材料和审批时间压缩 60% 和 86%。

持续推进实施优化营商环境行动计划(2018、2019、2020)取得实际效果。据第三方评估机构依照世界银行评价指标体系测算,2020 年海南总分为 77.9,在全球 190 个经济体中排名第 32 位。其中,企业开办排名上升到第 7 位,登记财产排名上升到第 22 位。

三、未来展望

目前,海南自由贸易港建设才刚刚步入全面实施时期,还处在打基础、搭架子、创环境的初步阶段。这一工作既急不得,也慢不得,必须扎扎实实推进,有序实现海南自贸试验区与自由贸易港无缝对接,在大胆尝试、稳妥监管的步伐中完成分阶段目标。

海南自由贸易港建设要提高站位、扩大视野,立足全国、放眼世界,始终站在新时代党和国家事业发展全局、站在服务国家重大战略的高度想问题、办事情。招商引资要更加注重引进外资,坚持引进符合中国国情、符合海南实际、符合高质量发展要求的产业项目和市场主体,用最好的资源吸引最好的投资,形成资本增量,既为海南也为全国做贡献。深入实施百万人才进海南行动计划,坚持人才引进和培养"双轮驱动",更加注重引进国际人才,开展国际人才管理改革试点,探索建立与国际接轨的全球人才招聘、服务管理制度。着力打造四小时八小时飞行经济圈,建设国际陆海贸易新通道新支点,打造南海资源开发服务保障基地、国际经济合作和文化交流平台,拓展与"一带一路"有关国家和地区的交流合作,更好服务国家战略。

(一)发展目标

《总体方案》对海南自由贸易港至 21 世纪中叶的发展目标和阶段安排进行了详细的部署。

到 2025 年,初步建立以贸易自由便利和投资自由便利为重点的自由贸易港政策制度体系。营商环境总体达到国内一流水平,市场主体大幅增长,产业竞争力显著提升，风险防控有力有效，适应自由贸易港建设的法律法规逐步完善，经济发展质量和效益明显改善。

到 2035 年，自由贸易港制度体系和运作模式更加成熟，以自由、公平、法治、高水平过程监管为特征的贸易投资规则基本构建，实现贸易自由便利、投资自由便利、跨境资金流动自由便利、人员进出自由便利、运输来往自由便利和数据安全有序流动。营商环境更加优化，法律法规体系更加健全，风险防控体系更加严密，现代社会治理格局基本形成，成为我国开放型经济新高地。

到 21 世纪中叶，全面建成具有较强国际影响力的高水平自由贸易港。

（二）分步骤分阶段安排

2025 年前重点任务。围绕贸易投资自由化便利化，在有效监管基础上，有序推进开放进程，推动各类要素便捷高效流动，形成早期收获，适时启动全岛封关运作。

加强海关特殊监管区域建设。在洋浦保税港区等具备条件的海关特殊监管区域率先实行"一线放开、二线管住"的进出口管理制度。根据海南自由贸易港建设需要，增设海关特殊监管区域。

实行部分进口商品零关税政策。除法律法规和相关规定明确不予免税、国家规定禁止进口的商品外，对企业进口自用的生产设备，实行"零关税"负面清单管理；对岛内进口用于交通运输、旅游业的船舶、航空器等营运用交通工具及游艇，实行"零关税"正面清单管理；对岛内进口用于生产自用或以"两头在外"模式进行生产加工活动（或服务贸易过程中）所消耗的原辅料，实行"零关税"正面清单管理；对岛内居民消费的进境商品，实行正面清单管理，允许岛内免税购买。对实行"零关税"清单管理的货物及物品，免征进口关税、进口环节增值税和消费税。清单内容由有关部门根据海南实际需要和监管条件进行动态调整。放宽离岛免税购物额度至每年每人 10 万元，扩大免税商品种类。

减少跨境服务贸易限制。在重点领域率先规范影响服务贸易自由便利的国内规制。制定出台海南自由贸易港跨境服务贸易负面清单，给予境外服务提供者国民待遇。建设海南国际知识产权交易所，在知识产权转让、运用和税收政策等方面开展制度创新，规范探索知识产权证券化。

实行"极简审批"投资制度。制定出台海南自由贸易港放宽市场准入特别清单、外商投资准入负面清单。对先行开放的特定服务业领域所设立的外商投资企业，明确经营业务覆盖的地域范围。建立健全国家安全审查、产业准入环境标准和社会信用体系等制度，全面推行"极简审批"制度。深化"证照分离"改革。建立健全以信用监管为基础、与负面清单管理方式相适应的过程监管体系。

试点改革跨境证券投融资政策。支持在海南自由贸易港内注册的境内企业根据境内外融资计划在境外发行股票，优先支持企业通过境外发行债券融资，将企业发行外债备案登记制管理下放至海南省发展改革部门。探索开展跨境资产管理业务试点，提高跨境证券投融资汇兑便利。试点海南自由贸易港内企业境外上市外汇登记直接到银行办理。

加快金融业对内对外开放。培育、提升海南金融机构服务对外开放能力，支持金融业对外开放政策在海南自由贸易港率先实施。支持符合条件的境外证券基金期货经营机构在海南自由贸易港设立独资或合资金融机构。支持金融机构立足海南旅游业、现代服务业、高新技术产业等重点产业发展需要，创新金融产品，提升服务质效。

增强金融服务实体经济能力。支持发行公司信用类债券、项目收益票据、住房租赁专项债券等。对有稳定现金流的优质旅游资产，推动开展证券化试点。支持金融机构在依法合规、有效防范风险的前提下，在服务贸易领域开展保单融资、仓单质押贷款、应收账款质押贷款、知识产权质押融资等业务。支持涉海高新技术企业利用股权、知识产权开展质押融资，规范、稳妥开发航运物流金融产品和供应链融资产品。依法有序推进人工智能、大数据、云计算等金融科技领域研究成果在海南自由贸易港率先落地。探索建立与国际商业保险付费体系相衔接的商业性医疗保险服务。支持保险业金融机构与境外机构合作开发跨境医疗保险产品。

实施更加便利的免签入境措施。将外国人免签入境渠道由旅行社邀请接待扩展为外国人自行申报或通过单位邀请接待免签入境。放宽外国人申请免签入境事由限制，允许外国人以商贸、访问、探亲、就医、会展、体育竞技等事由申请免签入境海南。实施外国旅游团乘坐邮轮入境 15 天免签政策。

实施更加开放的船舶运输政策。以"中国洋浦港"为船籍港，简化检验流程，逐步放开船舶法定检验，建立海南自由贸易港国际船舶登记中心，创新设立便捷、高效的船舶登记程序。取消船舶登记主体外资股比限制。在确保有效监管和风险可控的前提下，境内建造的船舶在"中国洋浦港"登记并从事国际运输的，视同出口并给予出口退税。对以洋浦港作为中转港从事内外贸同船运输的境内船舶，允许其加注本航次所需的保税油；对其加注本航次所需的本地生产燃料油，实行出口退税政策。对符合条件并经洋浦港中转离境的集装箱货物，试行启运港退税政策。加快推进琼州海峡港航一体化。

实施更加开放的航空运输政策。在对等基础上，推动在双边航空运输协定中实现对双方承运人开放往返海南的第三、第四航权，并根据我国整体航空运输政策，扩大包括第五航权在内的海南自由贸易港建设所必需的航权安排。支持在海南试点开放第七航权。允许相关国家和地区航空公司承载经海南至第三国（地区）的客货业务。实施航空国际中转旅客及其行李通程联运。对位于海南的主基地航空公司开拓国际航线给予支持。允许海南进出岛航班加注保税航油。

便利数据流动。在国家数据跨境传输安全管理制度框架下，开展数据跨境传输安全管理试点，探索形成既能便利数据流动又能保障安全的机制。

深化产业对外开放。支持发展总部经济。举办中国国际消费品博览会，国家级展会境外展品在展期内进口和销售享受免税政策，免税政策由有关部门具体制定。支持海南大力引进国外优质医疗资源。总结区域医疗中心建设试点经验，研究支持海南建设区域医疗中心。允许境外理工农医类高水平大学、职业院校在海南自由贸易港独立办学，设立国际学校。推动国内重点高校引进国外知名院校在海南自由贸易港设立具有独立法人资格的中外合作办学机构。建设海南国家区块链技术和产业创新发展基地。

优化税收政策安排。对注册在海南自由贸易港并实质性运营的鼓励类产业企业，减按 15% 征收企业所得税。对在海南自由贸易港设立的旅游业、现代服务业、高新技术产业企业，其 2025 年前新增境外直接投资取得的所得，免征企业所得税。对企业符合条件的资本性支出，允许在支出发生当期一次性税前扣除或加速折旧和摊销。对在海南自由贸易港工作的高端人才和紧缺人才，其个人所得税实际税负超过 15% 的部分，予以免征。对享受上述优惠政策的高端人才和紧缺人才实行清单管理，由海南省商财政部、税务总局制定具体管理办法。

加大中央财政支持力度。中央财政安排综合财力补助，对地方财政减收予以适当弥补。鼓励海南在国务院批准的限额内发行地方政府债券支持自由贸易港项目建设。在有效防范风险的前提下，稳步增加海南地方政府专项债券发行额度，用于支持重大基础设施建设。鼓励在海南自由贸易港向全球符合条件的境外投资者发行地方政府债券。由海南统筹中央资金和自有财力，设立海南自由贸易港建设投资基金，按政府引导、市场化方式运作。

给予充分法律授权。各项改革政策措施凡涉及调整现行法律或行政法规的，经全国人大及其常委会或国务院统一授权后实施。研究简化调整现行法律或行政法规的工作程序，推动尽快落地。授权海南制定出台自由贸易港商事注销条例、破产条例、公平竞争条例、征收征用条例。加快推动制定出台海南自由贸易港法。

强化用地用海保障。授权海南在不突破海南省国土空间规划明确的生态保护红线、永久基本农田面积、耕地和林地保有量、建设用地总规模等重要指标并确保质量不降低的前提下，按照国家规定的条件，对全省耕地、永久基本农田、林地、建设用地布局调整进行审批并纳入海南省和市县国土空间规划。积极推进城乡及垦区一体化协调发展和小城镇建设用地新模式，推进农垦土地资产化。建立集约节约用地制度、评价标准以及存量建设用地盘活处置政策体系。总结推广文昌农村土地制度改革三项试点经验，支持海南在全省深入推进农村土地制度改革。依法保障国家重大项目用海需求。

做好封关运作准备工作。制定出台海南自由贸易港进口征税商品目录、限制进口货物物品清单、禁止进口货物物品清单、限制出口货物物品清单、禁止出口货物物品清单、运输工具管理办法以及与内地海关通关单证格式规范、与内地海关通关操作规程、出口通关操作规程等，增加对外开放口岸，建设全岛封关运作的配套设施。

适时启动全岛封关运作。2025 年前，适时全面开展全岛封关运作准备工作情况评估，查堵安全漏洞。待条件成熟后再实施全岛封关运作，不再保留洋浦保税港区、海口综合保税区等海关特殊监管区域。相关监管实施方案由有关部门另行制定。在全岛封关运作的同时，依法将现行增值税、消费税、车辆购置税、城市维护建设税及教育费附加等税费进行简并，启动在货物和服务零售环节征收销售税相关工作。

2035 年前重点任务。进一步优化完善开放政策和相关制度安排，全面实现贸易自由便利、投资自由便利、跨境资金流动自由便利、人员进出自由便利、运输来往自由便利和数据安全有序流动，推进建设高水平自由贸易港。

实现贸易自由便利。进一步创新海关监管制度，建立与总体国家安全观相适应的非关税贸易措施体系，建立自由进出、安全便利的货物贸易管理制度，实现境外货物在海南自由贸易港进出自由便利。建立健全跨境支付业务相关制度，营造良好的支付服务市场环境，提升跨境支付服务效率，依法合规推动跨境服务贸易自由化便利化。

实现投资自由便利。除涉及国家安全、社会稳定、生态保护红线、重大公共利益等国家实行准入管理的领域外，全面放开投资准入。在具有强制性标准的领域，建立"标准制＋承诺制"的投资制度，市场主体对符合相关要求作出承诺，即可开展投资经营活动。

实现跨境资金流动自由便利。允许符合一定条件的非金融企业，根据实际融资需要自主借用外债，最终实现海南自由贸易港非金融企业外债项下完全可兑换。

实现人员进出自由便利。进一步放宽人员自由进出限制。实行更加宽松的商务人员临时出入境政策、便利的工作签证政策，进一步完善居留制度。

实现运输来往自由便利。实行特殊的船舶登记审查制度。进一步放宽空域管制与航路航权限制。鼓励国内外航空公司增加运力投放，增开航线航班。根据双边航空运输协定，在审核外国航空公司国际航线经营许可时，优先签发至海南的国际航线航班许可。

实现数据安全有序流动。创新数据出境安全的制度设计，探索更加便利的个人信息安全出境评估办法。开展个人信息入境制度性对接，探索加入区域性国际数据跨境流动制度安排，提升数据传输便利性。积极参与跨境数据流动国际规则制定，建立数据确权、数据交易、数据安全和区块链金融的标准和规则。

进一步推进财税制度改革。对注册在海南自由贸易港并实质性运营的企业（负面清单行业除外），减按15%征收企业所得税。对一个纳税年度内在海南自由贸易港累计居住满183天的个人，其取得来源于海南自由贸易港范围内的综合所得和经营所得，按照3%、10%、15%三档超额累进税率征收个人所得税。扩大海南地方税收管理权限。企业所得税、个人所得税作为中央与地方共享收入，销售税及其他国内税种收入作为地方收入。授权海南根据自由贸易港发展需要，自主减征、免征、缓征除具有生态补偿性质外的政府性基金，自主设立涉企行政事业性收费项目。对中央级行政事业性收费，按照中央统一规定执行。中央财政支持政策结合税制变化情况相应调整，并加大支持力度。进一步研究改进补贴政策框架，为我国参与补贴领域国际规则制定提供参考。

第七章
跨境电子商务综合试验区

跨境电子商务综合试验区（简称"跨境电商综试区"），是由国务院设立，在跨境电商交易、支付、物流、通关、退税、结汇等各环节的技术标准、业务流程、监管模式和信息化建设等方面开展先行先试，为推动我国跨境电商的发展提供可复制、可推广经验的功能平台。

为此，跨境电商综试区需要通过制度创新、管理创新、服务创新和协同发展，破解跨境电子商务发展中的深层次矛盾和体制性难题，打造跨境电子商务完整的产业链和生态链，逐步形成一套适应和引领全球跨境电子商务发展的管理制度和规则。

第一节　跨境电商综试区基本概述

中国是全球货物贸易第一大国，世界出口第一大国，商品消费第二大国，我国经济发展与全球贸易活动紧密相关。一方面，在多方不利因素作用下，世界各国的发展转型处于艰难调整期，全球经济复苏的总体前景仍不明朗，相关压力联动传递给我国。10年来，我国国内经济下行压力较大，进出口增速持续回落，进出口贸易遇到了"瓶颈"，中国外贸经济遭遇"天时"不利的状况。寻找中国外贸进出口的新途径新动力，成为中国经济可持续发展并在经济新常态中保持增长率的重要任务。另一方面，互联网技术方兴未艾，与外贸经济紧密结合。自 2015 年"互联网 +"浪潮开始，跨境电商应运而生，并以不可阻挡之势迅猛发展，在两到三年的时间内从萌芽期走向快速生长期，成为中国外贸经济的新生力量。

一、发展历程

2015 年是中国跨境电商蓬勃发展的一年。在传统外贸整体低迷、增长不足的情况下，跨境购销却呈现"井喷式增长"态势。据海关总署统计，2015 年 1 月至 11 月，我国进出口总值为 35655.3 亿美元，同比下降 8.5%，其中出口 20523.2 亿美元，同比下降 3%，进口 15132.1 亿美元，同比下降 15.1%；当年全年，我国进出口总值为 3.75 万亿美元，同比下降 7%，远低于 2014 年初设定的 6% 的增长目标。然而，2015 年以来，我国跨境电子商务出口增速超过 30%，市场采购贸易增幅超过 70%，带动了大量中小微企业出口，成为新的外贸增长点。相比于传统的外贸形式，跨境电商冲破了国家间的障碍，使国际贸易走向无国界贸易，极大促进了外贸的便捷性。跨境电商在世界经济中扮演着越来越重要的角色，已经不仅仅是一个商务模式划分的问题，而是关系到整个经济结构调整和社会转型的大问题。

在此背景下，中共中央、国务院对于跨境电商这类"互联网 + 外贸"的新业态新模式，一直给予高度关注，在前期做了相当多的政策铺垫和方案论证。早在 2012 年 8 月，国家就启动了跨境贸易电子商务服务试点，以上海、重庆、杭州、宁波、郑州 5 个城市作为首批试点地区。2014 年 11 月，党和国家领导人在浙江视察期间，明确表示支持杭州率先在跨境电商领域"先行先试"，并亲自敲定跨境电商综试区的命名。

2015 年 3 月 7 日，国务院同意杭州作为首批跨境电商综试区试点城市。随后，中央三度发文，就加快发展跨境电商作出部署，包括提高通关效率，鼓励开展跨境电子支付，支持境内银行卡清算机构拓展境外业务，支持电商企业建立海外营销渠道，等等。当年 6 月，浙江出台了《中国（杭州）跨境电子商务综合试验区实施方案》（简称《实施方案》），相关实践开始有规可循、有序推进。《实施方案》提出要建设全国跨境电子商务创业创新中心、跨境电子商务服务中心、跨境电子商务大数据中心等"三大中心"；确立了构建信息共享体系、金融服务体系、智能物流体系、电商诚信体系、统计监测体系和风险防控体系，以及线上"综合服务"平台和线下"综合园区"平台等"六体系两平台"的主要建设任务；推出了创新跨境电子商务监管制度、建立"单一窗口"综合监管服务平台、创新跨境电子商务金融服务、创新跨境电子商务物流服务、创新跨境电子商务信用管理、创新跨境电子商务统计监测体系、制定跨境电子商务规则、创新电子商务人才发展机制八大创新举措（表 7-1-1）。在不到一年时间内，杭州跨境电商综试区的首批 32 条创新举措成功落地；跨境电商交易规模从 2014 年不足 2000 万美元，快速增至 30.4 亿美元；在"单一窗口"平台上备案的企业增至 4000 多家；产业的聚集和带动效应显现，新建各类跨境电子商务园区 12 个，引进产业链龙头企业近 400 家。杭州跨境电商综试区内各种交易模式、新兴业态共生共荣、竞相发展。

表 7-1-1　杭州跨境电商综试区实施方案主要内容

方案设计	具体内容
三中心	全国跨境电子商务创业创新中心、跨境电子商务服务中心、跨境电子商务大数据中心
六体系	信息共享体系、金融服务体系、智能物流体系、电商诚信体系、统计监测体系、风险防控体系
两平台	线上"综合服务"平台、线下"综合园区"平台
八大创新举措	创新跨境电子商务监管制度、建立"单一窗口"综合监管服务平台、创新跨境电子商务金融服务、创新跨境电子商务物流服务、创新跨境电子商务信用管理、创新跨境电子商务统计监测体系、制定跨境电子商务规则、创新电子商务人才发展机制

资料来源：根据《实施方案》总结归纳。

杭州的成功探索为其他地区提供了可供参照的优秀样板，极大提振了国家扩大试点的信心。2016年1月国务院常务会议决定，按照合理布局、注重特色和可操作性的原则，在东中西部选择一批基础条件较好、进出口和电子商务规模较大的城市，将杭州探索出的"六大体系+两个平台"的政策体系和管理制度向更大范围推广。在2016—2022年间，国务院先后五次扩容，推动跨境电商综试区模式扩散至全国。每轮批次的试点城市都在复制推广前批次成熟做法的基础上，结合国家最新战略安排和自身地缘特点，在跨境电商各个领域有所侧重地进行新一轮改革探索。

2016年1月6日，国务院常务会议决定，在天津、上海、重庆、合肥、郑州、广州、成都、大连、宁波、青岛、深圳、苏州12个城市设第二批跨境电商综试区。这是跨境电商综试区的首次扩容。会议指出试验的核心，是监管模式的创新和发展模式的创新；积极稳妥扩大跨境电子商务综合试点，是深化简政放权、放管结合、优化服务等改革的重要举措。这既可吸引大中小企业集聚，促进新业态成长，又能便利有效监管，对推动双创，增加就业，使外贸更好适应新形势、赢得新优势，具有重要意义。

2018年7月24日，国务院批复设立第三批跨境电商综试区，同意在北京市、呼和浩特市、沈阳市、长春市、哈尔滨市、南京市、南昌市、武汉市、长沙市、南宁市、海口市、贵阳市、昆明市、西安市、兰州市、厦门市、唐山市、无锡市、威海市、珠海市、东莞市、义乌市22个城市设立跨境电商综试区。本轮扩容重点要求跨境电商综试区着力在跨境电子商务企业对企业（B2B）方式相关环节的技术标准、业务流程、监管模式和信息化建设等方面先行先试。

2019年12月15日，国务院批复设立第四批跨境电商综试区，同意在石家庄市、太原市、赤峰市、抚顺市、珲春市、绥芬河市、徐州市、南通市、温州市、绍兴市、芜湖市、福州市、泉州市、赣州市、济南市、烟台市、洛阳市、黄石市、岳阳市、汕头市、佛山市、泸州市、海东市、银川市24个城市设立跨境电商综试区。本轮扩容重点要求跨境电商综试区对跨境电子商务零售出口试行增值税、消费税免税等相关政策，积极开展探索创新，推动产业转型升级，开展品牌建设，推动国际贸易自由化、便利化和业态创新，为推动全国跨境电子商务健康发展探索新经验、新做法，推进贸易高质量发展。

2020年4月27日，国务院批复设立第五批跨境电商综试区，同意在雄安新区、大同市、满洲里市、营口市、盘锦市、吉林市、黑河市、常州市、连云港市、淮安市、盐城市、宿迁市、湖州市、嘉兴市、衢州市、台州市、丽水市、安庆市、漳州市、莆田市、龙岩市、九江市、东营市、潍坊市、临沂市、南阳市、宜昌市、湘潭市、郴州市、梅州市、惠州市、中山市、江门市、湛江市、茂名市、肇庆市、崇左市、三亚市、德阳市、绵阳市、遵义市、德宏傣族景颇族自治州、延安市、天水市、西宁市、乌鲁木齐市46个城市和地区设立跨境电商综试区。本轮扩容重点要求跨境电商综试区积极推动产业转型升级，开展品牌建设，引导跨境电子商务全面发展，全力以赴稳住外贸外资基本盘，推进贸易高质量发展。

2021年7月，国务院办公厅发布了《加快发展外贸新业态新模式的意见》，其中提出要进一步扩大跨境电商综试区试点范围，完善"六体系两平台"的实施内容。同时，对跨境电商综试区提出了更高的期盼——到2025年，跨境电商综试区建设取得显著成效，建成一批要素集聚、主体多元、服务专业的跨境电商线下产业园区，形成各具特色的发展格局，成为引领跨境电商发展的创新集群。为深入贯彻《加快发展外贸新业态新模式的意见》精神，2022年1月22日，国务院批复设立第六批跨境电商综试区，同意在鄂尔多斯市、扬州市、镇江市、泰州市、金华市、舟山市、马鞍山市、宣城市、景德镇市、上饶市、淄博市、日照市、襄阳市、韶关市、汕尾市、河源市、阳江市、清远市、潮州市、揭阳市、云浮市、南充市、眉山市、红河哈尼族彝族自治州、宝鸡市、喀什地区、阿拉山口市27个城市和地区设立跨境电商综试区。本轮扩容重点要求跨境电商综试区发挥助力传统产业转型升级、促进产业数字化发展的积极作用，引导跨境电子商务健康持续创新发展，全力以赴稳住外贸外资基本盘，推进贸易高质量发展。

目前，商务部、海关总署、税务部门已出台了一系列的支持措施，有力推动了跨境电商综试区的发展。其中，最具含金量的主要有四方面：一是"无票免税"政策。对区内的跨境电子商务零售出口企业未取得有效进货凭证的货物，凡符合规定条件的，出口免征增值税和消费税。二是企业所得税核定征收。区内符合条件的出口企业应税所得率统一按照4%核定征收，符合条件的小型微利企业还可享受对应税收优惠政策。三是通关便利化。区内符合条件的跨境电子商务零售商品出口，海关通过采用"清单核放，汇总申报"的便利措施进行监管验放。四是放宽进口监管。对跨境电商零售进口商品不执行首次进口许可批件、注册或备案要求，按个人自用进境物品监管。

2022年5月，国务院办公厅印发了《关于推动外贸保稳提质的意见》，其中对跨境电商加快发展提质增效作出了新的部署安排，要求针对跨境电商出口海外仓监管模式，加大政策宣传力度，对实现销售的货物，指导企业用足用好现行出口退税政策，及时申报办理退税；尽快出台便利跨境电商出口退换货的政策，适时开展试点；针对跨境电商行业特点，加强政策指导，支持符合条件的跨境电商相关企业申报高新技术企业。

二、空间分布

我国跨境电商综试区的空间选址体现了有序渐进和纵览全局的特点，从六次扩围的城市布局看，突出"创新试验—创新扩散—区域协同"的思路，即先从东部外贸相关产业基础好、有迫切创新需求的城市开始，再稳步向中西部重点城市推进，然后向其周边二、三线城市扩围，兼顾区域协同发展。根据商务部相关发布，有关部门确定跨境电商综试区的布局城市时主要考虑五个方面：一是有关地区跨境电子商务和国内电子商务的规模，原则上重点考虑全国外贸进出口规模排名前10位的省市。二是兼顾区域协调发展，考虑东中西部的合理布局。三是地方复制推广杭州"六大体系两大平台"经验做法的基础和条件。四是申请城市所在的省市党委政府重视外贸工作的程度，提交的工作方案是否具有高度创新特色。五是相关地区是否正式以省市政府的名义向国务院提出过申请。

截至 2022 年 2 月，我国共设立跨境电商综试区 132 个（表 7-1-2），从布局上看呈现出三大特点：一是覆盖面广。已基本覆盖全国，形成陆海内外联动、东西双向互济的发展格局。二是区域重点突出。实现广东、江苏、浙江等外贸大省和北京、天津、上海、重庆等直辖市全覆盖。三是发展梯度丰富。既有沿边沿海城市，又有内陆枢纽城市；既有外贸优势明显的城市，也有产业特色突出的城市。

表 7-1-2　我国跨境电商综试区空间分布

省（市、区）	名称	获批时间	所属批次
浙江（12 个）	中国（杭州）跨境电子商务综合试验区	2015.03.07	第一批
	中国（宁波）跨境电子商务综合试验区	2016.01.06	第二批
	中国（义乌）跨境电子商务综合试验区	2018.07.24	第三批
	中国（温州）跨境电子商务综合试验区	2019.12.24	第四批
	中国（绍兴）跨境电子商务综合试验区		
	中国（湖州）跨境电子商务综合试验区	2020.04.27	第五批
	中国（嘉兴）跨境电子商务综合试验区		
	中国（衢州）跨境电子商务综合试验区		
	中国（台州）跨境电子商务综合试验区		
	中国（丽水）跨境电子商务综合试验区		
	中国（金华）跨境电子商务综合试验区	2022.01.22	第六批
	中国（舟山）跨境电子商务综合试验区		
河南（3 个）	中国（郑州）跨境电子商务综合试验区	2016.01.06	第二批
	中国（洛阳）跨境电子商务综合试验区	2019.12.24	第四批
	中国（南阳）跨境电子商务综合试验区	2020.04.27	第五批
天津（1 个）	中国（天津）跨境电子商务综合试验区	2016.01.06	第二批
上海（1 个）	中国（上海）跨境电子商务综合试验区	2016.01.06	第二批

续表

省（市、区）	名称	获批时间	所属批次
重庆（1个）	中国（重庆）跨境电子商务综合试验区	2016.01.06	第二批
安徽（5个）	中国（合肥）跨境电子商务综合试验区	2016.01.06	第二批
	中国（芜湖）跨境电子商务综合试验区	2019.12.24	第四批
	中国（安庆）跨境电子商务综合试验区	2020.04.27	第五批
	中国（马鞍山）跨境电子商务综合试验区	2022.01.22	第六批
	中国（宣城）跨境电子商务综合试验区		
广东（21个）	中国（广州）跨境电子商务综合试验区	2016.01.06	第二批
	中国（深圳）跨境电子商务综合试验区	2016.01.06	第二批
	中国（珠海）跨境电子商务综合试验区	2018.07.24	第三批
	中国（东莞）跨境电子商务综合试验区	2018.07.24	第三批
	中国（汕头）跨境电子商务综合试验区	2019.12.24	第四批
	中国（佛山）跨境电子商务综合试验区		
	中国（梅州）跨境电子商务综合试验区	2020.04.27	第五批
	中国（惠州）跨境电子商务综合试验区		
	中国（中山）跨境电子商务综合试验区		
	中国（江门）跨境电子商务综合试验区		
	中国（湛江）跨境电子商务综合试验区		
	中国（茂名）跨境电子商务综合试验区		
	中国（肇庆）跨境电子商务综合试验区		
	中国（韶关）跨境电子商务综合试验区	2022.01.22	第六批
	中国（汕尾）跨境电子商务综合试验区		
	中国（河源）跨境电子商务综合试验区		
	中国（阳江）跨境电子商务综合试验区		
	中国（清远）跨境电子商务综合试验区		

省（市、区）	名称	获批时间	所属批次
广东（21个）	中国（潮州）跨境电子商务综合试验区		
	中国（揭阳）跨境电子商务综合试验区		
	中国（云浮）跨境电子商务综合试验区		
四川（6个）	中国（成都）跨境电子商务综合试验区	2016.01.06	第二批
	中国（泸州）跨境电子商务综合试验区	2019.12.24	第四批
	中国（德阳）跨境电子商务综合试验区	2020.04.27	第五批
	中国（绵阳）跨境电子商务综合试验区		
	中国（南充）跨境电子商务综合试验区	2022.01.22	第六批
	中国（眉山）跨境电子商务综合试验区		
辽宁（5个）	中国（大连）跨境电子商务综合试验区	2016.01.06	第二批
	中国（沈阳）跨境电子商务综合试验区	2018.07.24	第三批
	中国（抚顺）跨境电子商务综合试验区	2019.12.24	第四批
	中国（营口）跨境电子商务综合试验区	2020.04.27	第五批
	中国（盘锦）跨境电子商务综合试验区		
山东（9个）	中国（青岛）跨境电子商务综合试验区	2016.01.06	第二批
	中国（威海）跨境电子商务综合试验区	2018.07.24	第三批
	中国（济南）跨境电子商务综合试验区	2019.12.24	第四批
	中国（烟台）跨境电子商务综合试验区		
	中国（东营）跨境电子商务综合试验区	2020.04.27	第五批
	中国（潍坊）跨境电子商务综合试验区		
	中国（临沂）跨境电子商务综合试验区		
	中国（淄博）跨境电子商务综合试验区	2022.01.22	第六批
	中国（日照）跨境电子商务综合试验区		
江苏（13个）	中国（苏州）跨境电子商务综合试验区	2016.01.06	第二批

续表

省（市、区）	名称	获批时间	所属批次
江苏（13个）	中国（南京）跨境电子商务综合试验区	2018.07.24	第三批
	中国（无锡）跨境电子商务综合试验区		
	中国（徐州）跨境电子商务综合试验区	2019.12.24	第四批
	中国（南通）跨境电子商务综合试验区		
	中国（常州）跨境电子商务综合试验区	2020.04.27	第五批
	中国（连云港）跨境电子商务综合试验区		
	中国（淮安）跨境电子商务综合试验区		
	中国（盐城）跨境电子商务综合试验区		
	中国（宿迁）跨境电子商务综合试验区		
	中国（扬州）跨境电子商务综合试验区	2022.01.22	第六批
	中国（镇江）跨境电子商务综合试验区		
	中国（泰州）跨境电子商务综合试验区		
北京（1个）	中国（北京）跨境电子商务综合试验区	2018.07.24	第三批
内蒙古（4个）	中国（呼和浩特）跨境电子商务综合试验区	2018.07.24	第三批
	中国（赤峰）跨境电子商务综合试验区	2019.12.24	第四批
	中国（满洲里）跨境电子商务综合试验区	2020.04.27	第五批
	中国（鄂尔多斯）跨境电子商务综合试验区	2022.01.22	第六批
吉林（3个）	中国（长春）跨境电子商务综合试验区	2018.07.24	第三批
	中国（珲春）跨境电子商务综合试验区	2019.12.24	第四批
	中国（吉林市）跨境电子商务综合试验区	2020.04.27	第五批
黑龙江（3个）	中国（哈尔滨）跨境电子商务综合试验区	2018.07.24	第三批
	中国（绥芬河）跨境电子商务综合试验区	2019.12.24	第四批
	中国（黑河）跨境电子商务综合试验区	2020.04.27	第五批

省（市、区）	名称	获批时间	所属批次
江西（5个）	中国（南昌）跨境电子商务综合试验区	2018.07.24	第三批
	中国（赣州）跨境电子商务综合试验区	2019.12.24	第四批
	中国（九江）跨境电子商务综合试验区	2020.04.27	第五批
江西（5个）	中国（景德镇）跨境电子商务综合试验区	2022.01.22	第六批
	中国（上饶）跨境电子商务综合试验区		
湖北（4个）	中国（武汉）跨境电子商务综合试验区	2018.07.24	第三批
	中国（黄石）跨境电子商务综合试验区	2019.12.24	第四批
	中国（宜昌）跨境电子商务综合试验区	2020.04.27	第五批
	中国（襄阳）跨境电子商务综合试验区	2022.01.22	第六批
湖南（4个）	中国（长沙）跨境电子商务综合试验区	2018.07.24	第三批
	中国（岳阳）跨境电子商务综合试验区	2019.12.24	第四批
	中国（湘潭）跨境电子商务综合试验区	2020.04.27	第五批
	中国（郴州）跨境电子商务综合试验区		
广西（2个）	中国（南宁）跨境电子商务综合试验区	2018.07.24	第三批
	中国（崇左）跨境电子商务综合试验区	2020.04.27	第五批
海南（2个）	中国（海口）跨境电子商务综合试验区	2018.07.24	第三批
	中国（三亚）跨境电子商务综合试验区	2020.04.27	第五批
贵州（2个）	中国（贵阳）跨境电子商务综合试验区	2018.07.24	第三批
	中国（遵义）跨境电子商务综合试验区	2020.04.27	第五批
云南（3个）	中国（昆明）跨境电子商务综合试验区	2018.07.24	第三批
	中国（德宏）跨境电子商务综合试验区	2020.04.27	第五批
	中国（红河）跨境电子商务综合试验区	2022.01.22	第六批
陕西（3个）	中国（西安）跨境电子商务综合试验区	2018.07.24	第三批
	中国（延安）跨境电子商务综合试验区	2020.04.27	第五批

续表

省（市、区）	名称	获批时间	所属批次
陕西（3个）	中国（宝鸡）跨境电子商务综合试验区	2022.01.22	第六批
甘肃（2个）	中国（兰州）跨境电子商务综合试验区	2018.07.24	第三批
	中国（天水）跨境电子商务综合试验区	2020.04.27	第五批
福建（6个）	中国（厦门）跨境电子商务综合试验区	2018.07.24	第三批
	中国（福州）跨境电子商务综合试验区	2019.12.24	第四批
	中国（泉州）跨境电子商务综合试验区		
	中国（漳州）跨境电子商务综合试验区	2020.04.27	第五批
	中国（莆田）跨境电子商务综合试验区		
	中国（龙岩）跨境电子商务综合试验区		
河北（3个）	中国（唐山）跨境电子商务综合试验区	2018.07.24	第三批
	中国（石家庄）跨境电子商务综合试验区	2019.12.24	第四批
	中国（雄安新区）跨境电子商务综合试验区	2020.04.27	第五批
山西（2个）	中国（太原）跨境电子商务综合试验区	2019.12.24	第四批
	中国（大同）跨境电子商务综合试验区	2020.04.27	第五批
青海（2个）	中国（海东）跨境电子商务综合试验区	2019.12.24	第四批
	中国（西宁）跨境电子商务综合试验区	2020.04.27	第五批
宁夏（1个）	中国（银川）跨境电子商务综合试验区	2019.12.24	第四批
新疆（3个）	中国（乌鲁木齐）跨境电子商务综合试验区	2020.04.27	第五批
	中国（喀什）跨境电子商务综合试验区	2022.01.22	第六批
	中国（阿拉山口）跨境电子商务综合试验区		

资料来源：根据国务院相关批复文件整理。

第二节　跨境电商综试区发展成效 ①

自 2015 年至今，我国先后分 6 批设立了 132 个跨境电商综试区，覆盖全国 30 个省（区、市）。各跨境电商综合试验区在充分吸收、借鉴杭州经验的基础上，立足本地特色发挥能动特性，积累并复制推广了一批制度创新经验，促进了跨境电商物流畅通、进出口通关便利化和发展模式创新，为外贸保稳提质、提升我国跨境电商全球竞争力、跨境电商推广等做出重要贡献。

一、推动外贸转型升级高质量发展

丰富了外贸参与主体。跨境电商综试区大幅降低了国际贸易专业化的门槛，使一大批"不会做、做不起、不能做"的小微主体成为新型贸易的经营者。截至 2022 年一季度，在跨境电商综试区线上综合服务平台备案的企业已超 4.6 万家。

扩大了外贸商品范围。通过政策创新，让难以"走出去"的一些商品能够便捷高效地走出国门。同时，创新进口流程，也让更多国外的优质产品通过网购等方式进入国内市场。在政策支持下，跨境电商进口规模从 2016 年的 39.3 亿美元增至 2021 年的 170.9 亿美元，增长 3.3 倍。

拓展了外贸发展空间。发挥"长尾效应"，整合碎片化需求，开拓一般贸易形式下无法触及的市场，形成了外贸新增长点，跨境电商出口占外贸出口的比重由 2015 年不到 1% 增长到 2022 年一季度的 4.6%。

实现了"多元化需求、个性化生产"。通过改进、提升、完善生产工艺流程，产品质量进一步提高，同时培育了一大批品牌，拓展了营销渠道，也增强了我国产品的定价主动权。比如，杭州跨境电商综试区在过去 7 年累计培育 400 多家成交规模超 2000 万元的跨境电商品牌企业，注册商标超 2000 个。

---

① 相关数据来源于商务部和各地政府官网。

提升了政府监管与服务水平。各有关部门累计出台近 200 项创新举措，形成近 70 项成熟经验做法，跨境电商 "六体系两平台" 已成为监管改革的成功范例。2018 年出台的跨境电商零售进口监管政策，试点范围已经做到全国 31 个省（区、市）全覆盖。

二、夯实我国跨境电商强大优势

2021 年，我国跨境电商进出口额达 1.92 万亿元，同比增长 18.6%。其中出口 1.39 万亿元，增长 28.3%。2017 年以来，跨境电商进出口 5 年增长了 10 倍。

从市场看，我国对美、澳等传统市场出口继续保持高速增长。海关监管代码项下数据显示，2022 年一季度我国对美、澳出口分别增长 97.9% 和 1.4 倍。与此同时，新兴市场快速发展，对东盟、"一带一路" 沿线国家跨境电商出口分别增长 98.5% 和 92.7%。

从商品看，出口商品种类更加丰富，正逐步从服装、饰品等劳动密集型产品向 3C 数码、智能家居等技术密集型产品升级，产品附加值明显提升。2022 年一季度，半导体、集成电路等跨境电商出口分别增长 95.4% 和 1.8 倍。

从主体看，民营企业主力军作用突出，继续保持快速增长，占比高达 97.5%。部分传统制造型企业也借助跨境电商加快数字化转型，降本增效，积极拓展海外市场。

三、贡献出一套高效可行的体制机制安排

形成了 "六体系两平台" 的基础框架（表 7-2-1）。这个探索任务是由全国首家跨境电商综试区——杭州跨境电商综试区完成的。杭州通过构建信息共享、金融服务、智能物流、电商诚信、统计监测和风险防控 "六体系"，以及线上综合服务和线下综合园区 "两平台"，提供了涵盖跨境电商全流程和各主体的管理与服务，构筑了综试区建设的软件和硬件基础，实现了跨境电商信息流、资金流和货物流 "三流合一"。实践证明，"六体系两平台" 实现了政府与市场、部门与地方、线上与线下的有效结合，调动了各参与方积极性，

催生了跨境电商生态圈。

表 7-2-1 "六体系两平台"的主要内容

名称	功能
信息共享体系	将实现企业、服务机构、监管部门等信息互联互通,解决了企业无法通过一次申报实现各部门信息共享的问题
金融服务体系	在风险可控、商业可持续的前提下,鼓励金融机构、非银行支付机构依法合规利用互联网技术为具有真实交易背景的跨境电商交易提供在线支付结算、在线小额融资、在线保险等一站式金融服务,解决了中小微企业融资难问题
智能物流体系	运用云计算、物联网、大数据等技术和现有物流公共信息平台,构建物流智能信息系统、仓储网络系统和运营服务系统等,实现物流运作各环节全程可验可测可控,解决了跨境电商物流成本高、效率低的问题
电商诚信体系	建立跨境电商诚信记录数据库和诚信评价、诚信监管、负面清单系统,记录和积累跨境电商企业、平台企业、物流企业及其他综合服务企业基础数据,实现对电商信息的"分类监管、部门共享、有序公开",解决了跨境电商商品的假冒伪劣和商家诚信缺失问题
统计监测体系	建立跨境电子商务大数据中心和跨境电子商务统计监测体系,完善跨境电子商务统计方法,为政府监管和企业经营提供决策咨询服务,解决了跨境电商无法获取准确可靠统计数据的问题
风险防控体系	建立风险信息采集、评估分析、预警处置机制有效防控综试区非真实贸易洗钱的经济风险,数据存储、支付交易、网络安全的技术风险,以及产品安全、贸易摩擦、主体信用的交易风险,确保了国家安全、网络安全、交易安全和商品质量安全
"线上综合服务"平台	坚持"一点接入"原则,与商务、海关、税务、工商、检验检疫、邮政、外汇等政府部门进行数据交换和互联互通,在实现政府管理部门之间"信息互换、监管互认、执法互助"的同时,为跨境电子商务企业提供物流快递、金融等供应链服务
"线下综合园区"平台	采取"一区多园"的布局方式,有效承接线上综合信息服务平台功能,优化配套服务,打造完整的产业链和生态圈

资料来源:根据相关文件总结归纳。

2017 年 10 月,商务部等 14 个部门联合印发《关于复制推广跨境电子商务综合试验区探索形成的成熟经验做法的函》,将第一、二批设立的 13 个跨境电商综试区形成的 12 个方面的成熟做法向全国复制推广(表 7-2-2)。

表 7-2-2 跨境电商综试区向全国复制推广的 12 个成熟做法

经验	主要做法
建设线上综合服务平台，打造信息枢纽	跨境电商线上综合服务平台是监管和服务创新的集中体现；通过对接监管部门和各类市场主体，集成在线通关、物流、退免税、支付、融资、风控等多种功能，实现"一点接入、一站式服务、一平台汇总"
建设线下综合园区，实现协调发展	线下园区建设为跨境电商发展提供了产业基础；园区提供跨境电商全产业链服务，汇聚制造生产、电商平台、仓储物流、金融信保、风控服务等跨境电商各类企业，实现生产要素和产业集聚，促进跨境电商与制造业融合发展，推动传统产业提质增效、创新升级
发展海外仓，推动 B2B 出口	便捷高效的物流服务是跨境电商产业链的重要组成部分；通过地方财政配套中央外经贸发展资金支持海外仓建设，鼓励企业自建或租用海外仓，加强售后服务、现场展示等功能，拓展海外营销渠道
创新金融支持模式，提升金融服务水平	金融服务创新能有效降低企业运营成本；开发融资、保险等金融产品，提升中小跨境电商企业交易能力
简化通过手续，提升通关便利化水平	关、检、税、汇等便利化措施是监管部门制度创新、管理创新和服务创新的集中体现；通过简化手续、创新检验检疫监管、提升出口退税效率、便利化外汇交易结算，可以极大地降低企业成本，为跨境电商的发展营造良好政策环境
创新检验检疫监管模式	
提升出口退税效率	
便利外汇交易结算	
建立统计监测体系	统计监测体系是跨境电商发展的重要保障；建立健全跨境电商统计监测体系，在三单标准、B2B 认定等方面先行先试，依托数据建设综合数据处理中心
鼓励商业模式创新，增强跨境电商发展动力	商业模式创新是跨境电商发展的重要动力；坚持"发展中规范、规范中发展"原则，允许跨境电商企业在商业模式上大胆创新
打造跨境电商品牌，促进提质增效	品牌培育是提升外贸竞争力的重要手段；跨境电商通过智能推送、信息宣传等多种技术手段和商业模式，支持培育自主品牌，扩大优质产品出口，助力"中国制造"向"中国智造"转变
加大人才培育力度，完善跨境电商生态圈	人才培育是跨境电商生态圈建设的重要支撑；加强政、校、企合作，跨境电商人才培养力度加大

资料来源：根据相关文件总结归纳。

促进了跨境电商物流畅通。广州启动全国首个跨境公共分拨中心，首次实现多个保税仓发出的进口包裹统一申报、统一集包分拨，每天可节省4个小时调拨时间；郑州率先开通跨境电商定线、定班、定时、定量、定价的"五定包机"，国际终端配送覆盖77个国家和地区，保障72小时时效，形成有效连接主要出口市场的物流供应网络；深圳充分运用"海空铁"分流机制，积极搭建"中欧班列""空中通道""海运航路"等，为跨境电商运输打开新通道。

推动了跨境电商进出口通关便利化。上海浦东机场实施出口跨境电商审批放行全程电子化，对符合条件的报关单自动触发放行，实现跨境电商物流全年无休运作；厦门依托国际贸易"单一窗口"，将线下跨境电商服务体系同步移到线上，实现跨境电商业务一站式办理，通关时间明显缩短；南京创新实施"拼箱出海"查验方式，首开全国跨境电商与市场采购贸易融合监管先例，推进了跨境电商 B2B 发展。

引领了跨境电商发展模式创新。杭州率先探索保税仓直播直发、"全球中心仓""保税进口 + 零售加工"等新模式；宁波创新跨境电商进口"网购保税 + 线下自提"零售新模式，实现全国首批"跨境电商出口海外仓"业务；义乌开展跨境电商保税进口新业务，开创"市场采购 + 跨境电商"出口新模式；青岛建设运营中日韩消费专区电商体验中心，打造"线上 + 线下"双层引流的新零售模式等。

第三节　跨境电商综试区未来发展思路

作为一类十分年轻的功能平台，跨境电商综试区在相关领域的改革试水已经取得了长足的进步，但可预见的是，其在当前及未来仍面临着不少困难和压力。从需求侧看，世界经济复苏动力不足，外需市场存在很大不确定性。从供给侧看，能源、原材料供应仍然偏紧，相关主体面对的物流供应链、地缘政治等风险依旧高企。进一步推动外贸提质增效，激发跨境电商综试区先行先试活力，需要各方密切配合，多措并举持续发力。

一、深度参与全球规则优化和经贸交流

目前，电子商务国际谈判主要集中在少数国家之间，这样的国际磋商机制有悖于互联网的基本精神，不利于多边国际框架的形成。我国致力参与由各国政府、国际组织举行的双边、多边谈判和有关法规、标准的制定工作，努力建立一个国际社会普遍接受的电子商务国际框架。2018年2月，中国海关组织召开首届世界跨境电子商务海关大会，全球各国海关、政府部门、电子商务企业、国际组织、中小微企业、消费者和学术界近两千名代表出席会议，就进一步完善《世界海关组织跨境电商标准框架》达成基本共识，重点确定了跨境电子商务管理的八大核心原则，成为世界海关跨境电商监管与服务的首个指导性文件。大会还发布了《北京宣言》，确立了世界海关跨境电子商务大会机制，推动管理理念创新，促进贸易安全与便利，实现均衡发展。

未来，我国应更加积极参与世界贸易组织电子商务等相关国际规则制定，密切跟踪研究国际数字贸易规则新趋势，为跨境电商发展营造良好外部环境。同时，利用海南自贸港、上海自贸试验区临港新片区等开放高地，加快推进商业数据跨境流动等压力测试，探索未来开放路径，增强我国参与跨境电商国际规则的谈判能力。此外，结合高水平实施《区域全面经济伙伴关系协定》，推进加入《全面与进步跨太平洋伙伴关系协定》及《数字经济伙伴关系协定》，要加大与相关国家的政策协调，加强"丝路电商""一带一路"经贸合作，支持各综试区、跨境电商企业等加强在跨境电商全流程各领域的国际合作。

二、优化政策体系的内容设计和可执行性

制定鼓励跨境电商发展的综合性指导意见。这样，可有效加强税收、通关、财政、外汇与风险管理、参与国际规则制定等各类政策之间的协同性，

既能更好地形成政策合力，也有利于减少政策之间不够协调甚至存在矛盾的问题，有效放大扶持效果。此外，制定综合性指导意见也能有效推动各地区各部门加快体制改革协同创新，为跨境电商鼓励政策体系的动态调整和持续更新提供依据，进一步推动其更快更好发展。

目前，我国已出台了一大批鼓励跨境电商发展的政策，并发挥了积极作用，但其中也有部分举措还存在水土不服、难以充分落地的问题。例如，对享受部分税收优惠和通关便利化政策的限制条件还比较严格，造成实际执行中未能覆盖尽可能多的市场主体，影响了企业的获得感；又如，部分税收优惠政策在具体执行上还缺乏细则，各地税务部门解释不一，给企业经营带来不确定性。对上述情况，需要狠抓《关于加快发展外贸新业态新模式的意见》《关于推动外贸保稳提质的意见》等落实，结合企业诉求和监管实际，一方面加快推动已出台政策更好落地，充分发挥既有政策的效力，另一方面加快研究便利跨境电商出口退换货、支持海外仓发展的政策，制定跨境电商知识产权保护指南等，完善政策体系，加大支撑力度。

三、更好地发挥跨境电商试点区域的带动引领作用

立足本地优势依托，加快发展跨境电商等新业态新模式。除了已设立的132个综合试验区，国家还在86个城市（地区）及海南全岛开展了跨境电商零售进口试点，并于2021年3月将进口试点扩大至所有自贸试验区、跨境电商综试区、综合保税区、进口贸易促进创新示范区、保税物流中心（B型）所在城市。建议加快推动新设综试区结合本地外贸和产业特色，制定具体的工作方案并组织实施。

不断完善动态评估考核体系，以科学制度约束倒逼实践深化进步。相关工作已经在近期开始推进。2022年4月，商务部首次公布了对2021年全国105个跨境电商综试区[①]建设进展的考核评估结果。其中，考核评估指标体系

---

① 不包括2022年1月设立的第六批共27个跨境电商综试区。

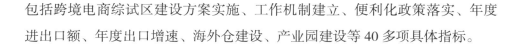

包括跨境电商综试区建设方案实施、工作机制建立、便利化政策落实、年度进出口额、年度出口增速、海外仓建设、产业园建设等 40 多项具体指标。

四、强化跨境电商市场主体综合实力

着力提升我国跨境电商平台企业的能力和水平。电商平台是促进跨境电商发展的重要支撑，是传统制造企业实现品牌出海的高效便利途径，也是中小微企业打开国际市场的重要依托。为更好地促进平台发挥作用，应有针对性地解决其发展面临的突出问题，比如如何科学界定平台对商家的监管责任，如何实现平台在客户资信、报关、出口退税、结汇等方面与监管部门的数据共享，如何更好地鼓励跨境电商平台企业参与国际竞争等。

精准扶持中小微跨境电商企业。中小微企业是跨境电商发展的基础，目前在跨境电商综试区线上综合服务平台备案的企业已经超过 3 万家。由于其规模小，抗风险能力相对较弱，在通关便利、应对汇率波动、企业数字化转型、海外维权等方面迫切需要政策精准扶持。比如，针对中小微企业经常遭遇海外电商平台霸王条款伤害的情况，可考虑加强政府间电子商务争端解决机制协商对话，探索建立中小微企业向境外电商平台申诉的多双边保障机制等，有效提升其维护自身正当权益的能力。

第八章
新时代其他代表性重大改革试验平台

党的十八大以来，我国国内经济发展步入新常态，社会主要矛盾发生全面转变，全球互动形势更加复杂，单边主义浪潮有抬头趋向。在深刻研判国内国外新形势的基础上，以习近平同志为核心的党中央适时确立了一批重大改革试验平台，相比以往的功能平台，这一批功能平台诞生于环境背景截然不同的新时期，立足于我国更高的国力起点和更严格的发展要求，肩负着开辟中国式现代化发展道路的重任，蕴含着关系中华民族伟大复兴的深远战略意义，在空间布局上更加广阔多元，在目标定位上更加全局综合，既有效吸收借鉴了从前各类功能区域的有益实践经验，又集中体现出党和国家根据新时代新要求做出的创新探索。

第一节　雄安新区

2017 年 4 月 1 日，中共中央、国务院决定在河北设立雄安新区，这是以习近平同志为核心的党中央为深入推进京津冀协同发展，有序疏解北京非首都功能所作出的一项重大历史性战略选择。雄安新区是继深圳经济特区、上海浦东新区之后，又一具有深刻全国意义和高度战略眼光的特殊功能平台，是千年大计、国家大事。设立雄安新区对于集中疏解北京非首都功能，探索人口经济密集地区优化开发新模式，调整优化京津冀城市布局和空间结构，培育创新驱动发展新引擎，具有重大现实意义和深远历史意义。

一、战略意义 [①]

雄安新区承载着新时代使命应运而生，首要职能是北京非首都功能的集中转移承接地，同时以外生动力加速推进京津冀打破深层次体制机制壁垒，实现三地更高程度的协同互促，打造世界级一流城市群。此外，作为分布在内陆地区且原生基础较薄弱的新区，雄安新区从"一张白纸"开始建设，在产业规划、城市治理、土地开发、人口管理等方面都进行了革命式的创新探索，为我国更大范围的内陆地区提供了先行样本，为协调我国区域发展布局做出了重大贡献，更为世界上广大发展中国家（地区）实现后起超车奉献了中国智慧。

（一）承接非首都职能，缓解北京"大城市病"矛盾

作为全国发展历史悠久的中心城市和首都，在人口等要素持续流入的背景下，北京长期以来被诸多问题所困扰，城市更新受许多遗留矛盾掣肘，突出表现在：第一，资源承载力不足，特别是水资源严重短缺。北京70%的城市用水来源于南水北调工程，城市内部的水源也多来源于河北省；2016年，北京人均水资源为161立方米，还未到全国平均水平的1/10。基本资源的不足难以支撑起城市产业发展和人口增长。第二，环境污染严重。2016年，北京市中度污染程度的天数达到90天，PM2.5平均73毫克/立方米，超过国际标准109%。恶劣的自然条件严重损害了城市人居环境。第三，公共服务供给失衡。从总量来看，北京集聚了很大一部分的优质公共服务产品，但在结构分布上存在空间不均和人均短缺的问题，特别是教育、住房、医疗等资源高度紧张，由此衍生出的天价学区房、医疗保险骗保等问题层出不穷。第四，路面交通堵塞。截至2016年，北京的机动车保有量已经达548万辆，即不到

---

① 相关数据来源于各地统计年鉴和雄安新区相关规划。

4 个常住居民就有一辆机动车，带来了严重的交通拥堵问题，同时也恶化了城市大气环境。

北京水资源短缺，雾霾天气频现，交通日益拥堵，房价持续高涨，产生这些"大城市病"的诱因当然有很多，包括城市治理水平未跟进城市的发展程度、城市布局规划科学性有待提升，等等。然而，不可忽视的一大关键矛盾便是北京负担了过多非首都功能。例如，一些一般性制造业、仓储物流产业依然大量分布在北京，占据了许多宝贵的土地和人力资源。

2015 年发布的《京津冀协同发展规划纲要》明确了有序疏解北京非首都功能是京津冀协同发展战略的核心，是关键环节和重中之重，对于推动京津冀协同发展具有重要先导作用。从国际经验看，解决"大城市病"问题基本都用"跳出去"建新城的办法；从我国经验看，改革开放以来，我们通过建设深圳经济特区和上海浦东新区，有力推动了珠三角、长三角的发展。北京非首都功能疏解的重要原则是分散疏解与集中疏解相结合，而设立雄安新区的首要战略意图就是为北京的集中疏解规划出一片新的高地，以"跳出去"的方式实现破局。

（二）推动京津冀协同发展，打造世界级城市群

除了北京自身的问题，北京一直以来也存在着和周边区域协同水平太低，京津冀各管"一亩三分地"的痼疾。京津冀历来流传着"北京吃不完，天津吃不饱，河北吃不着"，生动又无奈地折射出北京强大的"集聚效应"下整个区域系统发展的不均衡、不协调。从产业结构看，北京已经步入后工业化阶段，以第三产业为主；天津的第二、三产业占比大体相当，处于工业化中期阶段；河北则呈现出巨大的"断崖式落差"，第一产业所占比重约为北京的 22 倍、天津的 9 倍，呈现出"二三一"的产业发展结构，产业转型升级的任务较重。从主导产业来看，北京的产业高级化、服务化优势突出，主要发展高新研发产业和现代服务业，是全国的科技中心；天津经济正在由石化、钢铁等传统制造业向装备制造、电子信息、航天航空、新能源新材料等战略性新兴产业过渡；河北产业结构偏重，钢铁、煤炭等产能过剩，发展模式较为粗放，创新能力不足，存在着"布局散、整合难、发展慢"等问题。从空间形态来看，2016 年，北京城镇化水平为 86.5%，天津为 82.9%，河北仅有53.3%，京津冀空间体系结构存在断层，高序位城市的规模较为突出，而中小城市发育不够，从而整体呈现出"两头大、中间小"的哑铃形；中间衔接地带空白较大，北京内部发达核心区域被郊区包围，导致辐射效应难以发挥，同时北京多数周边区域都承担着为首都提供水源和保护水源的功能。从制度架构上看，在既有的城市竞标赛激励和辖区负责制的约束下，三地政府主要关心各自行政区划内部的事务治理，很难有足够的动机去打破沟通障碍，构建起可行的协同共治体制机制，这一复杂浩大的工程也超出了地方政府的资金实力和能力范畴。

京津冀三地文化相亲、地缘相近、区位独特、历史厚重，具备成长为世界级城市群的优良条件。为此，提高京津冀协同发展水平是必要条件，而解决河北与北京、天津过大的发展差距问题又是关键切入点。因此，需要把京津冀协同上升到国家级战略的高度，以中央的外力进行介入支持，同时要在河北寻求一个新的空间部署，跳出"一城一地"的得失来思考发展路径，"着力点和出发点，就是动一动外科手术，疏解北京非首都功能，解决'大城市病'问题"。深圳经济特区和上海浦东新区，均是采用在区域内部选点率先发展，进而带动区域整体跃迁的模式。借鉴深圳和浦东经验，雄安新区坐落在河北省内，便是意在为河北培育新的经济增长极，也将成为带动河北乃至整个华北地区的增长引擎；聚集全国乃至全世界的高新技术、高科技人才，发展高新技术产业，不能仅是北京非首都功能的承载地。雄安新区一头与北京城市副中心形成北京新的两翼，另一头与张北地区形成河北两翼，以一地之力牵起了三省（市）串联发展。同时，雄安新区还要在功能上实现同北京、天津的错位发展。未来，北京、天津、雄安都会转型成为京津冀城市群的功能性城市，与该区域其他城市共同带动京津冀的区域发展，把京津冀打造成具有中国特色、世界一流的城市群。

（三）贯彻新发展理念，探索经济社会新发展模式

改革开放以来，传统的经济发展模式为中国经济的腾飞奠定了厚实的基础，我国经济规模已经跃居世界第二位，但是经济发展模式的粗放性也存在包括资源浪费、环境污染、区域差距拉大、内外结构失衡、产业自主创新能力不足等弊端。在我国经济高速增长已经保持多年和国内外约束环境变化的背景下，以习近平同志为核心的党中央明确指出，我国经济发展已经进入新常态，传统经济发展模式已经不符合我国发展的要求，未来必须依靠新的发展理念来指导经济发展。但是由于发展路径依赖和发展思维惯性，很多地区践行五大发展理念的成效并不尽如人意。鉴于这种情况，设立新的经济区域来试验和摸索符合五大发展理念要求的经济发展模式，对于未来中国经济发展转型升级具有重要意义。

中央强调雄安新区的首要任务是疏解北京非首都功能，这将为雄安新区短期内快速集聚资源和跨越式增长提供难得机遇，但从长远看，这不能成为雄安新区发展的唯一驱动力，雄安新区必须走承接非首都功能疏解"输血型"路径与区域自我成长"造血型"路径并重的双引擎发展模式，在各个方面摸索出一条崭新的内生发展道路。在相关规划中，雄安新区被明确要建设成为绿色生态宜居新城区、创新驱动发展引领区、协调发展示范区、开放发展先行区。显然，雄安新区的定位完全是依据创新、协调、绿色、开放、共享这一新发展理念。

在人才引进和人口管理方面，雄安新区探索实行有利于激发新区创新活力的人事、薪酬、住房、税收、养老等一揽子政策，确保人才、机构留得住、发展好。实施积分落户和居住证制度，建立以居住证为载体的公共服务提供机制；探索实行个人所得税改革；在技术移民和外籍人才入境、停居留、永久居留等方面制定更加便利的措施，建立人才特区。

在土地利用和房产开发方面，雄安新区严守生态保护红线，先期划定以白洋淀核心区为主的生态保护红线，远期结合森林斑块和生态廊道建设逐步扩大。严格保护永久基本农田，耕地占新区总面积18%左右，其中永久基本

农田占 10%。为避免房价高企，将坚持"房子是用来住的，不是用来炒的"定位，建立多主体供给、多渠道保障、租购并举的住房制度。坚持保障基本、兼顾差异，满足多层次个性化需求，建立多元化住房供应体系；坚持市场主导、政府引导，形成供需匹配、结构合理、流转有序、支出与消费能力基本适应的住房供应格局。完善多层次住房公积金政策和市场调控机制，严控大规模房地产开发，建立严禁投机的长效机制。

在交通建设方面，雄安新区将从理念倡导和制度设计上优先鼓励步行和自行车交通，全面保障公共交通，合理引导控制小汽车。在交通组织上，坚持公交慢行导向，通过不同交通功能的空间分离，挖掘窄路密网潜力，起步区机动车出行 80% 是公交车，绿色出行比例达到 90%。街道空间将提高慢行和景观断面占比，按照行人、自行车、公共交通、小汽车的优先次序进行路权分配，城市道路断面 50% 用于慢行，只有一半用于机动车道，其他用于绿地、自行车道和步行道。

（四）发挥涓滴扩散效应，促进区域协调发展

改革开放初期，我国的经济发展重心和改革前沿阵地主要集中在东南部沿海地带，这片区域最早享受到了改革开放的最大红利。随着西部大开发、中部崛起、东北振兴等基于四大板块的战略逐步落实，我国区域重大战略指向开始转向促进区域协调发展，但"南强北弱"的相对大格局没有得到实质改变。从经济规模上看，2016 年，中国地区生产总值排名前四的省份中有 3 个南方省份，前十的省份中则有 7 个南方省份；从经济增速看，1978—2016 年间，经济增速前五的省份中，有 4 个南方省份占据前三位和第五位，分别是福建省、广东省、浙江省和江苏省，北方只有内蒙古位居第四位；从城市群发展看，"在前 30 多年的发展中，我国逐步形成了京津冀、长三角、珠三角三大城市群，成为带动全国发展的主要空间载体"[①]，但需要注意的是，目前珠三角依托粤港澳大湾区积极融入全球经济贸易活动，长三角一体化程度和

[①] 习近平：在党的十八届五中全会第二次全体会议上的讲话，《求是》，2016 年 1 月 4 日，http:// jhsjk.people.cn/article/28009486。

产业协同态势居于全国首列，而京津冀城市群的多层城市等级体系仍未有效建立，深层次的体制机制障碍依旧亟待突破，未来各方面协同配合的空间始终较大。2017 年，珠三角凭借 0.6% 的国土面积和全国 5% 的人口规模，创造了 13% 的国内生产总值，长三角则以 2.2% 的国土面积和全国 11% 的人口规模创造了 20% 的国内生产总值，但京津冀占到了全国 2.3% 的国土面积，承载了全国 8% 的人口，贡献了 10% 的国内生产总值。

我国南北区域的发展失衡，不利于我国广大北方地区优势的充分释放，也深度抑制了全国范围区域经济的均衡发展。雄安新区从"全国一盘棋"的高度考量，通过谋求京津冀城市群的崛起来带动整个北方经济发展，从而拉平南北区域各方面的发展差距。京津冀地区实际上已经具备了形成世界级城市群的基础，但由于河北缺乏合适的参与京津冀协同发展的个体区域，导致整个区域的协同发展始终难以形成，而雄安新区的地理位置与规划规模使其完全能够作为京津冀区域协同发展的第三极，为最终京津冀城市群的形成奠定基础，为缩小南北区域间数百年甚至上千年的经济差距做出贡献。

二、雄安优势

雄安新区规划范围涉及包括雄县、容城、安新三县行政辖区（含白洋淀水域），任丘市鄚州镇、苟各庄镇、七间房乡和高阳县龙化乡，规划面积 1770 平方千米。地处北京、天津、保定腹地，区位优势明显、交通便捷通畅、生态环境优良、资源环境承载能力较强，现有开发程度较低，发展空间充裕，具备高起点高标准开发建设的基本条件。雄安新区规划建设以特定区域为起步区先行开发，在起步区划出一定范围规划建设启动区，起步区面积约 100 平方千米；条件成熟后再有序稳步推进中期发展区建设，中期发展区面积约 200 平方千米；并划定远期控制区为未来发展预留空间，远期控制区面积约 2000 平方千米。

（一）自然禀赋优渥

雄安新区地处太行山以东平原区，地面高程多在 5—26 米，地面坡降小于 2‰，地势平坦宽阔。雄安新区地热流体总储存量 377 亿立方米，在采灌均衡条件下，地热流体可采量为 4 亿立方米 / 年；全区浅层地热能赋存条件较好，地源热泵换热总功率夏季 983 万千瓦，冬季 552 万千瓦，总换热能力折合标准煤 400 万吨 / 年。浅层地下水总体质量较好，深层地下水质量优良，存在多处富锶矿泉水点，锶、碘、偏硅酸和矿化度均达到国家矿泉水饮用标准。现有 2 处矿泉水水源地探明可采资源量为 1720 立方米 / 日。

其中，雄县耕地面积 39979 公顷，且石油、矿泉水、地热水等自然资源丰富。境内有油井 1266 口（包括长停井），年产原油 48 万吨左右。矿泉水总储量 4 亿吨左右，水中的碘、锂、锶、偏硅酸及矿化度均达到国家饮用天然矿泉水标准，被鉴定为"国内少见的优质矿泉水"。雄县地热资源具有面积广、储量大、埋藏浅、温度高、水质优等特点，地热田覆盖面积 320 平方千米，占县域总面积的 61%，总储量 821.87 亿立方米，热储埋深在 500—1200米，出水温度 55℃—86℃，矿化度 1112 毫克 / 升，并且富含锂、锶、碘、锌、钾等多种微量元素，达到国家医疗热矿水标准，号称"华北之冠"。2006年 3 月和 2011 年 12 月，先后被中国矿业联合会和国土资源部命名为"中国温泉之乡"。

（二）区位优势明显

雄安新区位于保定，保定之名取"保卫大都，安定天下"之意，自古就是"京畿重地"要冲之塞。雄安新区与北京、天津构成一个等边三角形，距离北京、天津、石家庄和保定市分别约 105 千米、105 千米、155 千米、30 千米。作为承接北京非首都功能疏解之地，它一方面不能离北京太近，否则就有可能与北京原有城区连在一起，再次落入"摊大饼"的恶性循环；另一方面也不能相隔太远，一是会增加疏解和转移的难度和成本，二是超出了北京可供辐射带动的范围。

（三）交通条件便捷

雄安新区东至大广高速、京九铁路，南至保沧高速，西至京港澳高速、京广客专，北至荣乌高速、津保铁路等交通干线，基本形成与北京、天津、石家庄、保定的半小时通勤圈。同时具备空港优势，距离北京大兴机场约 55 千米，完全可以满足高端高新产业的发展需要。2020 年 12 月 27 日，京雄城际铁路全线贯通，雄安高铁站同步投入使用。从北京西站到雄安站，时间缩短至 50 分钟，从大兴机场最快 19 分钟可达雄安新区，雄安进入北京 1 小时交通圈。目前，雄安"四纵两横"轨道交通路网格局正加速形成。未来，雄安新区将依托高铁站、城际站，高效融入"轨道上的京津冀"。

（四）生态环境良好

雄安新区拥有华北平原最大的淡水湖白洋淀，白洋淀是大清河南支缓洪滞涝的天然洼淀，主要调蓄上游河流洪水，总面积达 366 平方千米。雄安新区内河渠纵横，水系发育，湖泊广布，漕河、南瀑河、萍河、南拒马河等多条河流在区域内交汇。自设立以来，雄安新区加大对白洋淀的生态保护力度，淀内鱼、虾、蟹、贝、莲、藕等水生动植物资源丰富，野生鸟类不断增加。截至 2022 年 1 月底，白洋淀野生鸟类数量共计 230 种，较新区设立前增加了 24 种。

（五）开发空间广阔

雄安新区范围内人口密度低，建筑少，拆迁量不大；核心区所辖人口尚不到 10 万人，仅相当于北京的一个社区；可开发建设的土地较充裕且可塑性强，具备一定的城市基础条件。截至 2020 年 11 月 1 日，雄安新区常住人口为 120 万余人。2020 年 1—12 月，雄县固定资产投资项目共 108 个，累计完成投资 296.32 亿元，同比增长 772%。2020 年，容城县全县地区生产总值完成 89 亿元。未来，雄安新区规划建设区将按 1 万人 / 平方千米的密度合理建设。

三、目标定位

设立雄安新区，是以习近平同志为核心的党中央深入推进京津冀协同发展作出的一项重大决策部署，是千年大计、国家大事。对于集中疏解北京非首都功能，探索人口经济密集地区优化开发新模式，调整优化京津冀城市布局和空间结构，培育创新驱动发展新引擎，具有重大现实意义和深远历史意义。建设雄安新区，要遵循"世界眼光、国际标准、中国特色、高点定位"的发展理念，瞄准"五区"定位：建设绿色生态宜居新城区、创新驱动发展引领区、协调发展示范区、开放发展先行区，努力打造贯彻落实新发展理念的创新发展示范区。

（一）发展定位

雄安新区作为北京非首都功能疏解集中承载地，要建设成为高水平社会主义现代化城市、京津冀世界级城市群的重要一极、现代化经济体系的新引擎、推动高质量发展的全国样板。

绿色生态宜居新城区。坚持把绿色作为高质量发展的普遍形态，充分体现生态文明建设要求，坚持生态优先、绿色发展，贯彻绿水青山就是金山银山的理念，划定生态保护红线、永久基本农田和城镇开发边界，合理确定新区建设规模，完善生态功能，统筹绿色廊道和景观建设，构建蓝绿交织、清新明亮、水城共融、多组团集约紧凑发展的生态城市布局，创造优良人居环境，实现人与自然和谐共生，建设天蓝、地绿、水秀美丽家园。

创新驱动发展引领区。坚持把创新作为高质量发展的第一动力，实施创新驱动发展战略，推进以科技创新为核心的全面创新，积极吸纳和集聚京津及国内外创新要素资源，发展高端高新产业，推动产学研深度融合，建设创新发展引领区和综合改革试验区，布局一批国家级创新平台，打造体制机制新高地和京津冀协同创新重要平台，建设现代化经济体系。

协调发展示范区。坚持把协调作为高质量发展的内生特点，通过集中承接北京非首都功能疏解，有效缓解北京"大城市病"，发挥对河北省乃至京津冀地区的辐射带动作用，推动城乡、区域、经济社会和资源环境协调发展，提升区域公共服务整体水平，打造要素有序自由流动、主体功能约束有效、基本公共服务均等、资源环境可承载的区域协调发展示范区，为建设京津冀世界级城市群提供支撑。

开放发展先行区。坚持把开放作为高质量发展的必由之路，顺应经济全球化潮流，积极融入"一带一路"建设，加快政府职能转变，促进投资贸易便利化，形成与国际投资贸易通行规则相衔接的制度创新体系；主动服务北京国际交往中心功能，培育区域开放合作竞争新优势，加强与京津、境内其他区域及港澳台地区的合作交流，打造扩大开放新高地和对外合作新平台，为提升京津冀开放型经济水平做出重要贡献。

（二）建设目标

雄安新区的建设既不能慢也急不得，要分步骤、有计划地完成新区建设的各阶段目标，以稳健的步调迈向美好图景。

到 2035 年，基本建成绿色低碳、开放创新、信息智能、宜居宜业、具有较强竞争力和影响力、人与自然和谐共生的高水平社会主义现代化城市。城市功能趋于完善，新区交通网络便捷高效，现代化基础设施系统完备，创新体系基本形成，高端高新产业引领发展，优质公共服务体系基本形成，白洋淀生态环境和区域空气质量根本改善。有效承接北京非首都功能，对外开放水平和国际影响力不断提高，实现城市治理能力和社会管理现代化。"雄安质量"引领全国高质量发展作用明显，雄安新区成为现代化经济体系的新引擎。

到 21 世纪中叶，全面建成高质量高水平的社会主义现代化城市，成为京津冀世界级城市群的重要一极。集中承接北京非首都功能成效显著，为解决"大城市病"问题提供中国方案。各项经济社会发展指标达到国际领先水平，创新能力世界一流，治理体系和治理能力实现现代化，成为新时代高质量发展的全国样板。彰显中国特色社会主义制度优越性，努力建设人类社会发展史上的典范城市，为实现中华民族伟大复兴贡献力量。

四、推进历程

雄安新区从方案酝酿、最终敲定到落地推进，经过了中共中央深思熟虑，同时结合多个部门、多位专家反复论证，是党和人民共同努力的智慧结晶。其中，习近平总书记亲自决策、亲自部署、亲自推动雄安新区建设，亲临实地考察并发表重要讲话，多次主持召开会议研究部署并作出重要指示，为雄安新区规划建设指明方向。

党的十八大以来，习近平总书记多次深入北京、天津、河北考察调研，多次主持召开中共中央政治局常委会会议、中共中央政治局会议，研究决定和部署实施京津冀协同发展战略。早在 2014 年 2 月，习近平总书记在北京考察工作时，便明确提出了京津冀协同发展的重大战略，指出要把北京的一些功能转移到河北、天津去。2014 年 10 月，习近平总书记对《京津冀协同发展规划总体思路框架》批示指出："目前京津冀三地发展差距较大，不能搞齐步走、平面推进，也不能继续扩大差距，应从实际出发，选择有条件的区域率先推进，通过试点示范带动其他地区发展。"在 2014 年底召开的中央经济工作会议上，习近平总书记强调，"京津冀协同发展的核心问题是疏解北京非首都功能，降低北京人口密度，促进经济社会发展与人口资源环境相适应"。

2015 年 2 月，习近平总书记在主持中央财经工作领导小组会议时，提出"多点一城、老城重组"的思路。4 月，习近平总书记先后主持召开中共中央政治局常委会会议和中共中央政治局会议研究《京津冀协同发展规划纲要》，提出"可考虑在河北合适的地方进行规划，建设一座以新发展理念引领的现代新城"。当年 6 月印发的《京津冀协同发展规划纲要》充分体现了习近平总书记的战略构想，明确提出："深入研究、科学论证，规划建设具有相当规模、与疏解地发展环境相当的集中承载地。"

2016 年 3 月 24 日，习近平总书记主持召开中共中央政治局常委会会议，听取北京市行政副中心和疏解北京非首都功能集中承载地有关情况的汇报，确定了新城的规划选址，同意定名为"雄安新区"。同年 5 月 27 日，中共中央政治局会议在中南海怀仁堂召开，审议《关于规划建设北京城市副中心和研究设立河北雄安新区的有关情况的汇报》，"雄安新区"首次出现在汇报稿的标题之中，雄安新区规划正式启动。习近平总书记在会上强调："在现代化建设和城镇化加快推进阶段，北京又面临着一次历史性的空间格局调整。无论是从它的健康发展和解决问题，都要做出选择，最后做了这个选择。"

2017 年 4 月 1 日，雄安新区设立的消息正式公开发布，拉开了雄安新区大规模规划设计和体制机制的落地实施大幕。2017 年 6 月，中央编办批复同意设立河北雄安新区管理机构，河北省委、省政府印发《关于组建河北雄安新区管理机构的通知》；按照"党政合设"和"精简、高效、统一"的原则，组建中共河北雄安新区工作委员会、河北雄安新区管理委员会，为省委、省政府派出机构，负责组织领导、统筹协调新区开发建设管理全面工作。雄安新区管理委员会同时接受国务院京津冀协同发展领导小组办公室指导。当年 10 月，党的十九大报告明确指出，以疏解北京非首都功能为"牛鼻子"推动京津冀协同发展，高起点规划、高标准建设雄安新区。

2018 年 4 月 14 日，中共中央、国务院正式批复《河北雄安新区规划纲要》（简称《规划纲要》）。《规划纲要》深入贯彻习近平新时代中国特色社会主义思想，深入贯彻党的十九大和中共十九届二中、三中全会精神，坚决落实中共中央、国务院决策部署，牢固树立和贯彻落实新发展理念，紧扣新时代我国社会主要矛盾变化，按照高质量发展要求，紧紧围绕统筹推进"五位一体"总体布局和协调推进"四个全面"战略布局，着眼建设北京非首都功能疏解集中承载地，创造"雄安质量"和成为推动高质量发展的全国样板，建设现代化经济体系的新引擎，坚持世界眼光、国际标准、中国特色、高点定位，坚持生态优先、绿色发展，坚持以人民为中心、注重保障和改善民生，坚持保护弘扬中华优秀传统文化、延续历史文脉，符合中共中央、国务院对雄安新区的战略定位和发展要求，对于高起点规划、高标准建设雄安新区具有重要意义。《规划纲要》从总体要求、构建科学合理空间布局、塑造新时代城市风貌、发展高端高新产业、提供优质共享公共服务、构建快捷高效交通网、建设绿色智慧新城、构筑现代化城市安全体系、保障规划有序有效实施等十个方面，提纲挈领对指导雄安新区规划建设提供了基本依据。

2018 年 12 月 25 日，中共中央、国务院正式批复《河北雄安新区总体规划（2018—2035 年）》（简称《总体规划》）。《总体规划》根据中央批复精神和《规划纲要》编制，与当年 4 月份公布的《规划纲要》相比，《总体规划》

在《规划纲要》基础上作了进一步补充完善。《总体规划》共分为 14 章 58 节，包括总体要求、承接北京非首都功能疏解、加强国土空间优化与管控、打造优美自然生态环境、推进城乡融合发展、塑造新区风貌、提供优质公共服务、构建快捷高效交通体系、建设绿色低碳之城、发展高端高新产业、打造创新发展之城、创建数字智能之城、构筑现代化城市安全体系、保障规划实施等内容。编制过程中呈现了多规合一、多项支撑、多层叠合、多部门协同、多维考量的特点。《总体规划》的批复象征着雄安新区开始以各层面规划为指引全面推进建设。

2019 年 1 月 24 日，中共中央、国务院发布了《关于支持河北雄安新区全面深化改革和扩大开放的指导意见》（简称《指导意见》）。《指导意见》指出，要把雄安新区建设成为北京非首都功能集中承载地、京津冀城市群重要一极、高质量高水平社会主义现代化城市，发挥对全面深化改革的引领示范带动作用。要紧紧围绕创造"雄安质量"、建设"廉洁雄安"和打造推动高质量发展的全国样板，进一步解放思想、勇于创新，赋予雄安新区更大的改革自主权，着力在创新发展、城市治理、公共服务等方面先行先试、率先突破，构建有利于增强对优质北京非首都功能吸引力、符合高质量发展要求和未来发展方向的制度体系，推动雄安新区实现更高质量、更有效率、更加公平、更可持续发展，努力打造贯彻落实新发展理念的创新发展示范区，为全国改革开放大局做出贡献。为此，《指导意见》安排了 9 项重点任务和 4 大保障措施。同年 8 月，中国（河北）自由贸易试验区正式设立，自贸区的设立成为雄安新区建设与发展的"加速器"。

2020 年 1 月 15 日发布的《河北雄安新区起步区控制性规划》和《河北雄安新区启动区控制性详细规划》，标志着雄安新区规划建设进入新阶段。起步区和启动区作为雄安新区主城区和先行建设区域，承担着新区的核心功能，肩负着集中承接北京非首都功能疏解的时代重任，在深化改革、扩大开放、创新发展、城市治理、公共服务等方面发挥先行先试和示范引领作用。

一批地方性法规条例也开始落地实施。2021 年 4 月 1 日，作为雄安新区的第一部地方性法规，共 8 章 100 条的《白洋淀生态环境治理和保护条例》开始实施，从规划管控、污染治理、防洪排涝、修复保护、保障监督等方面对白洋淀及其流域进行了详细全面的规范。同年 9 月 1 日，作为雄安新区第一部综合性地方性法规，《河北雄安新区条例》开始实施，聚焦将雄安新区建设成为北京非首都功能疏解集中承载地、高质量高水平社会主义现代化城市的功能定位，重点从管理体制、规划与建设、高质量发展、改革与开放、生态环境保护、公共服务、协同发展、法治保障 8 个方面进行了系统规定。

五、建设成效 [①]

雄安新区的设立具有划时代的意义，是新时代全新起点、最高规格、顶层定位的新探索。从 2018 年《总体规划》颁布以来，各方力量按照"世界眼光、国际标准、中国特色、高点定位"要求，高起点规划高标准建设雄安新区，努力创造"雄安质量"、打造新时代高质量发展全国样板，在规划体系、非首都功能承接、城市建设、生态修复、民生保障、体制改革等方面取得了一批重大成果。

（一）高标准构建顶层设计

河北省委、省政府先后邀请 60 多位院士及国内外 200 多个团队、3500 多名专家和技术人员参与规划编制，基本建立雄安新区"1+4+26"规划体系。全面贯彻落实中共中央、国务院关于雄安新区规划纲要、总体规划和白洋淀规划的批复要求，积极完善规划体系，编制完成起步区相关组团和 5 个外围组团控制性详细规划，雄县、容城、安新、寨里 4 个外围组团控制性详细规划由省政府批复，昝岗组团控制性详细规划正在履行报批程序，基本实现控制性详细规划"一主、五辅"全覆盖。认真落实中共中央、国务院《关于支持河北雄安新区全面深化改革和扩大开放的指导意见》，财税、金融、科技、

---

① 数据来源于雄安新区官网：http://www.xiongan.gov.cn/。

教育等配套实施方案相继印发，"1+N"政策体系基本形成。

（二）有序承接北京非首都功能疏解

雄安新区已进入了承接非首都功能疏解和建设同步推进的重要阶段，要稳妥有序推进一批具有较强影响力和带动性的北京非首都功能向雄安新区疏解，发挥示范效应，带动相关非首都功能向京外疏解。2017 年 8 月，京冀两地签署了《关于共同推进河北雄安新区规划建设战略合作协议》。北京将紧紧围绕雄安新区建设发展总体要求，在工作机制、科技创新、交通、生态、产业、公共服务、规划、干部人才交流 8 个合作领域支持雄安新区建设。雄安将坚持把握初心和定位，健全承接机制，优化承接布局，营造承接环境，有序开展疏解配套政策制定，围绕住房、薪酬、医疗、教育、社保等方面加强政策研究，印发实施积分落户、居住证等政策文件。

在产业协作和协同创新方面，北京和雄安共同建设雄安新区中关村科技园，园区发展规划正在加快制定，积极支持符合雄安新区功能定位的创新资源在雄安新区布局发展。发挥北京市属国企技术、人才、资金优势，城建集团、首发集团、环卫集团等十余家市属国企分别以设计咨询、工程建设等方式积极参与雄安新区建设。在承接企业迁入方面，2021 年底，中国星网集团、中国中化控股有限责任公司、中国华能集团首批 3 家央企总部正式落地雄安新区，央企在雄安设立分公司、子公司及各类分支机构达 100 余家。

（三）高质量推动开发建设

按照"在建一批、新开工一批、储备论证一批"的原则，加快推进雄安新区启动区和起步区重大基础设施及配套公共服务设施建设。统筹推进启动区、起步区和重点片区交通、能源、水利、智能城市、公共服务等重大基础设施建设，启动区基础设施和公共服务设施加快建设，市政干线道路和次干路、综合管廊、电力等基础设施项目陆续开工；坚持开放式、市场化运作，吸引中国建筑、中国中铁等一批央企投入雄安新区建设。

截至 2021 年 5 月，京雄城际、津石高速全线通车运营，京雄高速、京德高速、荣乌高速新线一期建成通车，雄安新区总长达 545 千米的"四纵三横"

对外高速骨干路网全面形成。2020年底，京雄城际北京至雄安新区段建成运营，实现从雄安站19分钟至大兴国际机场、50分钟至北京西站，雄安新区进入北京1小时交通圈。2022年初，津石高速公路天津东段正式通车，标志着天津港区域与雄安新区最便捷的高速通道彻底打通。

国务院印发的《"十四五"现代综合交通运输体系发展规划》中多处提到雄安，涉及高标准、高质量打造雄安新区对外交通网络，建设雄安站等综合交通枢纽场站，建设北京经雄安新区至商丘、雄安新区至忻州等高速铁路，推进京雄等雄安新区对外高速公路建设，建设雄安新区至石家庄等城际铁路，建设京雄等智慧高速公路工程等方面。目前，京雄高速公路北京段正在加快建设，京雄商高铁前期工作有序推进，京雄两地直连直通的交通体系正在加速形成。

（四）大力开展生态环境治理和修复

河北与北京、山西建立协同治理机制，制定实施并严格落实《白洋淀生态环境治理和保护条例》，一体推进补水、清淤、治污、防洪、排涝工作，累计实施治理工程243个，区内606个有水纳污坑塘全部治理完毕，治理涉水企业1000多家，白洋淀淀区国考断面均达标，水体流动性进一步增强，水质不断改善，"华北之肾"功能逐步恢复。

加强防洪工程项目建设，南拒马河右堤、萍河左堤等环起步区防洪堤达200年一遇防洪标准、100年一遇防涝标准。坚持先植绿后建城，2017年11月，雄安新区"千年秀林"工程正式拉开大幕，迄今已经实施了大清河片林一区植树造林项目、10万亩苗景兼用林建设项目、2018年至2020年春秋季植树造林项目等绿化项目。截至2022年3月，雄安新区累计造林45.4万亩，2300多万株，森林覆盖率由最初的11%提高到32%。

（五）持续提升民生福祉

坚持以人民为中心，扎实做好回迁安置工程，用心用情用力推进征迁安置工作，有序开展容东片区、雄东片区群众回迁安置，做深做细做透选房、交通、入住、周边保障等各项工作，建设现代化新型社区，确保搬得舒心、安心、顺心。安新县大阳小学集中安置学校已于 2020 年 11 月正式开学。2021 年 10 月，容东片区首批 400 余栋安置房陆续开始交付使用，容西、雄东、昝岗等片区也进入稳定开发期，居民生活品质显著提升。2022 年初，雄安新区容西片区安置房及配套设施项目标段初装修施工全部完成。

开展万人培训、万人就业"双万工程"和职业技能提升行动，实施医疗、教育、文体提升工程，组织京津冀 56 所优质学校、63 所知名医疗机构对新区学校、医疗机构开展结对帮扶，连续提高居民低保、特困救助供养标准，雄安新区公共服务水平不断提高。北京以"交钥匙"方式在雄安首批援助建设了 3 所学校、1 所医院，建成后将由北京四中、史家胡同小学、北海幼儿园、宣武医院提供办学办医支持。目前，3 所学校已经竣工，雄安宣武医院项目一期主体结构封顶，北京对口帮扶雄安学校已达 29 所，5 所医疗机构帮扶工作持续深化。此外，北京还制定了北京市支持雄安新区提升公共服务水平工作的意见，助力雄安新区系统提升公共服务水平和综合承接能力。

（六）深入推进治理体制改革

持续推进落实"雄安事雄安办"要求，进一步完善雄安新区党工委管委会职能，理顺雄安新区与托管的雄县、容城、安新三县管理体制。雄安新区已经启用河北雄安新区管理委员会行政审批专用章，推进实施"一枚印章管到底"的行政审批和政务服务模式。"一会三函"审批让建设项目开工审批环节由数十个减少为 4 个，政府投资审批类建设项目审批时限压缩至 23 个工作日。2021 年 2 月，将工程建设项目审批全流程涉及的行政审批、收费以及市政公用服务等所有事项实行"一站式""一个窗口"服务和管理。

2021 年 1 月，雄安新区管委会正式印发《河北雄安新区居住证实施办法（试行）》和《河北雄安新区积分落户办法（试行）》，在雄安新区正式试行居住证和积分落户制度，标志着雄安新区深化人口管理服务制度改革迈出坚实步伐。

六、重点安排

建设雄安新区是一项历史性工程，一定要保持历史耐心，有"功成不必在我"的精神境界，有"一张蓝图干到底"的决心勇气。雄安新区是留给子孙后代的历史遗产，必须坚持大历史观，保持历史耐心，稳扎稳打，一茬接着一茬干。完善规划体系，制定配套政策法规和技术规范，创新体制机制，强化政策保障，做好与周边区域规划衔接，加强新区及毗邻地区管控，促进协调发展，加强组织领导，保障规划有序有效实施，确保一张蓝图干到底。

目前，雄安还处在打基础、搭架子的大规模规划建设阶段，在硬件设施和软性制度上还具备很大的可塑空间。规划建设雄安新区，要在中共中央领导下，坚持稳中求进工作总基调，牢固树立和贯彻落实新发展理念，适应把握引领经济发展新常态，以推进供给侧结构性改革为主线，坚持世界眼光、国际标准、中国特色、高点定位，坚持生态优先、绿色发展，坚持以人民为中心、注重保障和改善民生，坚持保护弘扬中华优秀传统文化、延续历史文脉，建设绿色生态宜居新城区、创新驱动发展引领区、协调发展示范区、开放发展先行区，努力打造贯彻落实新发展理念的创新发展示范区。

随着中国特色社会主义建设事业开启新征程，我国经济由高速增长阶段转向高质量发展阶段，一个阶段要有一个阶段的标志，雄安新区要在推动高质量发展方面成为全国的一个样板。未来，围绕推动高质量发展，探索城市发展新路径，雄安新区的规划重点和关键任务有以下几个方面。

（一）建设绿色智慧新城，建成国际一流、绿色、现代、智慧城市

坚持以人民为中心的发展思想，按照强化服务、源头治理、权责一致、协调创新的要求，把智能治理思维、手段、模式贯穿雄安新区治理始终，创新城市规划设计模式，推进住房供给体系建设，提高城市管理科学化、精细化水平，建设高质量高水平的社会主义现代化城市。为此，要建立科学高效的城市规划设计机制；探索智慧城市管理新模式；构建新型住房供给体系；推进社会治理现代化；强化城市安全稳定保障。

（二）打造优美生态环境，构建蓝绿交织、清新明亮、水城共融的生态城市

贯彻习近平生态文明思想，践行生态文明理念，实行最严格生态环境保护制度，将雄安新区自然生态优势转化为经济社会发展优势，建设蓝绿交织、水城共融的新时代生态文明典范城市，走出一条人与自然和谐共生的现代化发展道路。为此，要创新生态保护修复治理体系；推进资源节约集约利用；完善市场化生态保护机制；创新生态文明体制机制。

（三）发展高端高新产业，积极吸纳和集聚创新要素资源，培育新动能

坚持把创新作为引领雄安新区高质量发展的第一动力，以供给侧结构性改革为主线，系统推进有利于承接北京非首都功能、集聚创新要素资源的体制机制改革，着力建设具有核心竞争力的产业集群，培育新增长点、形成新动能，努力构建市场机制高效、主体活力强劲的经济体系。为此，要深入推进疏解到雄安新区的国有企业和事业单位改革；推动高端高新产业发展，在具体产业规划上，雄安新区将重点发展人工智能、下一代通信网络、物联网、大数据、工业互联网、云计算、网络安全等信息技术产业，率先发展基因工程、细胞治疗、脑科学、分子育种、组织工程等前沿技术，培育生物医药和高性能医疗器械产业，加强重大疾病新药创制；加强创新能力建设和科技成果转化；充分激发市场主体活力；构建现代产权保护体系；深入实施军民融合发展战略。

坚持聚天下英才而用之，深入实施人才优先发展战略，建立适应雄安新区开发建设与高质量发展的选人用人机制，建立高层次人才引进与激励政策体系，优化就业创业、成长成才环境，形成具有国际竞争力的人才制度优势。为此，要构建灵活高效的用人制度；建立科技人才激励机制；优化境外人才引进和服务管理。

（四）提供优质公共服务，建设优质公共设施，创建城市管理新样板

坚持以满足人民日益增长的美好生活需要为根本出发点和落脚点，围绕

有效吸引北京非首都功能疏解和人口转移，加强雄安新区与北京在教育、医疗卫生、社会保障等领域合作，形成优质高效、保障多元、城乡一体、开放共享的公共服务体系，创造高品质的生产生活环境。为此，要推进现代教育体系建设；创新医疗卫生体系和制度；推进文化领域改革创新；完善社会保障和就业创业体系。

（五）构建快捷高效交通网，打造绿色交通体系

按照网络化布局、智能化管理、一体化服务要求，加快建立连接雄安新区与京津及周边其他城市、北京新机场之间的轨道交通网络；完善雄安新区与外部连通的高速公路、干线公路网；坚持公交优先，综合布局各类城市交通设施，实现多种交通方式的顺畅换乘和无缝衔接，打造便捷、安全、绿色、智能交通体系。为此，要完善区域综合交通网络；构建新区便捷交通体系；打造绿色智能交通系统。

（六）推进体制机制改革，发挥市场在资源配置中的决定性作用和更好发挥政府作用，激发市场活力

坚持人民主体地位，深入推进政府治理体系和治理能力现代化，深化简政放权、放管结合、优化服务改革，加快转变政府职能，优化雄安新区机构设置和职能配置，建设让人民满意、让群众放心、运行高效的新时代服务型政府。为此，要科学设置雄安新区管理机构；推动行政管理体制创新；构建事中事后监管体系。

（七）扩大全方位对外开放，打造扩大开放新高地和对外合作新平台

坚持全方位对外开放，支持雄安新区积极融入"一带一路"建设，以开放促发展、以合作促协同，着力发展贸易新业态新模式，加快培育合作和竞争新优势，构筑我国对外合作新平台，打造层次更高、领域更广、辐射更强的开放型经济新高地。2019 年 8 月 30 日，国务院批准设立中国（河北）自由贸易试验区，其中包括雄安片区共 33.23 平方千米。2020 年 4 月 27 日，国务院同意在雄安新区设立跨境电子商务综合试验区。这些举措都进一步推动雄安新区融入全国扩大开放的格局。

第二节 浙江高质量发展建设共同富裕示范区

2021 年 5 月 20 日，中共中央、国务院印发了《关于支持浙江高质量发展建设共同富裕示范区的意见》，这是以习近平同志为核心的党中央作出的一项重大决策。设立浙江高质量发展建设共同富裕示范区（简称"共同富裕示范区"）是党和国家根据当前我国发展形势和人民需求做出的重大战略研判。共同富裕示范区意图在地区差距、收入差距、城乡差距、公共服务差距等方面进行体制革新的先行先试，总结过程中的成功经验和不足教训，形成可供推广复制的模式，为全国实现共同富裕打下坚实基础，贡献宝贵经验。因此，共同富裕示范区不仅仅对于浙江当地是一个重要发展机遇，更是寄托着全国人民对美好生活向往的重大试验平台。

一、诞生背景

设立共同富裕示范区是立足我国当下历史方位和发展阶段所做出的必然选择。中共十九届五中全会提出，全面建成小康社会、实现第一个百年奋斗目标之后，我们要乘势而上开启全面建设社会主义现代化国家新征程、向第二个百年奋斗目标进军，这标志着我国进入了一个新发展阶段。新发展阶段面临新的发展环境，需要集中力量解决我国当前发展不平衡不充分的新问题。选择浙江作为共同富裕示范区的布局点，是充分考虑了浙江在经济发展、地区协调、城乡格局等方面的独特优势，同时在政策传导上有很大的发挥空间。

（一）推进社会主义现代化建设的时代要义

共同富裕是社会主义的本质要求，是中国式现代化的重要特征，我国现代化是全体人民共同富裕的现代化。改革开放以来，通过允许一部分人、一部分地区先富起来，先富带后富，极大解放和发展了社会生产力，人民生活水平不断提高。党的十八大以来，以习近平同志为核心的党中央不忘初心、牢记使命，团结带领全党全国各族人民，始终朝着实现共同富裕的目标不懈努力，全面建成小康社会取得伟大历史性成就，特别是决战脱贫攻坚取得全面胜利，困扰中华民族几千年的绝对贫困问题得到历史性解决，为新发展阶段推动共同富裕奠定了坚实基础。

中共十九届五中全会对扎实推动共同富裕作出重大战略部署。实现共同富裕不仅是经济问题，而且是关系党的执政基础的重大政治问题。共同富裕具有鲜明的时代特征和中国特色，是全体人民通过辛勤劳动和相互帮助，普遍达到生活富裕富足、精神自信自强、环境宜居宜业、社会和谐和睦、公共服务普及普惠，实现人的全面发展和社会全面进步，共享改革发展成果和幸福美好生活。随着我国开启全面建设社会主义现代化国家新征程，必须把促进全体人民共同富裕摆在更加重要的位置，向着这个目标更加积极有为地进行努力，让人民群众真真切切感受到共同富裕看得见、摸得着、真实可感。

全面理解共同富裕，需要特别强调其实现路径和重点指向。一方面，必须明确共同富裕要靠共同奋斗得来。幸福生活都是奋斗出来的，共同富裕要靠勤劳智慧来创造。习近平总书记指出："中国人民自古就明白，世界上没有坐享其成的好事，要幸福就要奋斗。"共同富裕等不来，也喊不来，必须是拼出来、干出来的。实现共同富裕目标，首先需要通过全国人民共同奋斗把蛋糕做大做好，只有人人参与、人人尽力，才能真正实现人人享有。要在全社会大力弘扬勤劳致富精神，鼓励全体劳动者通过诚实劳动、合法经营、创新创业创造迈向幸福美好生活。

另一方面，需要坚持尽力而为、量力而行地推进共同富裕。我们要从国情实际出发，遵循经济社会发展规律，脚踏实地、久久为功，稳步提升民生保障水平。所谓"尽力而为"，就是要坚持在发展中保障和改善民生，用心用情用力办好民生实事，以更大的力度、更实的举措提高全体人民群众获得感、幸福感、安全感和认同感。所谓"量力而行"，就是要清醒地看到，我国发展水平离发达国家还有很大差距，一定要把保障和改善民生建立在经济发展和财力可持续的基础之上，不能好高骛远，做兑现不了的承诺。对于地方政府来讲，在推动共同富裕的过程中，要坚持有所为有所不为，重点是加强基础性、普惠性、兜底性民生保障建设，重在提升公共服务水平，特别是在教育、医疗、养老、住房等人民群众最关心的领域精准提供基本公共服务，同时要切实兜住困难群众基本生活底线。

（二）我国所处经济社会发展阶段的需求使然

改革开放之后，我国社会主义现代化建设提出了"三步走"战略目标。解决人民温饱问题、人民生活总体上达到小康水平这两个目标已提前实现。在这个基础上，又提出到建党 100 年时建成经济更加发展、民主更加健全、科教更加进步、文化更加繁荣、社会更加和谐、人民生活更加殷实的小康社会，然后再奋斗 30 年，到新中国成立 100 年时，基本实现现代化，把我国建成社会主义现代化国家。

步入中国特色社会主义新时代，我国的成长环境和发展阶段都发生了很大的改变。党的十九大报告明确指出：我国社会主要矛盾已经转化为人民日益增长的美好生活需要和不平衡不充分的发展之间的矛盾。对此，推进共同富裕则是解决这一社会主要矛盾的本质路径。实现共同富裕是人民群众的共同期盼，共同富裕是全体人民共同富裕，是人民群众物质生活和精神生活的双重充实，不是少数人的富裕，也不是整齐划一的平均主义。

党的十八大以来，中国特色社会主义进入新时代。中共中央把握发展阶段新变化，把逐步实现全体人民共同富裕摆在更加重要的位置上，推动区域协调发展，采取有力措施保障和改善民生，为促进共同富裕创造了良好条件。2021 年 2 月 25 日，习近平总书记庄严宣告，"我国脱贫攻坚战取得了全面胜利，现行标准下 9899 万农村贫困人口全部脱贫,832 个贫困县全部摘帽，12.8 万个贫困村全部出列，区域性整体贫困得到解决，完成了消除绝对贫困的艰巨任务，创造了又一个彪炳史册的人间奇迹"[①]。在全面建成小康社会、胜

[①] 习近平：在全国脱贫攻坚总结表彰大会上的讲话，新华网，2021 年 2 月 25 日，https://www.12371.cn/2021/02/25/ARTI1614258333991721.shtml。

利实现第一个百年奋斗目标的基础上，当前，我们正向第二个百年奋斗目标进军，踏上全面建设社会主义现代化国家新征程，社会主义事业已经进入了扎实推动共同富裕的历史阶段。

然而，我们仍需要清醒地认识到，中国依旧是世界上最大的发展中国家，关于社会主义市场经济体制的许多深层次矛盾亟待化解，广大农村、基层、相对欠发达地区的发展步伐还相对落后，庞大人口基数下困难群众的绝对体量始终不能忽视。总之，我国发展不平衡不充分问题仍然突出，城乡区域发展和收入分配差距较大，各地区推动共同富裕的基础和条件不尽相同。新一轮科技革命和产业变革有力推动了经济发展，也对就业和收入分配带来深刻影响，包括一些负面影响，需要有效应对和解决。促进全体人民共同富裕是一项长期艰巨的系统性工程，需要选取部分地区先行先试、作出示范，充分发挥我国改革开放以来摸索出的分步骤、有规划、渐进式的探索步调，以局部成功牵引整体优化。

（三）浙江承担共同富裕探索重任的独特优势

选择浙江作为共同富裕示范区具有科学性和必然性。支持浙江建设共同富裕示范区，需要一手抓顶层设计，一手推进示范建设，而浙江在城乡差距、区域发展以及富裕程度等各项指标上都走在全国前列。第一，浙江经济总量基础厚实。作为一个人口5000多万的中等规模省份，浙江从1994年起，地区生产总值已连续17年位居全国各省（区、市）第四。2020年，浙江实现地区生产总值64613亿元，与第三名山东的差距缩小到8500亿元，而后者的人口几乎是浙江的两倍。第二，浙江区域间城乡间发展相对均衡。2020年，浙江城镇居民人均可支配收入达到62699元，连续20年位居全国各省（区）第一；农村居民人均可支配收入为31930元，连续36年位居全国各省（区）第一，比上海市还要高出几千元。浙江的农村普遍富裕，城乡收入差距相对较小，城乡居民收入比在2020年降至1.96：1，而嘉兴市的城乡收入比仅为1.61：1。第三，浙江改革创新意识突出，成果丰硕。浙江探索创造了"最多跑一次""'三位一体'农合联""宅基地'三权分置'"等多项改革经验，创新了从建立村务监督委员会到"三治结合"智慧治理的乡村现代治理之路，较强的改革和创新意识为大胆探索和及时总结共同富裕示范区建设经验提供了支撑。

共同富裕示范区的工作重心是探索推进共同富裕的体制机制和制度体系，最终落脚点在于形成一套面向全国可复制可推广的经验。因此，选址共同富裕示范区不仅要确保未来工作推进的便利性，更应考虑到空间试点的普遍性和代表性。首先，浙江在有限的面积内囊括了丰富的自然地理元素。浙江行政区划占地面积为 10.55 万平方千米，在我国内地 31 个省（区、市）中仅排第 25 位，但却拥有平原（杭嘉湖平原、宁绍平原）、盆地（金衢盆地）、海岛（舟山群岛）、丘陵（浙西南丘陵）等各种地貌。其"七山一水二分田"地形结构，类似于一个缩小版的中国，从中孕育了多样化的城乡类型。此外，浙江的城市综合体系呈现完备性和梯度性：从第一梯队的杭州，到中等规模的温州、绍兴、嘉兴、台州，再到县级的义乌、诸暨、龙港，镇级的横店、店口、乌镇等，浙江有 2 个副省级城市、9 个地级市和 53 个县（市），农村户籍人口约占一半，拥有一个完整且发达的城乡体系，其实现共同富裕的模式机制，也适用于东中西部各种区域类型。

二、目标定位

以习近平同志为核心的党中央团结带领全国人民，在历史性解决了绝对贫困问题后，把共同富裕作为现代化建设的重要目标作出重大战略部署，中国特色社会主义必将迎来新的更大发展，必将为人类社会的文明进步、世界社会主义发展做出更大贡献。站在宏大的时代背景下，共同富裕示范区蕴含着高规格、高水平、高站位的强大底色，承担着高质量发展高品质生活先行区、城乡区域协调发展引领区、收入分配制度改革试验区、文明和谐美丽家园展示区等四大战略定位。

共同富裕既是一项长期任务，也是一项现实任务。共同富裕示范区建设要按照"每年有新突破、5 年有大进展、15 年基本建成"的目标任务安排，率先推动共同富裕理论创新、实践创新、制度创新、文化创新。第一，"15年基本建成"意味着浙江比全国领先15年基本实现共同富裕。到2025年，推动共同富裕示范区取得明显实质性进展；到2035年，高质量发展取得更大成就，基本实现共同富裕。第二，"5年有大进展"就是要用三个五年规划时间压茬推进，滚动制定实施方案，迭代深化目标任务，不断取得阶段性标志性成果、普遍性经验。第三，"每年有新突破"就是要把规划目标分解为年度目标，以关键目标指标牵引工作推动落实，每年形成一批突破性成果，一年一年滚动推进，积小胜为大胜。

（一）战略定位

高质量发展高品质生活先行区。率先探索实现高质量发展的有效路径，促进城乡居民收入增长与经济增长更加协调，构建产业升级与消费升级协调共进、经济结构与社会结构优化互促的良性循环，更好满足人民群众品质化多样化的生活需求，富民惠民安民走在全国前列。

城乡区域协调发展引领区。坚持城乡融合、陆海统筹、山海互济，形成主体功能明显、优势互补、高质量发展的国土空间开发保护新格局，健全城乡一体、区域协调发展体制机制，加快基本公共服务均等化，率先探索实现城乡区域协调发展的路径。

收入分配制度改革试验区。坚持按劳分配为主体、多种分配方式并存，着重保护劳动所得，完善要素参与分配政策制度，在不断提高城乡居民收入水平的同时，缩小收入分配差距，率先在优化收入分配格局上取得积极进展。

文明和谐美丽家园展示区。加强精神文明建设，推动生态文明建设先行示范，打造以社会主义核心价值观为引领、传承中华优秀文化、体现时代精神、具有江南特色的文化强省，实现国民素质和社会文明程度明显提高、团结互助友爱蔚然成风、经济社会发展全面绿色转型，成为人民精神生活丰富、社会文明进步、人与自然和谐共生的幸福美好家园。

（二）发展目标

到2025年，浙江省推动高质量发展建设共同富裕示范区取得明显实质性进展。经济发展质量效益明显提高，人均地区生产总值达到中等发达经济体水平，基本公共服务实现均等化；城乡区域发展差距、城乡居民收入和生活水平差距持续缩小，低收入群体增收能力和社会福利水平明显提升，以中等收入群体为主体的橄榄型社会结构基本形成，全省居民生活品质迈上新台阶；国民素质和社会文明程度达到新高度，美丽浙江建设取得新成效，治理能力明显提升，人民生活更加美好；推动共同富裕的体制机制和政策框架基本建立，形成一批可复制可推广的成功经验。

到 2035 年，浙江省高质量发展取得更大成就，基本实现共同富裕。人均地区生产总值和城乡居民收入争取达到发达经济体水平，城乡区域协调发展程度更高，收入和财富分配格局更加优化，法治浙江、平安浙江建设达到更高水平，治理体系和治理能力现代化水平明显提高，物质文明、政治文明、精神文明、社会文明、生态文明全面提升，共同富裕的制度体系更加完善。

三、建设历程

推进共同富裕是我们党和国家矢志不渝推进的长期事业。改革开放之初，邓小平就提出一部分地区、一部分人可以先富起来，带动和帮助其他地区、其他的人，逐步达到共同富裕。20 年前，浙江省委作出"发挥八个方面优势""推进八个方面举措"的决策部署——"八八战略"。优势方面强调将浙江在先富带后富的发展中已经显现出来的体制机制、区位、特色产业、城乡协调、生态等优势发挥好，将潜在优势变为现实优势；同时，践行推动经济社会发展增创新优势、再上新台阶的八大举措，包括新型工业化、城乡一体化、"绿色浙江"、文化大省等一系列发展要求。在"八八战略"指引下，浙江高水平全面建成了小康社会，成为群众最富裕、发展最均衡、社会活力最强、社会秩序最优的省份之一，这为推进共同富裕示范区建设提供了思想指引和实践基础。

党的十八大以来，习近平总书记就扎实推动共同富裕发表一系列重要讲话，作出一系列重要部署，为逐步实现全体人民共同富裕指明了正确方向，提供了根本遵循。2017年，党的十九大提出了到21世纪中叶，全体人民共同富裕基本实现的奋斗目标。2020年4月，习近平总书记在浙江考察时强调"发展不平衡不充分问题要率先突破"，赋予浙江"努力成为新时代全面展示中国特色社会主义制度优越性的重要窗口"的新目标新定位。2020年10月，中共十九届五中全会对扎实推动共同富裕作出部署，明确了"全体人民共同富裕取得更为明显的实质性进展"的目标内容和2035年的重要节点。习近平总书记指出："共同富裕本身就是社会主义现代化的一个重要目标。我们要始终把满足人民对美好生活的新期待作为发展的出发点和落脚点，在实现现代化过程中不断地、逐步地解决好这个问题。"

我国发展不平衡不充分问题仍然突出，促进全体人民共同富裕是一项长期艰巨的历史任务，各地区推动共同富裕的基础和条件不尽相同，有必要选取一些条件相对较好的地方先行示范。基于浙江富裕程度高、均衡性强，具备先行先试的条件，2021年3月，《中华人民共和国国民经济和社会发展第十四个五年规划和2035年远景目标纲要》提出支持浙江高质量发展建设共同富裕示范区。2021年6月10日，中共中央、国务院正式公布《关于支持浙江高质量发展建设共同富裕示范区的意见》（简称《意见》），赋予浙江为全国推动共同富裕提供省域范例的重任。《意见》明确了共同富裕示范区的指导思想、五大工作原则、四大战略定位、两阶段发展目标等总体要求，部署了六大重点任务和相应保障措施，构成了示范区建设的顶层设计，是建设共同富裕示范区的思想纲领和行动指南。

2021年6月，为进一步贯彻《意见》精神，中国共产党浙江省第十四届委员会第九次全体会议通过《浙江高质量发展建设共同富裕示范区实施方案（2021—2025年）》（简称《方案》），按照"每年有新突破、5年有大进展、15年基本建成"的安排，全面落实《意见》所要求的"两阶段发展目标"。《方案》把"十四五"确定为高质量发展建设共同富裕示范区"第一程"，制定了"第一程"的路线图、任务书——在这一时期要完成"四率先三美"主要目标①和"七个方面先行示范"主要任务②；到 2025 年，共同富裕示范区取得明显实质性进展。

在《意见》公布、《方案》落地后，浙江迅速成立了高质量发展建设共同富裕示范区领导小组，组建省委社会建设委员会。一年多来，浙江紧扣四大战略定位，稳步推进相关建设工作，在规划体系、经济建设、改革创新等方面取得了丰硕成果。

（一）完善整体谋划体系

2021 年 7 月，浙江完成了共同富裕示范区建设首批试点遴选工作，确定了六大领域共计 28 个试点（表 8-2-1）。

表 8-2-1　共同富裕示范区六大重点领域和 28 个试点

重点领域	试点地区
缩小地区差距领域	丽水市、温州泰顺县、嘉兴平湖市、衢州龙游县
缩小城乡差距领域	湖州市、杭州淳安县、宁波慈溪市、金华义乌市、台州路桥区、台州仙居县、丽水松阳县
缩小收入差距领域	温州鹿城区、绍兴新昌县、金华磐安县、舟山嵊泗县
公共服务优质共享领域	宁波市、杭州富阳区、温州瓯海区、台州三门县
打造精神文明高地领域	衢州市、嘉兴南湖区、绍兴诸暨市、金华东阳市
建设共同富裕现代化基本单元领域	绍兴市、杭州萧山区、宁波北仑区、湖州安吉县、衢州衢江区

资料来源：根据相关文件整理。

---

① 率先基本建立推动共同富裕的体制机制和政策框架，率先基本形成更富活力创新力竞争力的高质量发展模式，率先基本形成以中等收入群体为主体的橄榄型社会结构，率先基本实现人的全生命周期公共服务优质共享，人文之美、生态之美、和谐之美更加彰显。

② 一是打好服务构建新发展格局组合拳，推进经济高质量发展先行示范；二是实施居民收入和中等收入群体双倍增计划，推进收入分配制度改革先行示范；三是健全为民办实事长效机制，推进公共服务优质共享先行示范；四是拓宽先富带后富先富帮后富有效路径，推进城乡区域协调发展先行示范；五是打造新时代文化高地，推进社会主义先进文化发展先行示范；六是建设国家生态文明试验区，推进生态文明建设先行示范；七是坚持和发展新时代"枫桥经验"，推进社会治理先行示范。

为了抓好各项工作的落实，浙江制订了共同富裕示范区建设绩效考评办法，动态监测评价共同富裕示范区建设工作进展。截至 2022 年 2 月，浙江省级部门聚焦重点领域已出台了 64 个专项政策，各地方也结合自身发展实际出台了地方配套方案，28 个试点地区均出台了三年行动计划。相关部门编制了高质量发展建设共同富裕示范区的系统架构图，明确"1+7+N"重点工作跑道和"1+5+N"重大改革跑道，构建了由 56 个指标组成的共同富裕示范区建设指标目标体系。总体看，浙江已初步构建形成了共同富裕示范区建设的目标体系、工作体系、政策体系和评价体系。

（二）推动经济高质量高水平发展

率先出台"5+4"稳进提质政策体系，为稳投资、稳外贸、促消费，稳工业、稳服务业、稳中小企业等方面做出了极大贡献。2021 年，浙江地区生产总值突破 7 万亿元大关，人均地区生产总值达到 11.3 万元，城乡居民收入分别连续 21 年、37 年居全国省区第一位，发展质效双提；17 个传统制造业增加值增长 11.1%，规模以上工业中，高技术、高新技术、装备制造、战略性新兴产业增加值占比分别提升至 15.8%、62.6%、44.8% 和 33.3%。

对外开放格局持续深化。"义新欧"国际班列、义甬舟开放大通道、自贸试验区四大片区，一班列一通道四片区，浙江着力打造构建新发展格局的战略支点和战略枢纽。2021 年，浙江全省进出口总值首次超过 4 万亿元，比上年增长 22.4%，其中，出口总值首次突破 3 万亿元。

创新驱动力不断高涨。9 家省级实验室实现三大科创高地全覆盖，深入实施人才强省、创新强省首位战略，研发投入强度达 2.9%。

（三）紧扣缩小"三大差距"主攻方向

着眼于区域、城乡、收入均衡，深入推进区域协调发展战略，统筹城乡一体化发展，进一步缩小城乡差距，深化收入分配制度改革，增加城乡居民收入渠道，同时持续完善帮扶机制，增加低收入群体收入，不断壮大中等收入群体。

持续念好新时代"山海经"，实现山区 26 县"一县一策"全覆盖，构建形成"1+2+26+N"政策体系；实施农业"双强"、乡村建设、农民共富行动，加快建设产业飞地、科研飞地，推动重大项目、特色产业落地生根。2021年，山区26县多项经济指标增幅高于全省，区域差距进一步缩小。

目前，浙江正研究出台《浙江省"扩中""提低"行动方案》。主要目标聚焦在推动率先基本形成以中等收入群体为主体的橄榄型社会结构；在内容设计上，既在"共性"维度提出促就业、激活力、拓渠道、优分配、强能力、重帮扶、减负担、扬新风八大路径，推动普惠性政策落地，又在"个性"层面围绕当前阶段重点关注的九类群体，率先推出一批差别化收入分配激励政策，推动构建"全面覆盖＋精准画像"基础数据库，推动更多人迈入中等收入行列。

（四）推进优质公共服务普惠共享

健全为民办实事长效机制，努力推进"浙有善育""浙里健康""浙里康养"。截至2022年5月，全省已备案托育机构3369家，每千人口托位数2.95个，居全国前列；城乡义务教育共同体结对学校（校区）3685所，覆盖全部乡村学校和八成的城镇公办学校；率先规划的"健康大脑＋"体系已贯通省、市、县、乡、村5级，上线各类数字化应用70余项，每日服务超1700万人次；全省县域内就诊率达89.2%，基本实现二级以上医疗机构医学检查检验结果互认共享；全省乡镇（街道）居家养老服务中心实现全覆盖，每万老年人拥有持证护理员数达18.26名；努力构建高质量就业创业体系，着力打造就业困难人员动态清零、山区26县新增就业倍增、"浙里好创业"、终身技能培训体系建成、无欠薪省份、新就业形态权益保障、就业服务智能化全贯通七大标志性成果。

坚持生态优先，绿色发展，全省生态环境质量满意度实现十连升。从"推动碳达峰碳中和变革在浙江率先落地生根"到"更高水平全面推行林长制"，再到"绘就共同富裕大场景下新时代美丽乡村新图景"；从高水平打好蓝天、碧水、净土、清废等生态环境巩固持久战，到建设全域"无废城市"、推动八大水系和近岸海域生态修复，再到全省GEP核算应用试点启动，"美丽中国先行示范区"开启生态文明建设的全新范式。

（五）打造精神文明高地

深入推进新时代文化浙江工程，打造新时代文化高地。加快推进理论铸魂工程、溯源工程、走心工程，守好"红色根脉"，深入挖掘浙江红色资源，打造学习宣传实践党的创新理论的重要阵地，构建浙江红色精神谱系，激励全省人民在共同富裕道路上奋勇前进；新时代文明实践中心率先实现全覆盖，全国文明城市实现省区市全覆盖；"志愿浙江"应用让志愿服务精准触达，"浙江有礼"省域文明实践带来社会新风；宋韵文化传世工程加快推进，千年宋韵正在"流动"起来、"传承"下去；文艺精品创作引导和扶持机制不断完善，歌剧《红船》、电视剧《大浪淘沙》、"百年追梦"美术创作精品工程等叫好又叫座。

（六）建设共同富裕现代化基本单元

将村社作为共同富裕的基本单元，全省域推进未来社区和未来乡村建设。未来社区是城乡居民居住与公共服务高效集聚的空间，而未来乡村是立足于乡村原有资源生态特色，嵌入数字化、生态化等新技术元素，打造集乡村"三生融合"功能与城市"公共服务"功能于一体，宜居、宜业、宜游的"美丽乡村＋数字乡村＋共富乡村＋人文乡村＋善治乡村"的综合体。

深化"千万工程"，建设新时代美丽乡村；实施农业"双强行动"，为特色农业插上科技的翅膀；突出数字赋能乡村治理和乡村经济，之江大地"网红村"星罗棋布；推出首批城乡风貌样板区试点，探索美丽城镇集群化建设新模式。以衢州衢江莲花"田园型、国际化"未来乡村、杭州萧山瓜沥梅林"数智型、低碳化"未来乡村为代表的模式成为全国优秀样板。农村集体产权制度、"县乡一体、条抓块统"等一批先行经验已经向全国复制推广。2021年，浙江农民通过集体股份分红总收入超 100 亿元。

（七）坚持上下联动多方合力

浙江全力争取国家层面政策保障和改革授权，国家部委也全力支持浙江共同富裕示范区建设。截至 2022 年 2 月，财政部、民政部等 20 个国家部委（单位）通过专项政策、合作协议、试点批复等形式支持共同富裕示范区建设。国家发展改革委还将围绕收入分配、公共服务、城乡融合、产业发展等领域陆续出台多个专项支持政策。国家开发银行、中国农业银行、中国银行、国家电网等 13 家央企（金融机构）出台行动方案或与浙江签署战略合作框架协议，中国建筑等 7 家央企与文成县等 7 个山区 26 县创新建立"一对一"合作关系。

此外，浙江成立了省委共同富裕示范区建设咨询委员会，建设共同富裕国际、国内、省内、企业四大智库，形成理论探索和实践探索互促并进格局；树立了"政府社会企业个人共创共建"理念，坚持让群众评价政策效果，在过程中探索群众"获得感、幸福感、安全感、认同感"的监测调查。

四、重点任务

实现共同富裕的目标，首先要通过全国人民共同奋斗把"蛋糕"做大做好，然后通过合理的制度安排正确处理增长和分配关系，把"蛋糕"切好分好。对此，要始终坚持以经济建设为中心，以新发展理念推动经济高质量发展，为共同富裕提供厚实的物质保障。同时，推进共同富裕事业不是仅仅寻求熨平不同人群间的收入差距，还要实现区域间、城乡间综合发展水平的相对平衡；不是仅仅关注物质层面的提量增质，而是要统筹经济建设、政治建设、文化建设、社会建设和生态文明建设的五位一体，全面推进。

（一）提高发展质量效益，夯实共同富裕的物质基础

大力提升自主创新能力。以创新型省份建设为抓手，把科技自立自强作为战略支撑，加快探索社会主义市场经济条件下新型举国体制开展科技创新的浙江路径。实施好关键核心技术攻关工程，强化国家战略科技力量，为率先实现共同富裕提供强劲内生动力。支持布局重大科技基础设施和平台，建设创新策源地，打造"互联网 +"、生命健康、新材料科创高地。高水平建设杭州、宁波温州国家自主创新示范区，深化国家数字经济创新发展试验区建设，强化"云上浙江"和数字强省基础支撑，探索消除数字鸿沟的有效路

径，保障不同群体更好共享数字红利。畅通创新要素向企业集聚通道，鼓励企业组建创新联合体和知识产权联盟，建设共性技术平台。加大对科技成果应用和产业化的政策支持力度，打造辐射全国、连接全球的技术交易平台。

塑造产业竞争新优势。巩固壮大实体经济根基，夯实共同富裕的产业基础。加快推进产业转型升级，大力推动企业设备更新和技术改造，推动传统产业高端化、智能化、绿色化发展，做优做强战略性新兴产业和未来产业，培育若干世界级先进制造业集群，打响"浙江制造"品牌。促进中小微企业专精特新发展，提升创新能力和专业化水平。推动农村一、二、三产业融合发展，建设农业现代化示范区，做精农业特色优势产业和都市农业，发展智慧农业。加快服务业数字化、标准化、品牌化发展，推动现代服务业同先进制造业、现代农业深度融合。畅通金融服务实体经济渠道。

提升经济循环效率。落实构建新发展格局要求，贯通生产、分配、流通、消费各环节，在率先实现共同富裕进程中畅通经济良性循环。深化供给侧结构性改革，扩大优质产品和服务消费供给，加快线上线下消费双向深度融合。支持适销对路的优质外贸产品拓宽内销渠道。加快构建现代流通体系，推动海港、陆港、空港、信息港"四港"联动。统筹推进浙江自由贸易试验区各片区联动发展，开展首创性和差别化改革探索。畅通城乡区域经济循环，破除制约城乡区域要素平等交换、双向流动的体制机制障碍，促进城乡一体化、区域协调发展。支持浙江发挥好各地区比较优势，加强大湾区大花园大通道大都市区建设。更加主动对接上海、江苏、安徽，更好融入长三角一体化发展。加快建设"一带一路"重要枢纽，大力发展数字贸易、服务贸易，发展更高水平开放型经济。

激发各类市场主体活力。推动有效市场和有为政府更好结合，培育更加活跃更有创造力的市场主体，壮大共同富裕根基。高水平推动浙江杭州区域性国资国企综合改革试验，完善国有资产监管体制，规范有序开展混合所有制改革，做强做优做大国有资本和国有企业，充分发挥国有经济战略支撑作用。完善产权保护制度，构建亲清新型政商关系，促进非公有制经济健康发展和非公有制经济人士健康成长，破除制约民营企业发展的各种壁垒，完善促进中小微企业和个体工商户发展的法律环境和政策体系，建立企业减负长效机制。加快建设高标准市场体系，持续优化市场化法治化国际化营商环境，实施统一的市场准入负面清单制度。坚持发展和规范并重，建立健全平台经济治理体系，督促平台企业承担质量和安全保障等责任，推动平台经济为高质量发展和高品质生活服务。加大反垄断和反不正当竞争执法司法力度，提升监管能力和水平，实现事前事中事后全链条监管，防止资本无序扩张。

（二）深化收入分配制度改革，多渠道增加城乡居民收入

推动实现更加充分更高质量就业。强化就业优先政策，坚持经济发展就业导向，扩大就业容量，提升就业质量，促进充分就业。支持和规范发展新就业形态，完善促进创业带动就业、多渠道灵活就业的保障制度。统筹各类职业技能培训资金，合理安排就业补助资金，健全统筹城乡的就业公共服务体系。鼓励返乡入乡创业。完善重点群体就业支持体系，帮扶困难人员就业。创造公平就业环境，率先消除户籍、地域、身份、性别等影响就业的制度障碍，深化构建和谐劳动关系，推动劳动者通过辛勤劳动提高生活品质。

不断提高人民收入水平。优化政府、企业、居民之间分配格局，支持企业通过提质增效拓展从业人员增收空间，合理提高劳动报酬及其在初次分配中的比重。健全工资合理增长机制，完善企业薪酬调查和信息发布制度，合理调整最低工资标准，落实带薪休假制度。完善创新要素参与分配机制，支持浙江加快探索知识、技术、管理、数据等要素价值的实现形式。拓宽城乡居民财产性收入渠道，探索通过土地、资本等要素使用权、收益权增加中低收入群体要素收入。丰富居民可投资金融产品，完善上市公司分红制度。鼓励企业开展员工持股计划。深入推进农村集体产权制度改革，巩固提升农村集体经济，探索股权流转、抵押和跨社参股等农村集体资产股份权能实现新形式。立足当地特色资源推动乡村产业发展壮大，完善利益联结机制，让农民更多分享产业增值收益。支持浙江率先建立集体经营性建设用地入市增值收益分配机制。

扩大中等收入群体。实施扩大中等收入群体行动计划，激发技能人才、科研人员、小微创业者、高素质农民等重点群体活力。加大人力资本投入力度，健全面向劳动者的终身职业技能培训制度，实施新时代浙江工匠培育工程，加快构建产教训融合、政企社协同、育选用贯通的技术技能人才培养培训体系，完善技能人才薪酬分配政策，拓宽技术工人上升通道。对有劳动能力的低收入群体，坚持开发式帮扶，提高内生发展能力，着力发展产业使其积极参与就业。拓展基层发展空间，保障不同群体发展机会公平，推动更多低收入群体迈入中等收入群体行列。规范招考选拔聘用制度，完善评价激励机制。完善党政机关、企事业单位和社会各方面人才顺畅流动的制度体系。实行更加开放的人才政策，激发人才创新活力。

完善再分配制度。支持浙江在调节收入分配上主动作为，加大省对市县转移支付等调节力度和精准性，合理调节过高收入。依法严厉惩治贪污腐败，继续遏制以权力、行政垄断等非市场因素获取收入，取缔非法收入。优化财政支出结构，加大保障和改善民生力度，建立健全改善城乡低收入群体等困难人员生活的政策体系和长效机制。

建立健全回报社会的激励机制。鼓励引导高收入群体和企业家向上向善、关爱社会，增强社会责任意识，积极参与和兴办社会公益事业。充分发挥第三次分配作用，发展慈善事业，完善有利于慈善组织持续健康发展的体制机制，畅通社会各方面参与慈善和社会救助的渠道。探索各类新型捐赠方式，鼓励设立慈善信托。加强对慈善组织和活动的监督管理，提高公信力和透明度。落实公益性捐赠税收优惠政策，完善慈善褒奖制度。

（三）缩小城乡区域发展差距，实现公共服务优质共享

率先实现基本公共服务均等化。推进城乡区域基本公共服务更加普惠均等可及，稳步提高保障标准和服务水平。推动义务教育优质均衡发展，建成覆盖城乡的学前教育公共服务体系，探索建立覆盖全省中小学的新时代城乡教育共同体，共享"互联网＋教育"优质内容，探索终身学习型社会的浙江

示范，提高人口平均受教育年限和综合能力素质。深入实施健康浙江行动，加快建设强大的公共卫生体系，深化县域医共体和城市医联体建设，推动优质医疗资源均衡布局。积极应对人口老龄化，提高优生优育服务水平，大力发展普惠托育服务体系，加快建设居家社区机构相协调、医养康养相结合的养老服务体系，发展普惠型养老服务和互助性养老。健全全民健身公共服务体系。

率先实现城乡一体化发展。高质量创建乡村振兴示范省，推动新型城镇化与乡村振兴全面对接，深入探索破解城乡二元结构、缩小城乡差距、健全城乡融合发展的体制机制。推动实现城乡交通、供水、电网、通信、燃气等基础设施同规同网。推进以人为核心的新型城镇化，健全农业转移人口市民化长效机制，探索建立人地钱挂钩、以人定地、钱随人走制度，切实保障农民工随迁子女平等接受义务教育，逐步实现随迁子女入学待遇同城化。促进大中小城市与小城镇协调发展。推进以县城为重要载体的城镇化建设，推进空间布局、产业发展、基础设施等县域统筹，赋予县级更多资源整合使用的自主权。以深化"千村示范、万村整治"工程牵引新时代乡村建设。

持续改善城乡居民居住条件。坚持房子是用来住的、不是用来炒的定位，完善住房市场体系和住房保障体系，确保实现人民群众住有所居。针对新市民、低收入困难群众等重点群体，有效增加保障性住房供给。对房价比较高、流动人口多的城市，土地供应向租赁住房建设倾斜，探索利用集体建设用地和企事业单位自有闲置土地建设租赁住房，扩大保障性租赁住房供给，加快完善长租房政策，使租购住房在享受公共服务上具有同等权利。全面推进城镇老旧小区改造和社区建设，提升农房建设质量，加强农村危房改造，探索建立农村低收入人口基本住房安全保障机制，塑造江南韵、古镇味、现代风的新江南水乡风貌，提升城乡宜居水平。

织密扎牢社会保障网。完善社会保障制度，加快实现法定人员全覆盖，建立统一的社保公共服务平台，实现社保事项便捷"一网通办"。健全多层次、多支柱养老保险体系，大力发展企业年金、职业年金、个人储蓄型养老保险和商业养老保险。规范执行全国统一的社保费率标准。推动基本医疗保险、失业保险、工伤保险省级统筹。健全重大疾病医疗保险制度。做好长期护理保险制度试点工作，积极发展商业医疗保险。健全灵活就业人员社保制度。健全统一的城乡低收入群体精准识别机制，完善分层分类、城乡统筹的社会救助体系，加强城乡居民社会保险与社会救助制度的衔接，按困难类型分类分档及时给予专项救助、临时救助，切实兜住因病、因灾致贫等困难群众基本生活底线。保障妇女儿童合法权益，完善帮扶残疾人、孤儿等社会福利制度。

完善先富带后富的帮扶机制。加快推进省以下财政事权和支出责任划分改革，加大向重点生态功能区的转移支付力度。强化陆海统筹，升级山海协作工程，挖掘海域和山区两翼的潜力优势，支持一批重点生态功能区县增强内生发展能力和实力，带动山区群众增收致富。全域参与海洋经济发展，建设海洋强省。探索建立先富帮后富、推动共同富裕的目标体系、工作体系、政策体系、评估体系。深入实施东西部协作和对口支援，持续推进智力支援、产业支援、民生改善、文化教育支援，加强对省外欠发达地区帮扶，大力推进产业合作、消费帮扶和劳务协作，探索共建园区、飞地经济等利益共享模式。完善社会力量参与帮扶的长效机制。

（四）打造新时代文化高地，丰富人民精神文化生活

提高社会文明程度。推动学习贯彻习近平新时代中国特色社会主义思想走深走心走实，实现理想信念教育常态化制度化。坚持以社会主义核心价值观为引领，加强爱国主义、集体主义、社会主义教育，厚植勤劳致富、共同富裕的文化氛围。推进公民道德建设，支持培育"最美浙江人"等品牌。扎实推进新时代文明实践中心建设，深入实施文明创建工程，打造精神文明高地。完善覆盖全省的现代公共文化服务体系，提高城乡基本公共文化服务均等化水平，深入创新实施文化惠民工程，优化基层公共文化服务网络。弘扬诚信文化，推进诚信建设，营造人与人之间互帮互助、和睦友好的社会风尚。加强家庭家教家风建设，健全志愿服务体系，广泛开展志愿服务关爱行动。

传承弘扬中华优秀传统文化、革命文化、社会主义先进文化。传承弘扬中华优秀传统文化，充分挖掘浙江文化优势，深入推进大运河国家文化公园、大运河文化带建设，振兴非遗记忆。传承红色基因，大力弘扬革命文化，提升爱国主义教育基地建设水平。实施重大文化设施建设工程，打造具有国际影响力的影视文化创新中心和数字文化产业集群，提供更多优秀文艺作品、优秀文化产品和优质旅游产品，更好满足人民群众文化需求。

（五）践行绿水青山就是金山银山理念，打造美丽宜居的生活环境

高水平建设美丽浙江。支持浙江开展国家生态文明试验区建设，绘好新时代"富春山居图"。强化国土空间规划和用途管控，优化省域空间布局，落实生态保护、基本农田、城镇开发等空间管控边界。坚持最严格的耕地保护制度和最严格的节约用地制度，严格规范执行耕地占补平衡制度，对违法占用耕地"零容忍"，坚决有效遏制增量，依法有序整治存量，强化耕地数量保护和质量提升。深化生态文明体制改革，实行最严格的生态环境保护制度，健全明晰高效的自然资源资产产权制度。坚持山水林田湖草系统治理，全面提升生物多样性保护水平。完善生态保护补偿机制，推广新安江等跨流域共治共保共享经验。继续打好蓝天、碧水、净土保卫战，强化多污染物协同控制和区域协同治理，推进生态环境持续改善。推进海岸带综合保护与利用。推进海岛特色化差异化发展，加强海岛生态环境保护。

全面推进生产生活方式绿色转型。拓宽绿水青山就是金山银山转化通道，建立健全生态产品价值实现机制，探索完善具有浙江特点的生态系统生产总值（GEP）核算应用体系。高标准制定实施浙江省碳排放达峰行动方案。推进排污权、用能权、用水权市场化交易，积极参与全国碳排放权交易市场。大力发展绿色金融。全面促进能源资源节约集约利用，进一步推进生活垃圾分类，加快构建家电、汽车等废旧物资循环利用体系。深化"无废城市"建设。大力推行简约适度、绿色低碳、文明健康的生活方式，广泛开展绿色生活创建行动，促进人与自然和谐共生。

（六）坚持和发展新时代"枫桥经验"，构建舒心安心放心的社会环境

以数字化改革提升治理效能。强化数字赋能，聚焦党政机关整体智治、数字经济、数字社会、数字政府、数字法治等领域，探索智慧治理新平台、新机制、新模式。推进"互联网＋放管服"，全面推行"掌上办事""掌上办公"。深化"一件事"集成改革。健全党组织领导的自治、法治、德治、智治融合的城乡基层治理体系，完善基层民主协商制度，推进市域社会治理现代化，建设人人有责、人人尽责、人人享有的社会治理共同体。推进"最多跑一地"改革，完善县级社会矛盾纠纷调处化解中心工作机制。

全面建设法治浙江、平安浙江。健全覆盖城乡的公共法律服务体系，加大普法力度，推动尊法学法守法用法，促进公平正义，建设法治社会。构建全覆盖的政府监管体系和行政执法体系。高水平建设平安中国示范区，把保护人民生命安全摆在首位，加强社会治安防控体系建设，全面提高公共安全保障能力。建立健全覆盖各领域各方面的风险监测防控平台，健全防范化解重大风险挑战体制机制，守住不发生系统性风险底线。

第九章
区域发展重大战略功能平台的联动发展

　　区域发展重大战略功能平台在国民经济发展中发挥着不同作用，既有先行先试探索经济新体制的排头兵，也有夯实区域经济基础并起增长极作用的压舱石。发展至今，区域发展重大战略功能平台不断升级更迭，虽然在具体功能上具有一定差别，但是从空间层面看，功能平台存在交叠发展的特征。特别是在功能平台发展成熟，外部溢出效应显著时，功能平台间也存在着联动发展的趋势。2015 年 11 月，上海市政府发布《关于加快推进中国（上海）自由贸易试验区和上海张江国家自主创新示范区联动发展的实施方案》，成为探索功能平台联动发展的典范。当前，在《"十四五"规划纲要》的第三十一章深入实施区域重大战略中的第四节指导提升长三角一体化水平中，指出"强化上海自贸试验区临港新片区开放型经济集聚功能，深化沪苏浙皖自贸试验区联动发展"，再一次反映出联动发展的必要性，也说明联动发展是区域发展过程中提升经济发展质量的重要一环。

　　截至 2019 年底，在建设自由贸易试验区的城市内，有 14 个同时设立了国家级新区，有 11 个同时设立了综合配套改革试验区，有 19 个同时设立了国家级综合保税区。目前，区域发展重大战略功能平台的联动发展已经在地理空间上提供了客观基础，现行功能平台已存在"双平台叠加"乃至"多平台叠加"的情况，具备探讨联动发展的现实依据。

第一节 联动发展的前提与要求

推动区域发展重大战略功能平台联动发展，需要以促进区域协调发展和满足国民经济高质量发展为前提，在协调好资源与要素的基础上予以实现。本节重点探讨这两方面，说明联动前提的必要性。

一、以重大战略功能平台促进区域协调发展

近几年，区域发展重大战略功能平台打破了过去沿海与内陆空间分布失衡的特征，中西部内陆地区在党的十八大以后也设立了诸多功能平台。作为促进区域发展的重要支点，功能平台能够在辐射带动本地经济发展的基础上，起到促进区域协调发展的作用，并有助于缩小区域差距。一方面，功能平台主要起着先行先试探索经济新体制或改革促进经济增长的作用，能够让具有发展潜力的地区释放经济动力并对周边地区起到辐射带动作用，发挥好增长极等显著优势而提高整体经济水平。另一方面，各类功能平台在前序批次发展成熟或已形成可推广的经验后，便会向内陆或经济发展水平中等地区予以倾斜，实际上就是希望将已有经验应用至后续设立的地区，同时根据这类地区经济实际情况形成未来对同类型地区的推广经验，缓解经济欠发达地区同发达地区的差距。

结合功能平台的现实发展来看：首先，以北京中关村为首的沿海高新技术产业开发区，是我国高端产业发展、科学技术研发和高技术产业集聚区。凭借着本地区位优势和丰富的高校科研院所资源，中关村发展迅速，已成为我国科技创新的重要阵地，并依托技术转移等手段实现了技术推广，改善了引进地的技术生产手段，对引进地的经济发展起到了重要作用。根据 2021 年 1—11 月规模以上企业统计数据，中关村实现总收入 74069.8 亿元，同比增长 22.5%；工业总产值 14354.6 亿元，占全市 65.2%；研究开发人员 80.1 万人，

占期末从业人员 30.6%；获得专利授权 77741 件，同比增长 19.7%，占全市企业专利授权量的 60.0%。同时，同期共有 411 家中关村示范区企业申请专利合作条约（PCT）专利 7363 件，同比增长 36.0%，占同期全市 PCT 专利申请量的 78.6%。截至 2021 年 11 月底，中关村示范区企业拥有有效发明专利 176677 件，占北京市企业同期有效发明专利量的 67.6%。其次，两江新区和天府新区是 2010 年后陆续确立的国家级新区，依托成渝双城经济圈发展战略的确立，两新区在西部地区的重要性愈发凸显，特别是在深入推进西部大开发过程中，两新区深化合作和一体化建设，在开放联动、创新联动、产业联动、服务联动和改革联动等多方面有序推进，为积极融入新发展格局，提升西部要素资源流通速度起到了重要作用。同时，两新区在确立汽车、电子信息、科技创新、文创会展、现代金融、数字经济、总部经济、生物医药 8 大产业联盟后，抓住"一带一路"机遇，提升内陆地区开放型经济水平，为西部地区吸引更多资本，也使西部地区以产业链和贸易链促进西部诸新区联动发展成为可能，对促进西部地区高质量发展和缩小区域发展差距起到了重要作用。

二、满足国民经济高质量发展的战略需要

区域发展重大战略功能平台就是推动国民经济高质量发展的重要基础，特别是通过功能平台的联动发展能够满足国民经济高质量发展的战略需要。从以往区域发展重大战略功能平台的发展演变看，同一类型下的新批次的功能平台的确立，除了是在原有发展水平上的进一步突破，更多是有着新的发展任务，为功能平台形成完善的可推广至全国的运行经验奠定坚实基础。同时，功能平台的多支点分布也加快区域经济发展，有效带动同类型功能平台确立空间网络，实现互通有无和共享发展。但是，功能平台的联动发展能够进一步发挥资源优势和经济潜力，在利用好政策优惠和资源禀赋的前提下，节约了信息成本和生产成本，缓解了潜在的资源冲突。功能平台的联动发展也是响应新发展理念中的协调和共享这两方面，能够直接或间接影响到产业、经济、民生等，更为全面且综合地助力实现高质量发展。

从区域发展重大战略功能平台的发展来看，综合保税区就是功能平台联动的初级形态，集中了多种海关特殊监管区域，为国际中转、配送、采购、转口贸易和出口加工等提供了一体化运转平台。这种集合既是在简化手续、丰富功能、加大开放等条件下发展对外贸易、吸引外商投资、促进产业转型，更是在全面开放新格局中通过高水平开放推动高质量发展，对区域开放型经济建设和营造一流的营商环境也具有重要作用。除此之外，多数国家级新区涵盖了国家级开发区和自由贸易试验区，如浦东新区和滨海新区等，上述功能平台的联动发展在设计之初是希望通过功能互补加强区域增长极建设，也是为了区域特色探索经济新体制。例如，2015 年，国家发展改革委要求上海浦东新区重点围绕深化自由贸易试验区制度创新，对金融、贸易、航运等方面加快构建开放型经济新体制开展探索；要求天津滨海新区重点围绕京津协同创新体系建设和港区协调联动开展探索。关于新区发展的要求，鲜明反映出功能平台联动发展，是为了提升区域竞争力，满足国民经济高质量发展的战略需要。

第二节　联动发展的主要瓶颈

区域发展重大战略功能平台的联动发展不是在纸面文件指导下就能迅速实现的，而应在处理好一些基础问题之后，才能搭建起联动发展的网络平台。结合功能平台发展的实际情况，实现其之间的联动发展，需要克服三个问题：处理好联动主体的竞争与协同关系、提高联动主体的互动效率、高质量加强基本公共服务均等化。

一、处理好联动主体的竞争与协同关系

区域发展重大战略功能平台的联动发展同其他多主体协同 / 协调发展一样，必然存在着竞争关系，但是由于各功能平台功能属性各不相同，所以能

够在错位发展的过程中实现协同共进。促进功能平台联动发展，需要首先解决好联动主体间的关系。一方面，联动主体间由于发展属性各不相同，更多是在同一类别内存在着竞争，不同类型功能平台的竞争效应较弱。但是无论怎样，在有效的体制机制引导并避免过度竞争的前提下，竞争效应或者与竞争相近的同侪效应在促进联动主体发展中存在着正向促进作用，使功能平台提高运转效率，更好地提高产能并带动本地经济发展。另一方面，联动主体各具优势，不同功能平台依托各自优势实现错位互补，能够更好地促进对外开放，发挥先行先试优势提高经济效益，加快区域联动和产业协同。从跨区域、产业链、要素链等多方面实现联动，逐步打破行政区划和贸易壁垒，有效发挥出"1+1>2"的正向合力。

例如，属于国家级开发区的经济技术开发区和高新技术产业开发区，由于二者具有吸引外资实现创新发展的共同属性，所以二者难免在产业结构中存在一定的同质化，最后引发潜在的竞争行为。但是，当高新技术产业开发区坚持本土高新技术产业化，加强培育内生竞争力后，便会与具有外向型工业园区特征的经济技术开发区产生差异，从而更好地使两功能平台形成"内—外"交流渠道，并在学习引进国外资本和技术的同时，提升区域和国民经济竞争力。另外，综合保税区和自贸区在功能上有所重叠，依托优惠政策实现商品的中转存放，但是由于自贸区功能更为丰富且在地理空间上更为广阔，自贸区为综合保税区提供了一定的物流集散、加工生产、出口外贸等功能，从而带动周边地区经济发展、促进产业链健全且成熟。

二、提高联动主体的互动效率

区域发展重大战略功能平台的联动互补是打破不同功能平台各自为政和孤立发展的有效举措。由于功能平台分属不同管理机构，行政级别各不相同，在联动发展的过程中会受到体制机制的束缚，因此，要注重提高联动主体的互动效率，实现功能平台的优势互补和交互探索，为联动发展奠定基础。

提高联动主体的互动效率，主要有以下三个方面需要注意：一是要形成明确的战略共识和政策基础。即使是同类型的功能平台，由于所处区位和设立批次的不同，也无法在发展规划上完全一致，不同类型的功能平台更是如此。当功能平台缺少统一的指导方针时，便会在满足自身利益后再考虑联动发展，这会损耗不必要的时间和信息成本，阻碍联动发展。二是要具有产业跨界协作的基础。功能平台是引进产业并实现转移的中介和窗口，当存在产业关联时，功能平台间的联动发展更持久且有利可图。如果产业条件限制了联动发展的推进，那么生产要素就无法跨区域流动，导致资源浪费，得不偿失。三是要打破传统思维限制。功能平台本身就是先行先试进行制度探索的平台，在联动发展的过程中，要进一步发挥这一特色，勇于尝试并确立有效的联动政策、体制和模式，从而使不同平台在更大范围内实现互动与联通，这对延伸产业链、培育发展新动力、整合优质资源具有重大意义。

三、高质量加强基本公共服务均等化

基本公共服务一般包括保障基本民生需求的教育、就业、住房、社会保障、医疗卫生、文化体育等领域的公共服务，广义上还包括与人民生活环境紧密关联的交通通信、公用设施、环境保护等领域的公共服务，以及保障安全需要的公共安全、消费安全和国防安全等领域的公共服务。结合我国区域发展重大战略功能平台的基本情况，与功能平台联动发展相关的基本公共服务主要是教育、就业、交通通信、公用设施、环境保护等。

虽然我国自改革开放以来实现了经济总量的迅速跨越，但是发展不平衡不充分现象较为普遍。经济腾飞的同时并未有效带动人民生活条件和公共服务配套设施的改善，二者往往是滞后于经济发展，这种不匹配和错后的发展模式导致基本公共服务质量有待提高、不平衡有待缓解，在某种程度上阻碍了区域经济高质量发展。2020年后，我国已基本实现基本公共服务均等化，但资源配置不均衡、硬件软件不协调、服务设施不并存等隐患仍需在推进国民经济高质量发展阶段予以解决。特别是对于区域发展重大战略功能平台而言，其辖区范围内的发展水平往往比周边地区好，基本公共服务水平落差会阻碍功能平台对周边地区的辐射带动作用，限制功能平台正常溢出生产要素。同时，功能平台间的基本公共服务水平也会存在一定差别，处在沿海或发达地区的功能平台的基本公共服务要优于处在其他地区的功能平台，特别是边境/跨境经济合作区主要集中在内陆国界线交界处，其建设水平虽然能够满足本地发展需要，但同更为现代化和高端化的经济特区和国家级新区比，仍存在着一定差距。如果布局功能平台联动发展，必须注重深化功能平台之间的基本公共服务均等化，也要加强功能平台周边地区的公共服务建设。通过实现基础设施便捷、人才流动自由、要素禀赋充足等，能够更好地打破既有联动发展的限制，在促进联动发展释放正向合力的过程中，推动国民经济高质量发展。

第三节　联动发展的主要机制

实现区域发展重大战略功能平台的联动发展，需要以一定机制为指导，确保联动发展高效、高质量和高效益。功能平台联动发展的主要机制分为四个方面，即合作机制、竞争机制和激励机制，这些机制在联动发展中均有所体现，大有裨益。

一、合作机制

合作机制是促成区域发展重大战略功能平台联动发展的基础。联动发展，重在联动，兴在协同，是以不同功能平台的协调互动为基础打开对外开放新局面的有效途径。

合作机制包括三个维度：一是具有统一的政策规范。以政策为标准，确保功能平台联动发展有据可循，能够监管防止不同功能平台受到严重利益损失。同时，政策明确了具体发展目标和发展内容，界定了联动发展的具体范围，有益于联动工作的顺利开展。例如，针对海关进出口业务，围绕外贸、产业、仓储等多方面确定具体的合作标准，能够使功能平台联动发展更加规范化。二是注重错位发展。功能平台基于各自比较优势形成联动发展的新局面，能够有效发挥正向合力，将体制、技术、产品不同层次的联动要素集中起来，从而尽最大优势发挥增长优势，促进区域经济高质量发展。例如，天津滨海新区结合经济技术开发区与综合保税区的政策优势，发挥港口外贸天然基础，成为天津经济发展的排头兵，并通过异地设立分区助力京津冀协同发展，充分体现了合作机制在功能平台联动发展中的重要作用。三是基础设施较完善。以交通运输为代表的基础设施建设越完善，越有助于功能平台间的要素流动，节约成本。同时，互联互通也会促成功能平台空间网络的形成，当资源运转较为顺利后，有助于不同功能平台把握发展节奏，并预判可能存在的问题或隐患，确保联动发展的顺利进行。

总之，通过合作机制可以理顺不同功能主体的各种经济关系，促进实现商品、服务、资本、人员的自由流动，形成相互协调、互利共赢、一体化水平较高的联动发展格局。

二、竞争机制

在区域发展重大战略功能平台联动发展中，需要具有一定的健康竞争机制，保证联动主体具有参与意愿。竞争在联动发展中具有双重含义，一方面是竞争会加剧资源损耗，导致联动主体额外耗费成本并严重影响联动进程；另一方面则是竞争可以鼓励同类型功能平台提高自身实力，加强与跨平台的联动，进一步提升联动发展质量。从这一分析中可知，竞争机制存在着促进功能平台联动发展的作用，通过充分发挥比较优势提升联动发展效率。

与此同时，同类型功能平台的多批次设立，在某种程度也是一种重复建设的体现。虽然不同区域的不同侧重尽量弱化了重复建设问题，但是重复建设的客观存在就会必然导致竞争关系随之产生。竞争能够激发不同功能主体提升自身实力，使其更大程度参与联动发展，也会随之获得更多的经济效益，存在着正反馈。在健康竞争的环境下，就会促使联动主体在具有同类功能的基础上进一步挖掘自身优势，以此巩固联动发展中的优势地位。

三、分享机制

分享机制是贯彻落实新发展理念的重要体现，也是让发展水平较高的功能平台能够在联动发展中帮扶相对欠发达的功能平台尽快发展起来的有效举措。受发展起步晚、配套设施不健全、周边支撑力不足等问题的困扰，往往存在发展水平有待提高的功能平台。联动发展的要义之一就是要通过提升功能平台的整体实力，以联动网等方式起到促进区域经济高质量发展的作用。在联动过程中，相对欠发达的功能平台能够尽快学习并弥补自身体制机制探索和对外开放等有欠缺的方面，强化自身实力，对加强联动发展质量和辐射带动周边发展具有一定作用。

但需要注意的是，联动发展过程中难免会由较发达的功能平台分享先进经验，这就需要设计一定的利益补偿措施，让分享方在正向引导下加大联动发展的参与力度，从而带动同类型或关联功能平台的发展，促使相对欠发达平台尽快优化发展思路，起到原有政策设想的作用。

四、激励机制

联动发展是以顶层设计为指导所进行的双赢活动。地方政府在功能平台联动发展中，需要确立一定的激励机制以起到支持联动发展的作用。激励机制能够在一定程度上避免功能平台在联动发展中过于关注本区域利益而限制同其他平台的联动，确保联动发展的顺利进行。这也是在宏观调控保障联动发展过程中的多方主体权益的方式之一。

从激励机制的具体内容看，由于功能平台本身就享有一定的政策优惠，所以针对联动发展的相关激励要更加具有目标性和实用性。一方面是针对功能平台的发展特色明确其发展过程中遇到的困难，然后针对困难设定相应的奖励基础，从而激发功能平台的联动性。另一方面是针对功能平台发展情况，从产业、人才、制度、进出口等多方面设定政策工具包，鼓励其具有长期参与联动发展的意愿。与此同时，也可将绩效考核与激励机制相结合，让联动主体根据联动发展的具体目标明确自身是否完成了联动要求，以及在哪些方面存在不足，以此让联动主体在保证联动发展的前提下获得更多的激励。

第四节　联动发展的主要模式

根据区域发展重大战略功能平台的主要特征和前述联动发展的具体内容，联动发展的主要模式一般分为三种，分别是资源要素联动、产业链联动和跨区域联动。

一、资源要素联动

从本质上看，任意一种区域发展重大战略功能平台所具有的主要功能与特色都是其资源要素的合理反映。功能平台的联动发展就是资源要素的联动，人才、产品、技术、管理等诸多要素在联动网络中畅通无阻，打通了不同功能平台间的发展壁垒，使其更好地协调发展，从而起到优势互补的作用。资源要素联动就是联动发展的初级形态，是联动双方明确联动外部性并决定未来是否继续联动的重要试验，能够不断演化。

在已有功能平台联动发展的案例中，自由贸易试验区和国家级新区的联动发展能够体现资源要素联动的具体特色。从空间上看，新区的占比面积一般大于自贸区，二者联动发展反映出新区拓展了自贸区在内外要素流通中的基本特色。新区进一步发挥先行先试特权，使其在自贸区商品流通的过程中促使技术、管理、文化等多要素的改进，从而将过去单纯保税、物流、制造的生产模式丰富为保税、研发、物流、制造、检测等涵盖高附加值业务的新模式。这种以要素为联动基础是最基本的方式，也是功能平台在联动发展中衍生其他发展模式的基础。

与此同时，资源要素联动也是实现可持续和资源节约型经济体系建设的有效手段。资源要素联动能够提升功能平台间的资源配置效率，优化要素流通环节，在提升效率的同时增强不同主体的经济联系，强化二者间的联动协同关系，有助于在未来进一步拓展新的联动发展内容。

二、产业链联动

产业链联动是促进功能平台协同发展，合力提升产业附加值，推动产业升级的有效途径之一。由于功能平台作用各异，各自侧重的产业也会有所差别，虽然在政策优惠等条件保障下使得功能平台实现独立发展并取得一定实绩，但由于产业不健全，往往无法拓展其他业务以增强平台实力。随着联动发展成为现实，产业链联动确保了不同功能平台能够发挥各自比较优势，依托产业关联推动产业链、价值链纵向重构，实现制造业和生产性服务业的协作互补，形成优势互补、分工明确、配套衔接的产业格局，有利于培育新发展动能。

以国家级开发区和综合保税区为联动发展组合的发展模式，具有产业链联动的特征。综合保税区是对外开放、学习引进的窗口，同时也会根据国际环境与生产特征形成相应配套的产业体系以成为连接国内外的枢纽。由于我国产业发展水平同国外发达国家仍有一定差距，综合保税区更多也是将国外产业内化或转移至国内产业体系，实际上只是一种惯性引进的行为，并未起到任何改革创新的作用。不可否认，综合保税区的已有发展模式在促进区域经济发展，提升国民经济发展整体实力过程中起到了重要作用，同时也有助于吸引外资和打开国外市场。但是，面对我国经济发展水平持续提高，产业升级的诉求愈发强烈，过去单纯的学习引进无法满足国民发展需要。当经济技术开发区和高新技术产业开发区为代表的具有一定高端技术的开发区参与到同综合保税区的联动发展后，实际上提供了优化综合保税区配套设施的契机，同时也是检验开发区发展成果与评判推广价值的有利时机，能够使二者联动互补，并在这种优势错位发展中形成更为有效的组团发展模式，有利于提升产业链、价值链地位。

三、跨区域联动

跨区域联动是在区域发展战略指引下增强区际联系的有益尝试。从一开始集中在沿海地区开设功能平台，到如今分批次扩散到内陆地区并根据内陆特色设定边境／跨境经济合作区以来，功能平台的空间分布特征为实现跨区域联动提供了基础。跨区域联动的产生主要是因为通过功能平台的联动协调，能够增强自身实力、弥补发展差距、互助帮扶强化发展，为联动主体带来了新的发展机遇。同时，跨区域联动也是促进区域发展的有力举措，通过提升基础设施建设水平，增强体制机制互通共享、发展成果互惠互利，实际上也为所在区域的一体化发展、减少发展壁垒奠定了基础。

在跨区域联动中，以重庆两江新区和四川天府新区的互动发展最为典型。由于成渝双城经济圈确立，两新区发展必然存在着交叠和重合，二者要发挥好国家级新区的示范引领和战略引擎作用，从而助力"双城记"高质量发展。自 2020 年以来，两新区已从加强规划战略协同、探索内陆开放新模式、推进交通互联互通、推进产业联动发展等多方面深化合作，迅速在政务服务和养老保险等方面互办互认，为两地市民、企业提供了便利。两新区的跨区域联动不仅有助于成渝双城都市圈高质量发展，更能够促进区域集聚形成西部地区增长极，起到辐射带动周边地区发展、促进西部地区繁荣和缩小区域发展差距的作用。特别是两新区地处西部，可以基于政策优势尽快形成具有西部特色的联动发展模式，为西部其他类型的功能平台联动发展提供参考，有助于深入推进西部大开发。

除此之外，也存在着以国家级开发区和国家级新区联动发展为代表的跨区域联动模式。天津经济技术开发区和北京中关村为促进京津冀协同发展在京津冀分设了多处子功能平台，形成了同种平台的异地联动发展。同时，两开发区还积极响应国家号召，对接服务雄安新区，以产业合作为主要形式进行产业转移与异地经营，为深入推进京津冀协同发展提供了新的方向。

第五节 联动发展的总体思路

实现区域发展重大战略功能平台的联动发展，要明确联动发展的具体内容，即总体思路。由于功能平台分布在全国不同区域，其本身具备的不同功能能够有效起到辐射带动作用，因而就能够成为空间支点以促进区域经济高质量发展，并有助于形成高质量的网络化格局，助力新发展格局和全国统一大市场的建设。与此同时，在联动发展的过程中，也要注重保持功能平台的既有优势，改进并强化其功能特色，保持核心竞争力，最终在服务于国民经济发展的同时为中华民族伟大复兴贡献力量。

一、聚焦多支点带动全局发展

区域发展重大战略功能平台作为先行先试探索对外开放和强化增长极作用的重要窗口，是所在区域范围内的发展亮点，更是发展重心之一。功能平台的联动发展，就是发挥各功能平台的支点作用，通过资源、产业、技术、管理等的交流共享，有效实现不同功能平台的优势互补和错位发展，从而能够进一步辐射带动周边地区发展，最终实现整体经济水平的提高。

从现有空间格局看，我国空间格局已基本由城市群和都市圈组成了战略支点。那么，功能平台起到的支点作用更多是起着服务小范围区域发展的作用，通过区域整体实力提高并增强自身参与能力后，最终促进整体发展。可以说，功能平台联动发展是起着夯实区域协调发展的基础性作用，是实现国民经济高质量发展的重要一环。发挥功能平台在联动发展中的支点作用，需要形成时空联结的政策链，确保功能平台发展有序、同步、共享；需要以技术为联系手段增强不同功能平台的联动能力，实现产业链和价值链的升级；需要坚持对外开放为基本底色，在保证功能平台发展原则不变的基础上，探索发展新体制机制。

二、打造高质量的网络化格局

网络化发展是当前区域经济发展中的主要特征，这是因为网络化格局的形成有助于信息流的快速传播，打破组织、产业和区域发展壁垒，塑造更为健全的社会发展网络。功能平台的联动发展是助力打造高质量网络化格局的重要方面，一是能够促进不同平台间的要素实现资源共享与协同互动，将有限的资源发挥到极致，形成"1+1>2"的正向合力；二是联动发展实现了多元的网络化对接，促进了不同平台协同确立新的体制机制，有助于在促进自身联动发展的基础上促进区域协调发展；三是联动发展丰富了网络化格局的层次并提高发展质量，能够在产业链、创新链、转化链等多链共同增强区域竞争力的基础上，支撑区域更好地参与经济循环发展；四是联动的网络化格局能够激发相关组织、企业和联盟的形成，能够更为有效地巩固跨平台、跨行业和跨区域的多维网络化联合发展的优势。

网络化格局也是未来国民经济高质量发展的重要基础。网络化格局实际上就是发挥功能平台的支点优势，提升城市发展水平并串联协调好不同发展水平城市间的经济关系。由于功能平台多集中在发展水平较高的城市，这些城市也会在功能平台联动发展的过程中强化中心城市地位，最终形成中心带动、多点支撑的区域发展新格局。与此同时，一体化的空间网络也能够融通不同市场，加快要素流动并释放经济潜能，有助于从全国一盘棋畅通国内国际双循环，推动形成新发展格局。

三、重塑功能特色与核心竞争力

从现有区域发展重大战略功能平台的演变趋势看，未来仍有可能会根据技术水平和经济发展的客观变化产生新的功能平台。因此，已有功能平台要在顺应时代发展的基础上做到与时俱进，灵活调整并更新自身服务功能，并在坚持先行先试和改革试验的原则下探索与自身相关的新功能，以此持续起到推进国民经济高质量发展的作用。

　　受国际环境与形势变化的影响，国际经贸和关税策略的调整或多或少导致海关特殊监管区域等受到波及，同时国内劳动力成本的上涨也导致部分产业移出国内市场，对承接国外产业的部分功能平台如经济技术开发区等产生一定冲击。在当前复杂背景下，功能平台要在坚持联动发展的基础上，尽快发挥好联动优势，在合理范围内将自身功能调整与协同联动相结合，通过与其他功能平台的优势互补尽快树立新的发展方向，以此确保核心竞争力。

四、坚守初心使命、增质增量并行

　　区域发展重大战略功能平台从设立之初就反映出中共中央在促进经济发展和改善人民物质生活水平的初心和使命。从第一家功能平台深圳经济特区的创立，到如今多类别多层次系统化的功能平台分布在全国各个区域，功能平台凭借先行先试和改革试验的优势有效促进了我国经济快速发展，起到了无可比拟的重要作用。

　　面对当前新时代以来国内外经济环境的变化，功能平台要继续坚守初心使命，在巩固和强化自身发展特色与优势的基础上，提供更多有助于提升对外开放质量的有效体制机制。同时，也要注重提升功能平台自身的发展水平，努力做到适应经济社会变迁，迎合国民经济发展实际需要，拓宽功能覆盖范围，以此实现功能平台的增质增量，这也有助于在联动发展中实现更高质量的发展和更强劲的辐射带动作用。

第十章
区域发展重大战略功能平台的
未来发展方向

"十四五"时期是我国由全面建成小康社会向基本实现社会主义现代化迈进的关键转变时期，是"两个一百年"奋斗目标的历史交汇期，也是全面开启社会主义现代化强国建设新征程的重要机遇期。当前国际经济环境复杂多变，区域发展重大战略功能平台作为实现国家战略与奋斗目标的重要支撑，要坚持促进国民经济高质量发展，这对实现社会主义现代化意义重大。

第一节　发展总体环境

新时代以来，我国面对的国际经济环境发生深刻变化，同时国内经济也步入了新常态，对我国经济发展带来了不小的挑战。在一系列政策制度的支撑下，国民经济发展较为平稳，也开始向追求高质量发展转变，摒弃了过去粗放型的经济发展模式。前些年，新冠肺炎疫情突发致使经济运转受到影响。虽然我国坚持在科技创新、产业发展、制度改革、民生保障、生态文明建设等领域持续发展，但也面临着需求收缩、供给冲击、预期转弱三重压力。本节将从新时代以来的新要求与新机遇、新挑战与新调整、新任务和新使命三个方面介绍我国发展的总体环境，以此为区域发展重大战略功能平台的发展指明方向。[①]

一、新时代以来经济发展新要求与新机遇

改革开放以来，我国经济发展显著，从落后的低收入国家跨入中等收入国家行列，在这傲人的成绩背后，却是粗放式发展带来的一系列经济发展恶果，生态环境受到严重破坏。同时，经济建设也开始追求均衡发展和协调发展，以精准扶贫、脱贫攻坚和乡村振兴为代表的国家重要战略在促进欠发达地区发展中也起到了至关重要的作用。可以说，努力让人民群众共享经济社会发展硕果是新时代以来中共中央明确的发展目标之一，也是希望通过高质量发展扭转过去较不健康的经济增长方式，实现创新、协调、绿色、开放、共享。

第一，新时代以来国民经济追求高质量发展，既是经济增长方式和路径的转变，也是体制改革和机制转换的过程。高质量发展需要市场价格调节具有有效性，也要使市场在资源配置过程中发挥决定性作用。通过产品、服务、工资、利率、汇率等诸多与价值相关的因素合理化之后，市场主体能够更为自由地参与市场发展，从而形成保证高质量发展所需的资源配置格局。在价格调节有效和价格体系合理后，也要确保产权制度和交易制度的合理性，健全产权保护制度，从而促进高质量发展。与此同时，政府作为高质量发展中的重要因素，要简政放权，增强居民生活和企业商事活动的便利，根据经济发展需要配套改革并完善市场经济体系，从而为经济主体降低交易成本。除此之外，要注重增强产业和企业的技术创新，强化政产学研创新链条，将创新发展作为驱动国民经济高质量发展的第一要务。

第二，新时代以来要素集中与集聚趋势进一步加强。从 1978 年到 2021 年，我国城镇化率由 17.92% 增加到 64.72%。改革开放以来，中国城镇化率平均每年提升 1% 左右。随着城镇化的快速推进，大量农村人口流向城市，

---

① 本部分内容，主要参考孙久文和张翔：《“十四五”时期的国际国内环境与区域经济高质量发展》，中州学刊 2021 年第 5 期，第 20—27 页。

人口集聚现象愈发显著。与此同时，人口流动趋势逐渐由农村流向城市转变为城市与城市之间的人口流动，以及人口向经济最为活跃的城市群集聚。不仅是在沿海发达地区的城市集聚效应增强，内陆省会和中心城市的集聚效应也逐渐增长。预计到 2035 年，我国城镇化率将超过 70%，这意味着 2035 年大概有 10 亿人在城市生活，能够发挥更有效的集聚作用，但也要注意集聚不经济问题。随着城市化进程的推进，未来城市群将成为发挥集聚经济的主要空间经济组织形态，打造产业优势互补、功能明晰的集聚阵地，有望成为带动全国高质量发展的动力源。

第三，新时代以来开始推进新发展格局建设。为应对国际形势变化，我国在发展战略上及时进行调整，将"十四五"时期国家的战略调整为：构建以国内大循环为主体、国内国际双循环相互促进的新发展格局。在新发展格局的战略框架下，区域经济发展将更加注重畅通国内经济循环，减小地区市场分割，加速推进区域经济一体化进程，加快形成优势互补和高质量发展的区域经济布局，这反映出新发展格局是以国内大循环为主体的战略。自加入世界贸易组织以来，中国经济是国内和国际双循环驱动，外循环在促进东部沿海地区经济发展过程中起着重要作用，为我国经济快速增长贡献了重要作用。当前，中国与发达国家之间的经贸关系由互补为主逐渐转向以互补和竞争并存的格局，这一变化必然会产生外贸依存度持续下降，也就要求我国在保持进出口总体平衡的基础上增强国内经济循环的运转。新发展格局关键在于打通生产、分配、流通和消费阻滞，在把握产业链条核心技术的基础上，建立并发挥好循环枢纽的节点作用，从而畅通国内经济运转，实现资源集聚与有效配置。

结合区域发展重大战略功能平台看，功能平台要适应高质量发展需要，紧密结合自身功能特色从产业、经贸、创新等领域服务于本地经济发展，增强经济实力。功能平台也要利用好先行先试和改革试验的天然优势，探索适应当前国民经济发展的有益体制机制，在可行且可推广的前提下使其他区域也能够运用先进经验以促进本地发展。与此同时，功能平台要发挥好资源优势，加快促进经济集聚发展，促进要素流动，以联动发展打破发展壁垒，从而畅通经济循环发展。

二、新时代以来积极应对新挑战与新调整

新时代以来，我国经济发展也面对着一系列挑战和调整，主要可以分为以下三个方面，分别是：百年未有之大变局、百年未有之目标跃迁和百年未有之科技发展。

第一，新时代以来，我国处在百年未有之大变局。百年未有之大变局是以习近平同志为核心的党中央对中国当前所处的国际环境深刻理解而提出的综合研判，其对世界的影响是方方面面的，是在经济、政治、社会、文化各领域都有所体现的体系性变局。百年未有之大变局最根本的特征是国际经济政治格局的变动，特别是中美关系走到了新的阶段，对全球经济市场和治理体系产生一定影响。百年未有之大变局意味着全球化的趋势在变，中国在全球经济发展中的地位和作用都在变。有研究指出，经济全球化退潮和全球产业链、供应链调整是推动大变局的深层因素，2008 年金融危机以后，全球价值链和供应链均由扩张转向收缩。

第二，新时代以来，我国面对百年未有之目标跃迁。新中国成立初期完成了社会主义建设探索和"站起来"的重大任务；改革开放推动实现社会主义市场经济体制的确立和"富起来"的伟大转变。步入新时代，人民对美好生活的日益需求与不平衡不充分的发展之间的矛盾更加突出，追求"强起来"的愿望更加强烈。随着全面建成小康社会的如期实现，立足新发展阶段全面建设社会主义现代化国家的崭新目标，要以新发展理念为思想指引，着力构建新发展格局，将全球现代化普遍经验和中国特殊国情有机融合，以中国式现代化推进中华民族伟大复兴。

第三，新时代以来，我国面对百年未有之科技发展。科技创新是一国提高竞争力的核心，国内外均深耕科技创新领域，试图寻求新的突破以站在下一次技术革命制高点。目前，大数据、人工智能、云计算和工业互联

网等领域引起了全社会的广泛关注。科学技术的快速发展打破了传统全球治理框架和贸易规则的边界。要素和产业组织的高度信息化和国际化推动形成了新的全球治理机制。邓小平曾指出："科学技术是第一生产力。"科技革命是推动人类进步的根本力量，在新一轮科技革命的推动下，当今世界经济出现数字化、网络化、智能化趋势，使得全球科技、经济和贸易联系日益紧密。同时，世界新一轮技术革命日新月异、竞争日趋激烈，深刻改变着全球经济格局，为世界不确定性带来新的变量，全球面临百年未有之科技发展。

区域发展重大战略功能平台要直面新挑战和新调整，通过先行先试和对外开放，夯实自身在经贸、创新、产业、制度等方面的优势，发挥自身支点作用促进功能平台间的联动，形成联动网络，成为国民经济发展的坚实基础。

三、新时代以来努力承载新任务和新使命

新时代以来，面对我国经济实力增强、国际话语权增多、人民生活水平提高，我国实现中华民族伟大复兴的愿望愈发强烈，希望能够真正实现中华民族从站起来、富起来到强起来的转变。同时，面对现有区域发展基本格局，仍然存在不平衡不充分发展的现象，如何尽快缩小区域发展差距，使全国各地均实现充分发展也成为现有关注焦点。

第一，新时代以来，我国实现中华民族伟大复兴的决心更为强烈。习近平总书记在庆祝中国共产党成立 100 周年大会上的重要讲话中强调："一百年来，中国共产党团结带领中国人民进行的一切奋斗、一切牺牲、一切创造，归结起来就是一个主题：实现中华民族伟大复兴。"党的十八大以来，中国特色社会主义进入新时代，坚持和加强党的全面领导，统筹推进"五位一体"总体布局、协调推进"四个全面"战略布局，战胜一系列重大风险挑战，实现第一个百年奋斗目标，明确实现第二个百年奋斗目标的战略安排，党和国家事业取得历史性成就、发生历史性变革，为实现中华民族伟大复兴提供了

更为完善的制度保证、更为坚实的物质基础、更为主动的精神力量。

第二，新时代以来，我国坚持推进区域协调发展的思路不动摇。党的十九大之后，区域协调发展成为我国统领性的区域发展战略，它不仅是为了解决"不平衡不充分"的发展问题，还是我国建设现代化经济体系中的重要内容。特别是进入"十四五"时期，我国经济社会发展的内外部环境均发生了巨大变化，区域发展面临的问题更加复杂，亟待进一步探索如何推进区域协调发展。当前，区域协调发展战略已从多个维度深入推进实施：一是以区域重大战略为指引，发挥战略优势辐射带动周边地区发展；二是以城市群都市圈为支点，发挥增长极作用串联形成区域网络，提升区域综合实力；三是形成省际—城际—县际多维联动发展的区域经济体系；四是结合现行发展战略如新发展格局建设，实现生产、消费、分配、流动的畅通运转，统一国内大市场。总之，区域协调发展是我国缩小区域发展差距的有效手段，有助于通过跨区域综合发展实现互利共赢。

区域发展重大战略功能平台要成为实现中国梦的重要参与者，发挥自身优势促进国民经济高质量发展。同时，功能平台也要通过促进区域发展起到缩小区域发展差距的作用，助力区域协调发展。

第二节　发展总体思路

区域发展重大战略功能平台是促进国民经济高质量发展的重要支撑。未来，功能平台的发展要发挥好自身的禀赋优势，在坚持开发开放基本原则的前提下，积极应对国内外宏观环境变化，紧密结合区域发展战略并加强同城市群、都市圈等增长极的衔接，从而促进区域高质量发展和市场经济体制建设。

一、坚持开发开放战略原则不动摇

改革开放 40 多年来，改革从农村实行家庭联产承包责任制率先突破，逐步转向城市经济体制改革并全面铺开，到确立社会主义市场经济的改革方向；开放从兴办深圳等经济特区、开发开放浦东、推动沿海沿边沿江沿线和内陆中心城市对外开放到加入世界贸易组织，从"引进来"到"走出去"，我国实现了从高度集中的计划经济体制到充满活力的社会主义市场经济体制、从封闭半封闭到全方位开放的历史性转变，极大解放和发展了生产力，创造了世所罕见的经济快速发展和社会长期稳定两大奇迹，实现了人民生活从温饱不足到全面小康的历史性跨越。

坚持开发开放战略原则是我国经济发展到一定阶段的必然选择，也是从根本上提升人民生活水平的必由之路。区域发展重大战略功能平台作为开发开放发展中的产物，是我国同国外学习与交流的窗口，更是内化科技革命与产业革命成果的重要途径，打开了我国同国外联系的渠道，并为促进国民经济高质量发展起到了重大作用。面对当前国民经济增速趋缓、之前新冠肺炎疫情影响了经济运转等客观实情，功能平台要做好对外开放的本职工作，紧抓经贸服务与改革试验，从商品、运输、关税、仓储等各方面提供更高质量服务，同时也要通过政策优惠巩固已有产业链的运转与升级。

与此同时，针对国际市场发展水平，功能平台也可在经贸往来中同国外企业或相关产业签署长期合作协议，根据不同产业特征分层次地形成专项服务机制，从而尽可能在合理保障国家安全的前提下将开发开放的效益发挥到极致，增强国内外市场联系。在此基础上，国内市场也能够更进一步参与生产流通等环节，在提高经济外向度的基础上促进国内市场经济建设更为完善，促使国内市场与国际市场深度接轨。

二、积极应对国内外宏观环境变化

新时代以来，国际宏观形势发生重大变化，逆全球化思潮愈演愈烈，对全球化经济市场产生了负面影响。同期，国内经济虽然未在 2008 年次贷危机中受到较大影响，但大量基础设施投资导致产量过剩问题较为严重，经济下行压力明显，对国民经济发展也造成了一定影响。虽然我国坚持在党的领导下积极开展经济建设，用于面对和调整新常态经济变化，取得了丰硕成果。但从长期看，经济下行长期存在，我国经济发展受到不小挑战，同时为实现经济发展转型和绿色发展，我国也面临着结构调整的阵痛期，国民经济发展压力巨大。

区域发展重大战略功能平台作为国内经济改革阵地和对外开放窗口，要积极应对国内外宏观环境变化。一方面是针对国内经济环境和发展战略，灵活应对新发展需求，注重提升产业发展实力，促进价值链升级，实现人民生活富足和国民经济实力提升的双赢。另一方面是根据国外市场走势提供有效的制度保障，在同国外市场保持联系的前提下，提供更为有效的经济优惠政策，巩固和吸引国外资本入驻。

三、发挥好同区域发展战略的串联作用

区域发展重大战略功能平台源于经济发展需要，最终目的也是服务区域经济高质量发展。可以说，功能平台是区域发展的一个环节，与区域发展战略具有重要关联。

现有与区域协调发展战略有关的除了包括区域重大战略以外，"双循环"新发展格局、国内统一大市场、三大空间格局等均与之相关。而功能平台同上述战略或发展规划均有联系，起着承上启下的重要作用，深刻反映出未来功能平台的发展要时刻同已有战略体系步调一致，在探讨新的体制机制的同时也不能脱离发展实际。

第一，功能平台要紧密结合区域协调发展战略和区域重大战略。功能平台要依托两大战略的顶层设计，发挥好支点作用以构建区域协同网络，加快要素资源流动，畅通生产循环运转，缩小区域发展差距，强化增长极作用，助力区域协调发展。第二，功能平台要成为"双循环"新发展格局和国内统一大市场建设的中坚力量。要发挥好功能平台先行先试和改革试验的战略优势，加强功能平台国际经贸质量，推动产业引进、转移和升级，形成功能平台与周边区域的产业关联，畅通生产、消费、分配、流通各环节，保障市场

体系在经济发展中的重要地位。第三，功能平台要起到助力优化三大空间格局的作用，特别是强化城市化区域在经济发展中的核心地位。功能平台多处在城市化地区，周边也会分布农产品主产区和生态功能区。功能平台可以根据其余两区域的产品特色，形成相应的产业链实现对外出口，同时也可在保护生态环境和保证粮食安全的前提下促进两区域发展，最终实现全国区域经济整体高质量发展。

四、加强与城市群都市圈的衔接

区域发展重大战略功能平台多分布在城市群和都市圈内，这是因为功能平台的选址是综合考虑地理区位、经济实力、产业基础后的结果。城市群和都市圈的确立本身就是由于其本身经济基础较好或具有较大发展潜力，政策规划上也是寄希望于通过划定空间范围以提高自身水平并辐射带动周边地区发展。因此，从某种程度看，功能平台与城市群都市圈存在着一定联系，在发展目标上存在一定交叠。

诚然，二者在优惠政策、发展重点上的差异决定其可以互利共赢。功能平台可以依托先行先试和改革试验的战略优势，结合产业链和价值链促进本地产业升级，辐射带动周边地区发展，从而助力城市群都市圈经济高质量发展。与此同时，功能平台间的联动发展实现了跨平台的综合运转，打破了原有发展壁垒，能够在形成更为有效的正向合力的基础上，发挥功能优势以服务本地经济发展。另外，城市群都市圈也可充分利用其空间网络优势，发挥跨区域集聚资源要素的能力，为功能平台提供更加优良的基础条件，使功能平台强化自身发展能力，实现更好更快发展。

总之，加强功能平台与城市群都市圈的衔接，是在保持功能平台特色并实现错位发展的基础上予以实现。二者互惠互利，实现资源要素的充分流动，公共服务和政策制度的共享，产业关联发展，并发挥功能平台的支点作用以共同推动区域经济发展。

五、促进区域高质量发展与市场空间梯次拓展

区域发展重大战略功能平台在确立之初就是希望通过探索对外开放经验，持续更新调整国民经济发展方向，实现改革创新，使国民经济走上经济增长的快车道。发展40多年来，功能平台设立了多重类别，层次、形式、服务多种多样，极大丰富了我国经济发展制度，并探索出了具有中国特色的社会主义市场经济体制功能平台发展模式，起到了不可磨灭的重要作用。

未来，功能平台仍应继续坚持促进区域高质量发展，在已有经验成果的基础上，站在更高视野探索区域发展新模式。也要结合功能平台联动发展这一新趋势，错位发展以形成支点网络促进区域经济高质量发展，助力推进建设新发展格局和全国统一大市场。一是对于具有创新能力和潜力的功能平台，培育和引进国内行业龙头研发中心，打造开放型产业创新平台，成立高质量简政便捷的科技服务机构，创造有利于创新研发与知识传播的天然氛围。二是对于已引进并形成中高端产业集群的功能平台，要根据自身规划确定重点方向，延伸产业链，实现产业绿色升级，辐射带动周边地区产业，提升产业价值链。三是对于重视经贸往来且开放水平高的功能平台，要进一步完善仓储、运输、关税等诸多手续业务，提供更为便捷的服务体系以吸引外部资本。

除此之外，功能平台也要注重实现市场空间梯次拓展。由于我国不同地区发展水平不同，市场体系建设情况各有偏差，政府与市场关系侧重各不相同，短时间内彻底实现市场在经济发展中的决定地位并打开对外开放市场的难度较大。同时，我国沿海与沿边地区各有对外开放口岸，形成了相应的海关特殊监管区域、自由贸易试验区、边境/跨境经济合作区、跨境电子商务综合试验区等，不同功能平台侧重不同内容也反映出市场体系存在着差异。那么，直接充分利用这一客观事实，从空间上根据各地市场实际情况，形成分层次分阶梯的市场网络，能够确保推进新发展格局和全国统一大市场建设，还能够为未来全国市场经济全面发展起到过渡性作用。

第三节 发展重点方向

《中华人民共和国国民经济和社会发展第十四个五年规划和 2035 年远景目标纲要》指出，"形成对外开放新格局，参与国际经济合作和竞争新优势明显增强。人均国内生产总值达到中等发达国家水平，中等收入群体显著扩大，基本公共服务实现均等化，城乡区域发展差距和居民生活水平差距显著缩小"。以此为指导，区域发展重大战略功能平台要坚持加强理论研究与实践探索，增强功能平台间的经济联系并形成差异化和特色化发展模式，加快形成推进城市功能升级的总部经济新极核，服务于"双循环"新发展格局和全国统一大市场。

一、加强理论研究与实践探索

区域发展重大战略功能平台是对马克思主义中经济全球化理论的延伸与拓展，也是马克思主义中国化的生动体现。从经济特区的设立正式拉开我国对外开放的帷幕以来，我国根据经济发展实际需要和国外市场经济环境，有针对性地形成了国家级新区、国家级开发区等诸多类型的功能平台，为我国经济快速发展、融入经济全球化和形成对外开放新格局奠定了不可磨灭的基础。

改革开放 40 多年来，功能平台已通过先行先试和改革试验取得了诸多经验成果，具备提炼具有中国特色的理论知识体系的能力，能够在总结一股规律的基础上为未来功能平台发展提供有益指导。因此，功能平台坚持并加强理论研究，整理出完善的理论体系，是未来工作的重点内容之一。

与此同时，面对国内外经济环境的持续变化，功能平台要始终具有开发开放的精神，避免故步自封，与时俱进地形成符合客观需要的新平台类型，从而进一步助力国民经济高质量发展。这种实践探索既是对一般规律和已有

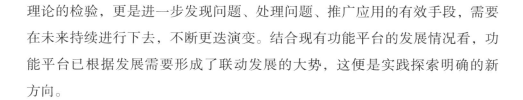

理论的检验，更是进一步发现问题、处理问题、推广应用的有效手段，需要在未来持续进行下去，不断更迭演变。结合现有功能平台的发展情况看，功能平台已根据发展需要形成了联动发展的大势，这便是实践探索明确的新方向。

二、增强重大战略功能平台的经济联系

区域发展重大战略功能平台已开始了关于跨产业、跨平台和跨区域的联动发展的实践探索，根据实际发展需要形成了多层次的联动体系。从具体成果看，功能平台的联动发展起到了服务区域发展战略、促进区域协调发展和满足国民经济高质量发展的战略需要，并逐渐通过支点联动搭建起了高质量的网络化平台，实现了错位发展与联动互补。

未来，要继续增强功能平台的经济联系，从资源禀赋、产业、区域等多个方面入手，打破行政规划或市场的无形壁垒，通过在完善交通基础设施建设、人才流动制度、信息交流平台建设等的基础上，发挥出更大的辐射带动作用。首先，要针对功能平台特点和功能，结合所需的资源特色形成高效便捷的流通网络，加速生产要素和商品的运转，打通各类壁垒，提供适宜功能平台联动发展的基础条件。其次，由于功能平台中既有引进外资、吸引产业转移的开发区，又有以进出口为主形成配套产业体系的特殊监管区域和自贸区，因此，在联动发展的过程中，功能平台间要形成产业关联，通过产业协作共同提升价值链。最后，要以区域发展重大战略为依托进行跨区域联动发展，提升区域发展整体实力，同时也可根据城市群都市圈发展需要形成相应的联动发展模式，以此提升功能平台的经济联系，助力区域经济高质量发展。

三、坚持重大战略功能平台核心功能差异化与特色化

区域发展重大战略功能平台联动发展是错位发展和优势互补的有益尝试。未来，在国民经济追求高质量发展和新发展阶段经济面临新趋势的双重影响下，功能平台联动发展势必成为一种常态，这就要求必须坚持功能平台

核心功能具有差异化和特色化。

从现有功能平台的发展情况看，不同功能平台虽然在名称上具有显著差别，但实际发展中却存在着一定的功能重叠。特别是对国家级经济技术开发区和国家级高新技术产业开发区而言，这种重叠现象更为显著。由于二者均承载知识密集型和技术密集型产业发展，往往需要以外资进入为基础承接国外产业以实现产业转移，然后在此基础上促进创新、开放和发展。相较而言，高新技术产业开发区的产业更为高级，但由于不同地区经济实力和吸引外资的能力存在差异，便导致高新技术产业开发区产业发展与经济技术开发区承接的产业存在重叠，最终导致二者差异较为有限。而且，由于过去"开发区热"导致的重复建设和无序扩张，虽然后续得到管制，但功能重叠的情况仍未得到根本扭转，也成为当前仍待解决的问题。

未来，功能平台要坚持差异化和特色化发展，打造信息交流平台，在明确考量和论证的基础上，以自身特色为基础拓展新的功能。同时，政府监管部门也要做到引导，保证功能平台的各级部门形成统一认识，从而在顶层设计中规避潜在问题。

四、加快形成推进城市功能升级的总部经济新极核

区域发展重大战略功能平台是资源要素的集聚地，也是产业集群的主要阵地。功能平台以国际经贸和先行先试为依托，形成了以制造业为主体，具有高技术、高效益和高开放特征的总部经济。虽然功能平台在现行发展模式下已有效带动了城市和周边地区的发展，但从实际效果和未来发展看，功能平台要进一步发挥专长，以创新、产业、经贸、服务等打造精品，尽快起到极核作用，让城市更加现代化。

当前，数字经济已成为城市发展突破口，要以数字化建设提升城市发展质量，实现信息化、便民化和共享化的综合式发展。功能平台作为先行先试的重要平台，可以发挥自身创新优势，将数字经济应用于平台发展，提升物流、货物、仓储、管理等环节的质量，提高治理能力，从而进一步激发功能

平台运转效率，提升经济效益。同时，功能平台在产业关联、商品流通、制度推广等方面较为发达，能够将数字化模式普及至城市发展的各个环节，从而促进城市功能升级，实现智能化，以此进一步赋能经济高质量发展。

五、服务"双循环"新发展格局和全国统一大市场

新发展格局和全国统一大市场的适时提出，是对我国经济发展转型和提振消费市场发展的必由之路。二者并非是要走"闭关锁国"的老路，而是试图努力提升国内市场竞争力以更好地参与经济全球化的有益尝试。对区域发展重大战略功能平台而言，作为区域发展的重要战略支点，其本身就具备着加快要素流动、促进产业关联和优化体制机制的天然优势。通过联动发展和在本地经济发展中的作用，功能平台能够有效利用要素、产业、进出口、体制机制辐射带动周边地区发展，促进社会主义市场经济发展更为成熟且高效。

功能平台本身就与新发展格局和全国统一大市场有着天然的联系。功能平台是打破市场壁垒的主要途径，也是盘活要素资源流动的重要动力。通过功能平台的联动协作与辐射带动周边地区发展，生产、消费、分配、流通的阻滞被逐渐打破，强化并统一市场基础制度规则、破除地方保护和市场分割，最终形成了有利于市场经济发展的最优模式。具体讲，功能平台通过先行先试和改革试验，加强对外开放和产业发展，以优势牵引多区域发展，以创新促进产业升级，以制度完善市场环境，以此畅通经济循环链条，有助于推动建设新发展格局和全国统一大市场。

参考文献

［1］鲍克.中国开发区研究——入世后开发区微观体制设计［M］.北京：人民出版社，2002.

［2］蔡之兵.雄安新区的战略意图、历史意义与成败关键［J］.中国发展观察，2017（8）.

［3］曹天禄.新时代中国经济特区理论与实践［M］.北京：中国社会科学出版社，2020.

［4］曹云.国家级新区比较研究［M］.北京：社会科学文献出版社，2014.

［5］曾文革，温融.我国特殊经济功能区法律制度的现状、问题与创新［A］.2010 中国经济特区论坛：纪念中国经济特区建立 30 周年学术研讨会论文集［C］.深圳：深圳大学中国经济特区研究中心，2010：148-156.

［6］程雪.中国跨境电子商务综合试验区的发展模式研究［D］.长春：吉林大学，2020.

［7］当代中国丛书编委会.当代中国经济特区［M］.北京：当代中国出版社，2019.

［8］杜国臣，徐哲潇，尹政平.我国自贸试验区建设的总体态势及未来重点发展方向［J］.经济纵横，2020（2）.

［9］高培勇，杜创，刘霞辉，等.高质量发展背景下的现代化经济体系建设：一个逻辑框架［J］.经济研究，2019（8）.

［10］高培勇.理解、把握和推动经济高质量发展［J］.经济学动态，2019（8）.

［11］郭太臣.我国海关特殊监管区域的历史演进及制度改革研究［J］.北方经济，2021（10）.

［12］国家发展和改革委员会.国家级新区发展报告2020［M］.北京：中国计划出版社，2020.

［13］何立峰.推动全面深化改革向广度和深度进军［N］.人民日报，2021-12-07（006）.

［14］何立峰.支持浙江高质量发展建设共同富裕示范区 为全国扎实推动共同富裕提供省域范例［J］.宏观经济管理，2021（7）.

［15］胡伟，于畅.区域协调发展战略背景下中国边境经济合作区发展研究［J］.区域经济评论，2020（2）.

［16］黄建洪，金太军.中国开发区治理与地方政府体制改革研究［M］.广东：广东人民出版社，2014.

［17］黄建洪.中国经济特区治理改革与地方政府管理体制创新研究［M］.北京：人民出版社，2018.

［18］黄祖辉，傅琳琳.浙江高质量发展建设共同富裕示范区的实践探索与模式解析［J］.改革，2022（5）.

［19］惠冰.复合型经济功能区管理体制创新构想——以天津滨海新区为例［J］.天津社会科学，2008（4）.

［20］矫雪梅，周君，张惠强，等.制度集成视角下的"自由贸易试验区+"模式研究——以成都自由贸易试验区双流片区为例［J］.规划师，2020，36（9）.

［21］金碚.关于"高质量发展"的经济学研究［J］.中国工业经济，2018（4）.

［22］靳诺.深刻把握实现中华民族伟大复兴这一主题［N］.人民日报，2021-08-09（009）.

［23］李善民.中国自贸区的发展历程及改革成就［J］.人民论坛，2020（27）.

［24］林立勇.功能区块论［D］.重庆：重庆大学，2017.

［25］刘道学，周咏琪，卢瑶.共同富裕的"浙江模式"：历史演进及其新时代特征［J］.浙江工业大学学报（社会科学版），2022，21（1）.

［26］刘垠.国家高新区成为国民经济发展的重要支撑和增长极［N］.科技日报，2021-12-02（002）.

［27］卢纳熙，苏琳琪，南娜娜.国家级新区研究报告2021［M］.北京：社会科学文献出版社，2021.

［28］陆燕.自贸区建设成效、问题及发展方向［J］.人民论坛，2020（27）.

［29］罗清和，张克听.特区经济学［M］.北京：中国社会科学出版社，2018.

［30］吕薇.关于开发区管理体制的思考［J］.重庆工学院学报，2004（1）.

［31］孟广文，刘铭.天津滨海新区自由贸易区建立与评价［J］.地理学报，2011，66（2）.

［32］倪冰校.我国自贸区行政管理体制创新研究［D］.重庆：中共重庆市委党校，2017.

［33］倪方树，蔡思远，李艳旭，等.国家级新区管理体制研究及对河北雄安新区的启示——基于天津滨海新区管理体制的改革实践［J］.城市，2018（8）.

［34］潘凤.深圳特区、浦东新区、雄安新区的比较研究［J］.经济体制改革，2017（6）.

［35］彭岚，赵文瑜.中国自由贸易港的演进及发展研究［J］.区域经济评论，2018（3）.

［36］秦宣.改革开放取得伟大成就的密码［N］.人民日报，2021-05-27（013）.

［37］盛斌.中国自由贸易试验区的评估与展望［J］.国际贸易，2017（6）.

［38］石国亮.广义上经济特区的行政管理体制［J］.中国青年政治学院学报，2010，29（4）.

［39］孙久文，蒋治."十四五"时期中国区域经济发展格局展望［J］.中共中央党校（国家行政学院）学报，2021，25（2）.

［40］孙久文，蒋治.中国沿海地区高质量发展的路径［J］.地理学报，2021，76（2）.

［41］孙久文，王邹.新时期京津冀协同发展的现状、难点与路径［J］.河北学刊，2022，42（3）.

［42］孙久文，易淑昶.中国区域协调发展的实践创新与重点任务［J］.浙江工商大学学报，2022（2）.

［43］孙久文，张翔."十四五"时期的国际国内环境与区域经济高质量发展［J］.中州学刊，2021（5）.

［44］孙久文，张翔.深圳经济特区建立40周年的发展经验与启示［J］.特区实践与理论，2021（1）.

［45］孙久文，张皓.我国区域发展差距的多尺度考察及其"十四五"趋向［J］.改革，2021（11）.

［46］孙久文，张皓.我国区域空间的百年嬗变——庆祝中国共产党成立100周年之空间变革［J］.齐鲁学刊，2021（5）.

［47］孙久文，张皓.新发展格局下中国区域差距演变与协调发展研究［J］.经济学家，2021（7）.

［48］孙久文.雄安新区的意义、价值与规划思路［J］.经济学动态，2017（7）.

［49］孙远东.从海关特殊监管区域到自由贸易园区：中国的实践与思考［M］.北京：首都经济贸易大学出版社，2014.

［50］唐芳，张奇.自贸试验区背景下海关特殊监管区域发展模式的思考［J］.国际贸易，2017（11）.

［51］陶一桃，鲁志国，等.经济特区与中国道路［M］.北京：社会科学

文献出版社，2017.

[52] 陶一桃，鲁志国，等.中国经济特区发展1978—2018［M］.北京：社会科学文献出版社，2018.

[53] 汪东，王陈伟，侯敏.国家级新区主要指标比较及其发展对策［J］.开发研究，2017（1）.

[54] 王方.我国高新区政策变迁历程及发展趋势研究——基于中国1984—2011年高新区政策的考察［J］.科技进步与对策，2013，30（12）.

[55] 王利荣，芮莉莉.跨境电商综合试验区对地区经济的影响及差异性分析——基于"反事实"视角［J］.南方经济，2022（3）.

[56] 王胜光，朱常海.中国国家高新区的30年建设与新时代发展 纪念国家高新区建设30周年［J］.中国科学院院刊，2018，33（7）.

[57] 王旭阳，肖金成，张燕燕.我国自贸试验区发展态势、制约因素与未来展望［J］.改革，2020（3）.

[58] 王一鸣.中国的绿色转型：进程和展望［J］.中国经济报告，2019（6）.

[59] 韦大宇，张建民.中国跨境电商综合试验区建设成果与展望［J］.国际贸易，2019（7）.

[60] 魏后凯.区域经济的新发展观［J］.中国工业经济研究，1993（5）.

[61] 吴伟萍，林正静，向晓梅.经济特区竞争优势支撑的持续性产业升级——以深圳高新技术产业为例［J］.南方经济，2020（11）.

[62] 武敏，彭小雷，叶成康，等.国家治理视角下我国新城新区发展历程研究［J］.城市规划学刊，2020（6）.

[63] 西咸新区研究院.国家级新区体制与政策比较研究［M］.北京：中国社会科学出版社，2017.

[64] 肖亮，柯彤萍.跨境电商综合试验区演化动力与创新实现机制研究［J］.商业经济与管理，2020（2）.

[65] 许经勇.论经济特区的演变趋势：从政策驱动为主向创新驱动为主

转变［J］.福建论坛（人文社会科学版），2010（9）.

［66］薛冰.我国国家级开发区管理体制创新研究［D］.长沙：湖南师范大学，2015.

［67］阎川.开发区蔓延反思及控制［M］.北京：中国建筑工业出版社，2008.

［68］颜培霞，于宙.绿色产业：城市绿色转型的核心动力［J］.经济动态与评论，2019（1）.

［69］杨文彬.论我国经济功能区协同治理模式的构建［J］.天津行政学院学报，2016，18（1）.

［70］姚鹏，叶振宇.中国区域协调发展指数构建及优化路径分析［J］.财经问题研究，2019，430（9）.

［71］张军扩，侯永志，刘培林，等.高质量发展的目标要求和战略路径［J］.管理世界，2019，35（7）.

［72］张树军.深刻认识改革开放的重大意义［J］.党建，2021（5）.

［73］张艳，赵民.中国国家级开发区的实践及转型［M］.上海：同济大学出版社，2019.

［74］赵峰含，潘勇.我国跨境电子商务政策分析：2012—2020［J］.中国流通经济，2021，35（1）.

［75］周民良.经济重心、区域差距与协调发展［J］.中国社会科学，2000（2）.

［76］朱贤强，王庆.跨境电子商务综合试验区创新实践与推进策略［J］.经济纵横，2019（8）.

后　记

　　《区域发展重大战略功能平台建设》是由国家发展改革委原秘书长范恒山教授主编的中国区域协调发展研究丛书中的一本专著，由孙久文、王郧、张皓共同完成。这本书的写作目的是让读者全面了解中国区域经济发展当中区域发展重大战略功能平台建设的情况，并了解其所发挥的重大作用，进而全面认识改革开放以来中国区域经济发展中空间载体的作用情况，加深读者对于中国经济活动空间分布的印象。

　　进入新时代，实现中国式现代化的路径是由高质量发展代替高速度发展，使中国经济持续稳步走上新的台阶，这其中如何更好发挥区域发展重大战略功能平台的作用，仍然是一个重大议题。本书的目标，是从中国区域经济发展现状出发，把区域发展重大战略功能平台的发展历史、现状和未来发展展示给各位读者，为读者分析中国区域经济发展提供关键的微观基础。

　　本书写作过程中引用了大量的政策文件和国内外学者的观点及其相关数据，对此我们都一一进行了注释，或者列出了参考文献。对于由于作者疏漏而未加注释的，敬请谅解。另外，书中难免有纰漏、缺陷和不妥之处，敬请广大读者批评指正。

中国人民大学应用经济学院杰出学者　特聘教授

全国经济地理研究会名誉会长

2023 年 10 月